중국 개항도시를 걷다

―― 소통과 충돌의 공간, 광주에서 상해까지

• 이 저서는 2007년 정부(교육과학기술부)의 재원으로 한국연구재단의 지원을 받아 수행된
연구(NRF-2007-361-AL0016)입니다.

중국 개항도시를 걷다
- 소통과 충돌의 공간, 광주에서 상해까지

초판 1쇄 발행 | 2013년 5월 24일

지은이 | 김능우 · 김민정 · 김수연 · 김월회 · 김주관 · 서정일 · 정재훈
펴낸이 | 조미현

편집주간 | 김수한
책임편집 | 김은영
교정교열 | 여성희
디자인 | 박진범 · 양보은
지도 | 김경진

출력 | 문형사
인쇄 | 영프린팅
제책 | 쌍용제책사

펴낸곳 | (주)현암사
등록 | 1951년 12월 24일 · 제10-126호
주소 | 121-839 서울시 마포구 서교동 481-12
전화 | 365-5051 · 팩스 | 313-2729
전자우편 | editor@hyeonamsa.com
홈페이지 | www.hyeonamsa.com

ISBN 978-89-323-1655-0 03910

이 도서의 국립중앙도서관 출판시도서목록(CIP)은 서지정보유통지원시스템 홈페이지(http://seoji.nl.go.kr)와
국가자료공동목록시스템(http://www.nl.go.kr/kolisnet)에서 이용하실 수 있습니다.
(CIP제어번호 CIP2013005995)

중국 개항도시를 걷다

—— 소통과 충돌의 공간, 광주에서 상해까지

김능우 · 김민정 · 김수연 · 김월회 · 김주관 · 서정일 · 정재훈 지음

현암사

일러두기

• 외래어 표기는 외래어표기법을 원칙으로 하였다. 단, 표기법과 다르지만 대부분의 매체에서 통용되는 경우 그에 따르기도 하였다.
• 본문에서 중국 관련 지명이나 인명의 경우 한자음으로 표기하였다.
• 단행본은 『 』, 논문은 「 」, 잡지 · 신문은 《 》, 영화 · 곡명 등은 〈 〉로 묶어 표기하였다.
• 본문에 실은 사진들은 대부분 지은이들이 촬영하거나 제공한 것들이다.

차례

개항의 역사
문명의 중층적 경계를 넘어

개항이라고 하면 흔히 근대의 개항에 주목하기 마련인데, 사실 중국 개항의 역사는 아편전쟁 이전부터 거슬러 올라가 수천 년 동안의 역사적 연원을 지니고 있다. 본격적으로 대외 교류가 활발하던 당나라 때에는 광주廣州 · 양주揚州 · 천주泉州 등의 통상항을 두었고, 이외에도 송 · 원대에 항주杭州 · 명주明州, 지금의 영파 · 온주溫州 등지의 통상항을 추가로 개방하였다. 당송 때부터 내외 원양 상선에 대한 세관 겸 출입국 관리국으로서 '시박사市舶司'를 이러한 통상항구에 설치하여 대외무역 업무를 전담시켰는데, 3대 시박항으로 유명한 광주 · 천주 · 명주는 정식 외항으로서 상당히 오랜 전통을 지니고 있었다. 명 · 청대에 이르러 해금海禁정책을 실시하였지만, 그렇다고 완전히 통로를 막아놓은 것은 아니었다. 명대에 광주 · 천주 · 영파寧波 · 태창太倉 등의 대외무역항이 있었고, 청대 초기에는 광주 · 영파 · 복주福州 · 하문廈門 네 곳의 통상항을 두었으며, 1684년에는 강해관(상해) · 절해관(영파) · 민해관(복주) · 월해관(광주) 네 곳을 설치하여 원양무역에 개방하였다. 그러다 1759년 이후로 엄격한 해금정책이 실시되면서 서양과의 해외무역을 월해관, 즉 광주로만 제한시키는 제도가 시행되었다. 이는 정상적인 대외 교류와 통상무역을 저해하고 중외中外 간의 충돌을 일으키는 잠재적인 요소가 될 수밖에 없었다.

결국 1840년 발발한 아편전쟁을 계기로 중화제국의 빗장이 풀리게 된 사건은 여러 의미에서 근대의 획을 긋는 역사적 전환점이 되었다. 아편전쟁 이전 중국의 대외 관계는 전통적인 '화이질서華夷秩序'에 바탕하여 중국을 중심에 놓고 모든 주변국들을 속국으로 간주하는 조공무역 체제를 기본적으로 지속해왔다고 볼 수 있다. 18세기 들어 약화되었지만 계속 명맥을 유지해오던 오랜 조공 체제를 타파하고 당대唐代 이래의 시박무역 전통을 종결시킨 의미를 갖는 것이 바로 이 사건이다. 이를 계기로 중국은 비로소 서구식 근대 해관무역 규제를 단행하고 자본주의 국가의 국제 질서 체제에 편입되었다. 요컨대 중국은 주변국과 대등한 관계를 전제로 하지 않은 '화이질서'에서 또 다른 불평등한 관계의 세계 국가 질서로 편입된 것이다.

이는 조약 제도에 그대로 반영되어 나타나는데, 이 시기 체결된 중국과 서구 열강 사이의 조약들은 새로 재편된 중외 질서의 역학관계를 드러내는 특정 시기의 산물로서, 열강들이 불평등한 조약을 통해 중국에 대해 '준통치권'을 행사하는 특권 제도를 양산하였다. 그 대표적 사례가 조계租界 제도의 등장이다. 조계지가 일반적인 외국인 거류지와 다른 점은 외국인들의 거주와 통상무역 활동을 보장받는 지역이라는 차원을 넘어 속지屬地 관할권과 시정권市政權을 장악함으로써 중국의 주권을 침탈하는 형식을 띤다는 것이다. 1842년 남경조약의 체결로 청 정부는 광주·복주·하문·영파·상해 5개 항을 개방하였는데, 이들 도시는 모두 이후 중국 근대의 특수한 개항장 도시 형성의 대표적인 모델로서 역사적 지위를 부여받게 된다.

그중 가장 먼저 조계지가 설정된 곳이 상해다. 상해의 조계지 역사를 보면, 1843년 영국 조계지가 처음 형성된 이후 1848년 미국 조계지, 1849년 프랑스 조계지가 뒤이어 형성되었고, 1863년 다시 영국 조계지와 미국 조계지가 공공 조계지로 합병되었다.

1845년 체결한 '토지장정土地章程'은 총 스물세 개 조항으로 이루어져 있으며, 주로 외국 상인의 토지 임대와 거주권, 범위 설정, 도로 정비 및 조계 지역 내의 환경과 치안 관리 등의 문제를 모두 포함하고 있다. 여기서 주목을 끄는 것은 영조제永租制와 시정건설권市政建設權, 행정관리권行政管理權 관련 조항이다. 외국인들에게 토지 구매를 허가하지 않는 대신 그들이 빌린 토지를 반환하기 전까지 토지 주인이 먼저 토지 회수를 결정할 수 없도록 규정한 조항은 소위 영조제로 불렸다. 내용을 살펴보면 외국 상인들의 토지 임대의 편의성을 보장해주는가 하면, 모든 토지 계약에 각국의 영사관의 인가를 얻도록 그 권한을 인정해주는 법률 규정을 마련해주었다. 이뿐만 아니라 도로 건설부터 징세, 지역 내 치안에 이르기까지 모든 시정, 행정 주권을 외국 영사관에게 넘기는 조항은 명백히 불평등한 조약 체제 하에 생성된 새로운 조계지 법규로 서구 열강의 특권을 최대한 반영한 것이었다. 불행히도 이러한 '토지장정'은 다른 지역의 조계지 설립시에 서구 열강들이 상해를 빌미로 똑같은 요구를 하게 되는 전형적인 틀로 굳어졌다.

상해에서 조계지 형성이 순조로왔던 반면, 오랫동안 교역의 중심지였던 광주에서는 1850년대까지 조약 체제가 전혀 효력을 발휘하지 못하였다. 광주는 광동성과 광서성의 관청 소재지로서 상해에 비해 훨씬 외세에 대한 저항이 강했고 방어적이었다. 과거 1세기 이상 동안 그러했던 것처럼 적대 관계의 해소 없이 서양과의 교역을 엄격히 통제하고 관리하려고만 하였다. 1861년에야 비로소 독립적인 사면沙面 조계지가 형성되었는데, 여기에 영국 조계지와 프랑스 조계지가 나란히 들어섰다.

뒤이어 1862년 하문에도 영국 조계지가 수립되었지만, 그 면적이 사면 조계지보다 더 협소하여 뒤늦게 1903년 고랑서鼓浪嶼에 별도로 공공 조계지가 형성되었다. 그에 비해 복주와 영파에는 조계지가 형성되지 못했고 외국인 거류 구역만 지정되었다. 즉 외국인들이 공부국工部局 같은 전문적인 시정기구를 두어 행정관리권을 행사하는 완전히 독립적인 자치정부 체제, 이른바 '국가 안의 국가國中之國'를 수립하지 못했던 것이다.

그러나 국가의 치욕을 반영하는 조계지의 건립 여부가 아이러니하게도 중국 도시의 현대화 발전과 밀접한 관련성을 지닌다는 점은 주지의 사실이다. 구체적인 조계지 건립 시기와 규모의 차이에 따라 비슷한 시기에 개항한 각 도시들 간에도 서로 다른 발전 양상과 대외무역항으로서 갖는 위상의 변화를 겪었던 것이다. 현재 상해는 중국의 기타 도시와 비교해볼 때 현대화가 가장 고도로 집중된 도시이자 상업화 · 자본화의 빠른 급물살을 타면서 가장 현격한 변화를 겪은 동아시아 지역 물류의 허브라 할 수 있다.

하지만 개항 이전만 해도 상해는 인구가 채 10만 명도 안 되는 작은 어촌에 불과하였다. 그러던 곳이 개항 이후 빠르게 서구 문물을 유입하면서 '동방의 파리'라는 별칭을 얻을 정도로 신천지로 탈바꿈하게 되었다. 1930년대 상해는 인구 300만 명이 넘는, 세계 5대 도시 안에 손꼽히는 거대한 국제 항구도시로 성장하기에 이르렀다.

상해가 이렇게 비약적으로 발전할 수 있었던 배경에는 물론 천연의 항구로서의 지리적 이점이 작용하였다. 상해와 광주는 각각 장강長江 델타 지역과 주강珠江 델타 유역에 자리 잡고 있었기 때문에 개항 이후 대외무역의 주항구가 되었고, 상해와 광주 사이의 3개 항구인 하문과 복주와 영파는 단순한 전초 기지에 불과했다. 더욱이 상해는 중국대륙 남북 해안선의 심장부에 위치해 있으면서 내륙 하천 황포강黃浦江과 오송강吳淞江, 소주하蘇州河 등이 서로 합류하는 지점에 놓여 있었다. 사통발달한 교통의 입지를 갖추고 내지內地 수운과 해운 양 중추에 있었기 때문에 당시 서구 열강들은 상해를 가장 주목하여 '중화제국의 대문'으로 호칭하였다. 결과적으로 이러한 지리적 우세는 역사적으로 상해가 중국 최대의 통상항이자 국제적인 무역 창구로 성장할 수밖에 없는 중요한 요소였다.

그러나 장강 델타 일대의 도시 네트워크는 항주 · 소주 · 영파를 중심으로 한 옛날 체계에서 신흥도시 상해를 중점으로 하는 새 체제로 빠르게 재편되었는데, 여기에는 또 다른 관건적 요인이 있다. 그 시점이 개항 이후인 점을 감안하면 상해의 비약적 성장은 조계지 건립과 연결시켜 설명할 수밖에 없다. 동시에 개항한 다른 도시와 비교할 때 상해는 광주보다 18년 앞서 가장 일찍 조계지를 형성하였다. 20세기 초에 전체 조계지 구도가 자리 잡은 하문과는 무려 반세기 가까운 격차가 벌어졌다. 상해 조계지 면적의 크기로 보자면 극히 작은 면적의 광주나 하문은 비교 대상조차 될 수 없고, 이후 형성된 전국 23개 조계지를 합친 총면적의 1.5배나 되는 거대한 규모였다. 조계지 내 체류 외국인들 숫자만 보더라도 가장 많았을 때가 15만 명을 초과하였을 정도로 조계지의 번화상을 짐작할 수 있다.

이로 볼 때 조계지 설립이 비교적 늦은 하문이나 조계지 면적이 매우 작은 광주에 비해 최초로 대규모 면적의 조계지가 건립된 상해는 고대부터 대외무역 중심지였던 광주를 급속도로 대체하면서 중국 근대의 새로운 통상항으로 급부상하게 된다. 조계지 설립 초반부터 벌어졌던 격차가 이후로 가속화되면서 상해와 견줄 만한 도시는 더 이상 없게 되었다.

반면에 복주와 영파는 조계지 없이 외국인 거류지만 존재했던 관계로, 이후 도시 발전 속도가 점차 상해·하문·광주 등지에 비해 현격히 뒤떨어졌다. 예컨대 서구의 선진적인 행정 제도와 도시 관리 시스템을 받아들여 지방법규 틀을 완비하고 적극적인 도시 개발을 추진하는 데 한계가 있었다. 결과적으로 다른 개항장 도시들과 비교하면, 두 도시는 여전히 지방 색채가 강한 전통형 도시 스타일에 머물렀다. 특히 고대부터 대외무역항으로 번성했던 영파는 상해보다 유리한 전통적 입지를 갖추었음에도 불구하고 발전이 늦었다. 개항 후에 주변 해운 체계의 변화 및 상해와 근접한 지리적 영향으로 자체 보유하고 있던 영파방을 비롯한 막대한 인적·물적 자산이 대부분 상해로 흡수되면서 상대적으로 위축된 경제 성장을 초래하였다.

조계지의 건립 여부는 또한 개항장 도시들의 공간 구조와 기능의 변모 과정을 수반하는데, 이분 혹은 삼분된 조계지와 화계華界 지역 간의 경계 형성으로 분절되고 다변화된 도시 공간의 특수한 형태를 보여준다. 각각 공부국工部局과 공동국公董局이란 별도의 행정기구를 둔 공공 조계지와 프랑스 조계지, 그리고 중국 당국의 관할 구역인 화계의 세 구획으로 나뉘어졌던 탓에, 당시 상해는 통일된 행정 체계가 수립되지 못하고 극도의 분열된 관리 구조와 체제 하에 놓여 있었다. 이는 공간적으로도 확연히 구분되는 양상으로 나타나 상해 도시의 공간 배치는 세계에서 그 유례를 찾아볼 수 없을 정도로 정치적·행정적·문화적으로 극심하게 분절된 구조를 갖고 있었다.

상해의 도심 공간은 공공 조계지와 프랑스 조계지로 구분된 조계 지역을 중심으로 편성되었고, 화계 지역은 조계지 주변을 에워싸고 있는 형태로 발전하며 동서남북으로 분리되었다. 해가 거듭될수록 이어지는 조계 지역의 공간 확장 추세는 노골화된 제국주의의 지배 논리와 자본의 힘을 관철시키면서 끊임없이 상해 도시 공간 전체의 변모와 재편성을 가져왔던 것이다.

그러나 이는 상해에 국한된 문제가 아니었다. 광주는 영국 조계지와 프랑스 조계지가 병존하였고, 하문은 영국 조계지와 공공 조계지로 구획되었으며, 각각의 조계지 주변으로 화계 지역이 분포되어 있었다. 상해에 비하면 광주의 사면 조계지와 하문의 고랑서 공공 조계지의 경우 독립된 섬의 형태로 화계 지역과 확연하게 분리되어 있는 지리적 요인 탓에, 중국인들도 조계 지역에 들어와 혼합적인 거주 공간을 이루었더라도 서양인들의 이념에 의해 세워진 자치왕국을 온전히 보존할 수 있었다.

이처럼 '국가 안의 또 다른 국가' 혹은 '중국 안의 작은 서양'의 존재는 조계와 화계, 그리고 다시 그 안의 겹겹의 경계로 설정된 복잡한 개항장 도시의 공간 구조를 표상한다. 중서 융합, 신구 결합을 기조로 서구의 현대적인 생활 스타일과 중국인들의 전통적인 문화 양식이 혼재하는, 이국적인 조계지와 옛 성 화계 구역의 병존은 그 자체로 중국 근대 개항장들의 독특한 도시 풍경을 이루며 역사문화적 발자취를 고스란히 대변한다.

이처럼 크게 보면 근대 중국의 개항장 도시는 조계/화계라는 이원적 공간 구조를 지니고 있으며, 내부적으로는 더욱 세분화된 분절 양상을 띠는 것이 특징이다. 서로 다른 국가, 서로 다른 언어, 서로 다른 인종과 종족, 서로 다른 문화적 경계들이 중층적으로 교차하는 지점에 바로 다국적 국제도시 개항장들의 복잡한 문화 현상을 읽어내는 열쇠가 놓여 있다.

자본의 제국주의 논리와 근대를 분리시켜 논할 수 없듯이, 중국의 개항장 특히 조계지가 들어선 도시들은 동아시아 어느 도시 문명보다도 근대성이 지닌 다양한 차원, 즉 중층적인 식민지 근대성을 압축적으로 보여준다. 현대 문명의 제국, 식민지성이 가장 농후한 도시 개항장들은 그렇기 때문에 현대 중국의 내재적 모순들이 가장 집적된 공간이며, 그리고 근현대 세계 자본주의의 강압적인 폭력적 본질과 현대 문명의 거대한 유혹을 동시에 드러내 보여주는 곳이다. 그곳은 단순한 억압도, 해방도 아닌 억압을 수반하는 해방과 야만을 동반하는 문명, 중층적으로 작동되는 차별과 자유의 세계를 보여준다.

　중국과 서구 문명의 충돌, 식민화와 현대화의 중첩된 경험은 개항장 도시들을 교묘하게 뒤얽힌 다원적인 문화침투 내지는 문화혼합의 장 속으로 빠뜨리고, 모든 잡다한 것들을 집어삼키는 거대한 하나의 블랙홀로 변모시켜 놓았다. 거기에는 지배와 저항, 복합 권력, 욕망의 억압과 발산, 군사 · 경제 · 문화 · 사상의 지배와 자유, 경계와 탈경계와 같은 중층적 시스템을 보여주며, 네이션 · 인종 · 젠더 등과 같은 근대성의 문제점도 바로 이러한 시스템 하에서 더욱 복잡한 양상을 나타낸다. 즉 개항장은 전통과 근대, 중국(동양)과 서양이라는 이분법으로 설명할 수 없는, 근대성이 지닌 복합적 양상을 다차원적으로 표상해주는 도시 공간이라고 할 수 있다.

　이제 바야흐로 상해와 광주를 비롯한 중국의 대도시들은 개항의 역사를 딛고 민족주의, 네이션의 공고화와 더불어 세계적인 국제 문명의 중심지로 거듭나려 하고 있다. 그러나 이러한 야망찬 국가 프로젝트 속에 존재하는 현대 문명의 지향과 욕망은 중국만이 아니라, 동아시아 문명의 전체 문제(동일한 욕망과 지향을 공유하고 있다는 점에서)이자, 여전히 진행 중인 인류 현대 문명의 문제이기도 하다. 따라서 문명의 교류와 회합의 현장인 중국의 개항장 도시 공간에 대한 답사는 중층적인 경계를 넘어선 현대 문명에 대한 반성적 고찰이라는 점에서 나름의 중요한 의미를 지닌다고 할 수 있다.

이 책은 2009년 서울대 인문학연구원 답사팀이 중국의 개항도시들을 답사하고 그 결과물을 정리하고 다듬은 것으로, 주요 답사 대상지는 광주·하문·천주·영파·상해 5개항이다. 아편전쟁 이후 개항한 다섯 개 통상항을 보려면 천주 대신 복주를 넣어야 하지만, 복주는 외국인 거류지만 있던 영파와 성격이 비슷하고 상대적으로 개항장의 역사적 유적이 그다지 남아 있지 않다는 점에서 제외시켰다. 그 대신 천주를 추가하게 된 경위는 광주·영파와 함께 고대의 3대 시박항이자 해양 실크로드 기점의 하나로, 대외무역항으로서의 오랜 전통적 지위를 갖고 있다는 점을 고려했기 때문이다.

게다가 중국 근대에 처음으로 개방한 5개항 도시들의 연원을 살펴보면, 그곳들이 이 시기 들어 돌출적으로 부상했다기보다 첫 개항지로 선정된 배경에 이미 아편전쟁 이전부터 통상항으로서 기능한 역사적 궤적이 놓여 있음을 알 수 있다. 따라서 약간의 답사 대상지의 수정은 고대의 전통적인 대외무역항과 근대의 국제적인 통상항을 아울러 살펴보고, 고대에서 근대로 전환하는 개항의 역사적 흐름을 이어보고자 하는 소기의 바람에서였다.

　전체적인 내용은 남단인 광주에서 상해로 올라가는 답사 경로를 따라 각 도시별로 배치하였는데, 주로 개항의 역사적 현장을 돌아보고 문명 교류의 사례나 그와 관련된 화두를 좇아 이야기를 풀어가는 짤막한 답사기들로 구성되어 있다.

　먼저 1부 '광주' 편에서 「개항도시 공간의 전형, 외탄」은 공간이 어떠한 방식으로 팽창하는가에 따라 식민도시와 개항도시로 구분하였다. 일반적으로 식민도시들은 행정의 중심을 기점으로 방사형으로 팽창하는 반면, 개항도시들은 교역의 중심지를 기점으로 그 배후 지역으로 팽창한다고 본다. 중국의 외탄은 이러한 개항도시의 특징을 잘 보여주는 사례로 간주되며, 한국 개항도시와의 비교를 통해 제국주의 침탈 의도에 따라 개항도시의 형태가 어떻게 나타나는가를 살펴보았다.

　「인도양을 건너 중국에 온 아랍 상인」에서는 광주와 천주를 중심으로 중세 시대에 아랍인 상인이 해상 실크로드를 통해 당·송·원·명대를 거치며 중국과 교역한 역사를 조명하고, 페르시아만에서 중국의 광주까지 이어지는 해상 실크로드의 경로를 추적하였다.

　「광주에서 서원의 사회성을 묻다」에서는 서원의 본래적 기능이 해당 지역의 유명한 인물을 모시고 제사지내며 지방 교육의 일익을 담당하였던 것이라면, 한 가문에서 과거 시험을 준비하는 곳으로 만든 '진씨서원'을 통해 청말 부유하였던 개항장의 경제력을 배경으로 증가하였던 서원에서 사회의 공공적 성격이 사라졌음을 확인해보았다.

「기루와 리농: 현대 중국 도시주거의 탄생과 소멸」에서는 기루와 리농이 광주와 상해 같은 중국 대도시의 급격한 성장에 대응한 도시 건축적 대응물로, 서양의 자본과 기술이 중국적 상황에 맞물려 생성된 산물임을 살피고 한 세기가 지난 지금 이 건축물들이 정체성과 지속가능성의 위기를 겪고 있다고 본다.

2부 '하문' 편에서 「아편과 은 그리고 전쟁」은 중화 문명과 서구 문명이 전쟁이라는 형식을 통해 본격적으로 마주했던 유적지 호리산포대를 둘러보고, 서구 근대 문명을 중심으로 재구축되던 근대적 세계 질서라는 차원에서 양자 간의 첫 충돌이었던 아편전쟁과 당시 청조와 영국 양측의 문명관에 대해 서술하였다.

「바다의 시선으로 본 정성공」에서는 17세기 복건성의 하문과 천주 일대를 주 무대로 일본부터 남중국해 일대의 해상무역을 좌우했던 대표적인 해상 세력의 하나이자 청조 수립 후 대만을 점령하여 반청항쟁을 계속했던 호걸이었다는 점에서, '대륙'형 문명과는 확연하게 구분되는 '바다'형 문명의 각도에서 정성공의 행적을 재평가하였다.

「화교의 도시 하문과 '애국 화교' 진가경」에서는 중국의 근대 민족국가 건설에 기여를 했다는 시각에서 화교의 고장 하문이 배출한 싱가포르 화교 실업가 진가경을 다루면서 그의 교육 사업과 역사적 평가를 소개하였다.

「중국 속의 작은 서양: 광주 사면과 하문 고랑서」에서는 초기 개항장의 조계지들 가운데 광주의 사면과 하문의 고랑서가 특히 고도로 통제된 서양인의 근대적 거주 환경으로서, 둘 다 애초에 고립된 앙클라브^{enclave}로 조성되었고 당시 계획 방식과 기술은 중국인들의 도시 건설에 직간접적인 영향을 주었다고 본다.

3부 '천주' 편에서 「이슬람 문화가 꽃을 피웠던 도시, 천주」는 해상 실크로드 기점의 하나였던 천주가 중국 내의 이슬람 문화 중심지로 떠오른 역사적 배경과 그곳의 대표적인 이슬람 유적인 청정사淸淨寺에 관해 알아보았으며, 이에 더하여 해상 원정을 앞두고 천주에 들렀던 정화鄭和가 이슬람과 갖는 관련성을 서술하였다.

「공자의 중국을 뒤흔든 대자유인, 이탁오」에서는 천주가 낳은 최대의 사상가 이탁오 고거故居를 찾아보고 '혹세무민惑世誣民한 미치광이!', '봉건 중국에서 가장 위대한 반항자!'라는 극단적인 평가를 받았던 인물, 이탁오를 다시 묻는다. 무엇이 이탁오를 전통 중국에서 가장 문제적인 사상가로 만들었는가? 그러한 물음으로부터 출발하여 다양한 종교와 사상, 문명들이 접촉했던 천주 항구의 자유로운 분위기가 그러한 사상을 이탁오에게 품게 하였음을 추론하였다.

「바닷길의 수호신, 마조」에서는 복건성 미주湄洲에서 시작된 마조 신앙이 중국과 대만을 비롯한 동중국해 전역에서 널리 숭배되고 있는 해양 신앙으로, 처음 민간 신앙으로 출발하였지만 단순히 종교적 차원을 넘어서 정치적 혹은 이데올로기적인 차원으로 변모하여 국가적 신앙으로 자리 잡게 된 배경을 살펴보았다.

4부 '영파' 편에서 「바다의 항구, 영파」는 영파를 '환황해권' 해역의 중심 항구이자 역대 중국의 대표적인 무역항으로 빚어낸 요람 역할을 했던 '세 줄기 강이 만나는 어귀'인 삼강구三江口에 대한 서술에서 시작하여, 영파가 단지 뭍의 끝선에 붙어 있는 '육지의 항구'가 아니라 대륙과 바다를, 바다와 바다를 연동시켜주는 동아시아 해역의 대표적인 '바다의 항구'임을 말하고 있다.

「영파의 고려사관을 찾아서」에서는 고려와 송나라의 교류를 반영하는 고려사관 유적지를 고찰하고, 멀리는 신라와 당나라의 활발한 교류의 산물인 신라방이나 현재 산동성 등에 조선족이 늘어난 현상을 아울러 서술하였다.

「재테크의 달인 영파방의 근대 상해 공략기」에서는 중국의 10대 상방商幇에 꼽히는 영파방이 아편전쟁 이후 상해의 경제를 장악할 수 있었던 성공 비결을 살펴보았다.

마지막 5부 '상해' 편에서 「프랑스 조계 지역의 소리 문화를 찾아서」는 동방백대東方百代 회사의 음반 제작소가 있던 역사적인 장소를 찾아, 이들이 주축이 된 당시 음반의 역사를 돌아보았다. 서구의 근대적 테크놀로지를 기반으로 한 음향 미디어의 혁신과 대량의 소리 복제 기술이 음반산업만이 아닌 영화 · 라디오 방송 · 사교댄스 등의 다양한 문화 소스와 미디어들 간의 융합을 거쳐 혼성적인 공간을 구축하며 어떻게 조계지 특유의 대중문화를 양산하는지 간략한 지형도를 그려보았다.

「중국 근대 광고의 발원지를 가다」에서는 중국의 초창기 광고회사들이 자리 잡았던 일명 광고의 거리를 탐방하고, 무한한 몽환극과 세계를 펼쳐보이는 다양한 광고 형식들을 통해 중서복합적 특성을 살펴보았다. 특히 당시 치열했던 외국 자본과 중국기업 간의 광고 쟁탈전과 모던 걸 이미지를 앞세운 전략을 짚어보면서 농후한 엑조티시즘, 상업문화와 결합한 새로운 시대의 소비윤리와 자본의 신화를 읽어본다.

「조계와의 경계 지역 화계, 출판사를 찾다」에서는 조계지의 도시 개발과 공간 확장으로 그 주변을 포위하는 형태로 발달한 화계 지역의 의존적이고 종속적인 지위를 서술하였다. 이어 갑북閘北 지역의 어제와 오늘을 잇는 역사적 산증인으로서 그곳에 남아 있는 상무인서관의 발자취를 돌아보고 상해가 중국 근대 출판문화의 교두보가 된 원인을 다각도로 살펴보았다.

「유대인, 상해를 접수하다」에서는 근대 시기 상해에서 유대인들이 중국인들과의 경쟁에서 어떠한 위치를 점하고 있었는가 하는 물음을 던지고 유대인들의 문화적인 영향과 경제적인 성취를 살펴봄으로써 그 해답의 단서를 찾고자 하였다.

이상의 수록된 글들은 전문적인 학술적 성격과는 어느 정도 거리가 있고, 어떤 일관된 관점이나 특정한 방향성을 지니고 있는 것은 더욱 아니다. 하지만 답사팀 구성원들이 중국학 전공자만이 아닌 한국사 · 건축학 · 인류학 · 아랍문학 등 여러 분야의 연구자들로 이루어졌기 때문에 좀 더 다양한 시각에서 개항의 역사적 · 문화적 의미를 접근하는 것이 가능했다고 생각한다. 아무쪼록 이 책이 독자 여러분을 개항의 역사적 현장으로 안내하여, 동서 교류의 관계망을 자유롭게 넘나들며 열린 시야로 조망해볼 수 있는 계기가 되기를 기대한다.

2013년 5월
김수연

참고문헌

王尔敏, 『五口通商變局』, 廣西師範大學出版社, 2006.
李育民, 『近代中國的條約制度』, 湖南人民出版社, 2010.
費成康, 『中國租界史』, 上海社會科學院出版社, 1998.
鄭祖安, 『百年上海城』, 學林出版社, 1999.

I
광주
廣州

개항도시 공간의 전형, 외탄

* 김주관

광주廣州의 8월은 무덥고 습도가 높은, 그야말로 후텁지근한 날씨였다. 광주는 '중국 개항도시 답사'의 첫 번째 도시로, 그곳에서 사면沙面과 13행로十三行路를 돌아보는 것으로 답사는 시작되었다. 이후 하문廈門의 로강로鷺江路 거리와 고랑서高浪嶼를 거쳐 영파寧波의 노외탄老外灘 거리를 둘러보고, 마침내 야경이 멋지다는 상해上海의 외탄外灘에 이르러 답사를 마무리 짓는 여정이었다.

　다양한 장소들을 답사하였지만 필자가 여기에 특정한 지명들만을 열거한 까닭은 이 장소들이 가진 한 가지 공통점 때문이다. 이 장소들은 중국 내에 있지만 전혀 중국적인 정취를 드러내지 않는다. 이곳들은 모두 격자 모양으로 건설된 서구 식민도시에서 나타나는 전형적인 가로 구조를 가지고 있을 뿐만 아니라, 가로의 격자에는 모두 서구의 건축 양식에 따라 지어진 신고전주의 건물들로 채워져 있다. 이 거리에 들어서면 중국이라기보다는 고색창연한 유럽의 어느 도시에 서 있는 듯한 착각을 하게 된다.

　특히 광주의 사면과 하문의 고랑서를 제외한 나머지 네 곳은 수변을 따라 길게 선형적으로 이루어진 거리가 눈길을 끈다. 이 거리들이 바로 외탄 또는 번드bund라고 알려진 동아시아 개항장의 특징적인 공간이다. 중국의 이 공간이 관심을 끄는 까닭은 동일하게 개항장이라는 공간을 가진 한국에서의 개항도시 구조가 이와는 다르다는 점 때문이다. 이 차이는 어디에서 기인한 것일까?

개항장의 공간 구조

개항장 또는 개항도시라는 공간은 동아시아, 즉 한국 · 중국 · 일본에만 존재하는 독특한 공간이다. 18세기 중엽 이후 산업혁명을 경험한 서구 열강들은 19세기에 들어서면서 비서구 사회에 대한 제국주의적 침략을 시작하였고, 동아시아도 예외는 아니었다. 이 시기를 전후하여 동아시아 3국이 서구 제국들의 접근에 대해 공통적으로 취한 정책은 쇄국이었다. 하지만 이러한 정책은 오래 지속될 수 없었다. 개항장은 바로 이러한 쇄국에서 개국으로 넘어가는 과정에서 탄생한 특수한 형태의 공간이다.

동아시아에서 개항장이 처음 설치된 시기는 아편전쟁 이후로, 중국에서 가장 먼저 시작되었다. 1842년 중국과 영국 사이에 체결된 남경조약南京條約으로 중국은 다섯 개 도시-광주 · 하문 · 복주 · 영파 · 상해-를 서구 열강들에게 개방하였으며, 이 도시들이 동아시아에 있어 최초의 개항장에 해당한다. 이후 중국은 서구 열강들의 요구로 여러 지역에 개항장을 개설하였다.

일본은 중국보다 10여 년 뒤에 개항장이 만들어졌다. 1854년 미국과 맺은 미일화친조약美日和親條約으로 하코다테와 시모다를 개방하면서 쇄국정책을 포기한 일본은, 1858년 안정오개국조약安政五個國条約 이후 가나가와 · 나가사키 · 효고 · 오사카 · 에도도쿄의 옛이름 등지에 개항장을 설치하였다.

한국은 서구 열강들에 의해 개항장이 개설된 중국이나 일본과는 달리 이미 개항장의 개설을 경험하였고, 이를 바탕으로 경제적 발전의 계기를 마련한 일본에 의해 개항장이 만들어졌다. 따라서 중국보다는 35년, 일본보다는 23년 늦게 한국에 개항장이 개설되었던 것이다. 한국 최초의 개항장은 1877년 일본과 체결된 부산항조계조약釜山港租界條約에 의해 개설된 부산이며, 이후 1908년 청진이 개항될 때까지 열 개의 항구에 개항장이 개설되었다.

이들 개항도시의 대부분에서 개항을 주도한 국가들에 의해 조계지가 설정되었으며, 이 조계지는 치외법권적인 지위를 부여받아 공간을 점령한 국가들의 행정기관에 의해 운용되었다. 따라서 이 공간에 서구 양식의 건축물이 들어서 있다는 사실은 어찌 보면 당연한 일이다.

하지만 보다 근본적으로 살펴봐야 할 사실은 이 공간에 들어선 건축물들이 아니라 이 공간들의 구조, 보다 정확히는 개항도시에 들어선 조계지의 공간 구조이다. 영어로는 '번드', 중국의 경우는 '외탄', 일본의 경우는 '해안통'이라 불리는 이 독특한 공간 구조는 비서구 사회에 세워진 서구 식민도시의 일반적인 공간 구조와는 다르기 때문이다. 즉 홈Home이 지적한 바와 같이 식민도시의 일반적인 공간 구조는 전체적으로 직사각형의 형태를 띠고 있으며, 그 중심부에 광장을 두고 넓은 도로를 갖춘 격자형의 구조임에 반해 개항장도시의 조계지, 소위 번드는 해안이나 강기슭을 따라 길게 선형적인 형태를 가진다는 것이다. 물론 조계지가 설정되고 인구가 증가함에 따라 번드를 기점으로 배후지의 내륙 방향으로 도시가 팽창하면서 결과적으로 격자형의 도시 체계가 만들어지지만, 개항도시의 시작은 선형적인 공간 구조로부터 비롯된다는 공통점을 갖는다. 이러한 공간 구조의 차이는 식민도시와 개항도시가 갖는 기능적인 차이에서 그 원인을 찾을 수 있을 것이다.

중국의 번드, 외탄

타일러Taylor 의 지적대로 외탄은 원래 강이나 바다와 같은 물과 내륙 사이에 있는 공간을 말하지만, 이뿐만 아니라 이 공간에 세워진 인공적인 구조물들, 예컨대 수변을 따라 난 도로 · 건축물 · 방파제 · 부두 등을 모두 포함한 개념으로 보아야 할 것이다.

이 공간은 개항장에만 있는 독특한 공간 조직으로 비커스Bickers의 기술에 따르면 "중국의 혼란 내에서 만들어지고 유지된 서구적 공간의 상징이며, 서구 기술과 산업에 의해 중국의 환경을 재편하였다는 상징"으로 간주되어 왔다. 여기서 말하는 '서구적 공간'이란 '서구 양식의 공간'이 아니라 '서구인들에 의해 세워진 공간'이란 의미로 이해되어야 할 것이다. 왜냐하면 앞서 언급한 바와 같이 외탄의 공간 구조가 건축물과는 달리 서구 도시의 공간 구조가 그대로 이식된 것은 아니기 때문이다.

광주에서 외탄의 형태를 보이는 것은 13행로의 거리이다. 광주의 경우 외탄이 발달하지 않은 것으로 언급되기도 하지만, 이는 광주

의 특별한 역사에 기인하는 것으로 보아야 할 것이다. 광주는 명대
와 청대의 해금정책 하에서도 외국과의 무역이 허용된 최초의 항구
였다. 청대의 강희제는 1684년 외국 상인과의 교역이 가능한 네 개
의 도시를 지정하였으며, 이에 광주가 포함되었다. 이를 기점으로
외국 상인들이 광주 성곽 밖의 주강변에 상업지구를 형성하고 거주
하기 시작하였다. 그림1에서 성곽의 하단부에 길게 자리잡은 지역
이 신도시로 불리며 외국인들이 활동하고 거주하였던 곳이다. 이곳
에서 교역을 담당하는 회사들을 '양행洋行'이라 하였는데, 당시 열세
개의 양행이 있어 이 거리가 '13행'이라 이름 붙여진 것이다. 이 열
세 개의 양행에는 신영국관新英國館 · 구영국관舊英國館 · 서전행瑞典行 ·
미국행美國行 · 법륜서관法蘭西館 · 서반아관西班牙館 · 단맥행丹麥行 등이
있어, 영국 · 스웨덴 · 미국 · 프랑스 · 에스파냐 · 덴마크 등 여러 국
가의 상인들이 광주에서 활동하고 있었음을 알 수 있다.

이후 13행은 남경조약으로 개항한 다섯 개 도시로 인해 그 중요성
이 떨어지기는 했으나, 여전히 광주에서는 상업 활동의 중심지로 지
속되었다. 하지만 제2차 아편전쟁이 치러지는 동안인 1856년 13행
은 화재로 소실되었으며, 이후 상업적인 활동은 주강의 건너편인 하
남河南에서 행해지다가 1859년 영국과 프랑스가 사면을 차지하면서
사면이 조계지가 되고 상업의 중심지로 자리 잡게 되었다.

그림1에서 보는 바와 같이 광주의 옛 성곽 밖에 있는 주강의 강변
에 13행이 위치해 있었으며, 그 공간 구조는 개항기에 형성된 외탄
과 다르지 않다. 한편 13행의 남서쪽에 위치한 사면은 격자형의 가

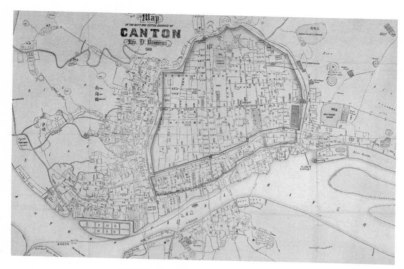

:: **그림1** 1860년 당시의 광주 지도(오스트레일리아국립도서관 소장)

:: **그림2** 1930년대 사면의 실제 모습

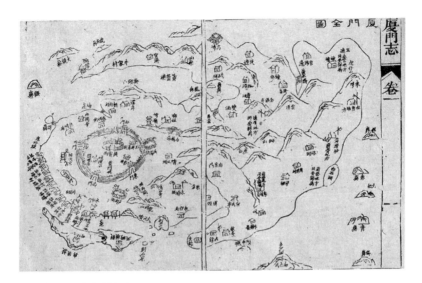

::그림3 1832년의 하문 지도

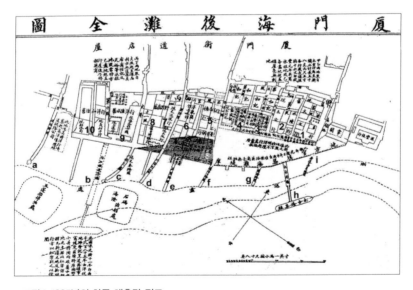

::그림4 1885년의 하문 해후탄 전도

로 구조를 갖는 식민도시의 형태와 유사하게 발달하였음을 볼 수 있다.

하문의 경우도 외탄이 발달하지 않은 개항장으로 언급되지만, 하문도 광주와 같이 그 역사적인 배경을 살펴보면 외탄이 전혀 발달하지 않았다고 할 수는 없는 도시다. 개항 전 하문은 천주泉州의 외항 정도로 그리 주목을 받은 곳은 아니었으나, 개항과 함께 성장하기 시작하였다. 1852년 영국은 하문의 내항을 따라 조계지를 설정하였다. 그림3의 왼쪽 아래에 있는 선창이 조계지를 설정한 하문 내항이다. 영국은 애초에 이 하문 내항의 일부, 즉 그림4에 보이는 도미선창에서 신선창까지를 하문 지방정부로부터 임차하였다. 이후 상업 활동의 성장과 함께 1866년에 이르기까지 영국은 조계지를 점차 확장해갔다. 영국 영사는 이 수변 공간을 나누어 영국 회사들에게 불하하였으며, 이 회사들 중에는 이화양행과 사전양행으로 잘 알려진 자딘매디슨Jardine Matheson & Co.도 포함되어 있었다.

이러한 과정을 거치면서 영국 조계지에는 여러 회사들이 자리를 잡게 되었고, 하문 외탄이라 불리며 주요 상업 지역으로 자리매김하게 되었던 것이다. 하지만 1860년대에 들어서면서 영국은 1842년 이래로 계속 영국군이 주둔하고 있던 고랑서에 영사관 건물을 건립하였고, 이후 광주의 사면이 그러하였던 것처럼 고랑서가 외국인의 거류지로 바뀌면서 하문 외탄의 확장은 제한되었다.

하문이 정식으로 시로 승격된 것은 1933년의 일로, 개항 후에 하문이 급격하게 팽창한 것은 아니다. 외국인 거류지가 외탄으로부터 분리됨으로써 광주의 13행로와 마찬가지로 하문의 외탄도 그 발달에 한계가 있었음을 짐작할 수 있다. 하지만 현재의 로강로를 따라 발달한 구도심은 상해 외탄에 비해 그 규모가 그리 크지는 않지만 공간의 구조는 다른 개항도시의 외탄과 동일한 모습을 보여준다.

영파의 외탄은 그 규모는 작지만 그 형태에 있어서는 외탄의 전형적인 모습을 보여준다. 여요강余姚江, 봉화강奉化江, 용강甬江이 만나는 지역에 위치하며 용강과 나란히 난 인민로人民路가 노외탄이라 불리는 영파의 외탄이다. 현재는 새로 지어진 건물들이 많이 들어서 있지만 여전히 도로를 따라 일직선으로 발달한 외탄의 공간 구조를 보여주고 있다.

영파의 외탄은 상해의 외탄보다 20년 정도 더 오래된 것으로, 시

::**그림5** 영파 노외탄의 모습. 강과 도로를 따라 건물들이 일렬로 들어서 있다.

기적으로는 가장 먼저 만들어졌지만 상해의 외탄만큼 발달하지는 못하였다. 관광지의 광고 문구에는 "항주에는 신서호가 있고, 상해에는 신천지가 있으며, 영파에는 노외탄이 있다"고 씌여

::그림6 영파 노외탄 거리 지도

있지만, 상해의 외탄을 본 사람이라면 실망을 금치 못할 수준이다.

상해의 외탄은 굳이 상해를 앞에 붙이지 않더라도 외탄이라 하면 으레 상해의 외탄을 떠올릴 만큼 외탄의 대명사로 가장 잘 알려진 곳이다. 개항 전까지만 해도 조그만 농촌마을에 불과하였던 상해가 개항과 더불어 아시아에서 가장 큰 교역의 중심지로 성장한 것은 바로 이러한 입지에 기인한다. 즉 상해는 개항 전에는 상업적으로 중요한 거점이 아니었으며, 따라서 서구 열강들이 새로운 교역의 장소로 발달시키는 데 있어 기존의 중국 상인들과 경쟁하지 않고서도 세력을 확장할 수 있었던 것이다.

이는 앞서 언급한 광주, 하문, 영파의 외탄이 발달하지 못한 원인 가운데 하나에서도 반증된다. 광주, 하문, 영파의 경우는 오래된 교역의 중심지들로 이미 중국 상인들이 상권을 장악하고 있었던 곳이라 외국 상인들이 자리를 잡기에는 어려움이 있었다. 예컨대 영파방의 상인들은 상해를 왕래하면서 확고하게 영파의 상권을 장악하고

::그림7 1855년의 상해 외탄 지도

있었으며(324쪽「재테크의 달인 영파방의 근대 상해 공략기」참조), 이러한 상황은 광주와 하문도 마찬가지였다. 카티에Cartier에 따르면 영국 공사는 개항 초기에 이러한 상황에 깊은 유감을 표명하기도 하였다고 한다.

상해 구성곽의 북쪽에 위치하여 개항 전까지만 해도 버려진 강변에 불과하였던 황포강黃浦江의 서쪽 강안은 개항과 더불어 영국의 조계지로 설정되면서 외탄으로 발달하기 시작하였다. 소주하苏州河에서 연안로延安路에 이르는 약 4킬로미터의 강변에는 이후 1930년대까지 서양의 고딕 양식에서부터 르네상스 양식에 이르기까지, 그리고 중국 양식의 건물들이 경쟁적으로 들어서게 되었다. 이 건물들은 주로 은행과 무역회사들이었고, 영국과 러시아 영사관과 클럽 건물 등도 이에 포함되었다.

이처럼 외탄에 자리 잡은 다양한 양식의 건물들은 주로 상업적인 목적과 관련된 것들이었으며, 상해에서 상업적인 일에 종사하는 업체들은 그 비용이 얼마가 들든 관계없이 가능하면 외탄에 자리를 잡기 위해 경쟁하였다. 그 이유는 당연히 부두와 가까운 외탄이 상업 활동에 유리하였기 때문이다.

::그림8 1920년대 상해 외탄의 모습

::그림9 오늘날 상해 외탄의 모습

그림8의 상해 모습에서 볼 수 있는 바와 같이 당시에는 도로 하나를 사이에 두고 부두가 만들어져 있었기 때문에 외탄에 자리를 잡는 것이 매우 중요한 일이었다. 서구 열강들에 있어서 상해는 중국 상인들과의 경쟁도 피하고 토지로 인한 중국인들과의 분쟁도 피하면서, 그야말로 자유롭게 새로운 항구를 건설할 수 있었던 곳이었다.

이처럼 중국의 개항도시에 만들어진 외탄이라는 공간은 일차적으로 상업적 목적에 따라 만들어진 공간이라 할 수 있다. 이러한 선형적인 독특한 공간을 가지는 것은 선박의 접안과 물건의 하역에 절대적으로 유리한 위치가 수변에 인접한 곳이었으며, 따라서 최초의 도시 발달은 수변을 따라 이루어질 수밖에 없었던 것이다.

한국의 개항도시

한국의 개항도시는 중국의 그것과는 다른 공간 구조를 갖는다. 중국의 개항도시들은 앞서 살펴본 바와 같이 외탄이라는 선형적인 공간 구조를 갖는 반면, 한국의 개항도시들은 이러한 선형적인 구조의 외탄이 발달하지 않고 마치 광주의 사면처럼 격자형의 도시가 발달하였다.

그림10과 그림11은 각국 공동조계가 설정되었던 목포(1897년 개항)와 마산(1899년 개항)의 지도이다. 여기서 보듯이 한국의 개항도시들은 그 시작부터 격자형의 도시 형태를 기반으로 발달하였다.

한국의 개항도시들이 이러한 형태를 띠게 된 것은 일차적으로 개항의 목적이 상업적이라기보다는 정치적인 성격을 띠었었기 때문이라 할 것이다. 즉 일본에 의해서 개항을 경험하게 되는 한국의 경우 최초의 개항장인 부산, 그리고 1882년 개항된 원산에는 일본 전관조계만이 설정되었으며, 1883년 개항한 인천의 경우도 일본 전관조계와 청국 전관조계가 각국 공동조계와 분리되어 설정되었다. 이러한 사실은 한국의 개항도시들은 일본의 영향력 하에 있었으며, 개항의 일차적인 목적이 정치적인 지배에 있었음을 알 수 있다.

아마 이러한 배경이 오늘날 개항도시의 모습에도 영향을 주었던 것으로 보인다. 다시 말하자면 중국의 경우는 외탄이 식민지의 잔재라기보다는 상업적인 공간이었다는 인식이 강한 반면, 한국의 개항도시는 식민지의

::그림10 개항 당시의 목포 지도

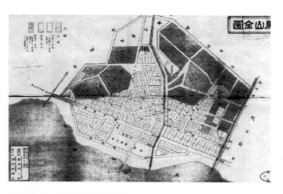

::그림 11 1907년의 마산 지도

유산이라는 인식이 높다는 것이다. 따라서 한국의 경우는 개항장의 공간이 식민 잔재와 함께 청산의 대상이 되었던 반면, 중국의 외탄은 번성하였던 근대기 상업 공간의 유산으로 인식되었을 것이다.

오늘날 개항장에 남아 있는 외탄의 공간을 보존하고 이를 관광자원화시키려는 중국의 노력은 이 공간이 청산해야 할 식민의 잔재가 아니라 한때 번성하였던 물자와 문화의 교류지에 대한 향수일 것이다. 하지만 외탄의 공간에서 잠시 느끼는 서구적인 향취가 현재를 사는 중국인들에게는 개항기에 일어났던 많은 사건들이 어떤 의미를 가질지 궁금증을 더한다.

참고문헌

- Robert Bickers(1999), *Britain in China: Community, Culture and Colonialism, 1900-49,* Manchester: Manchester University Press.
- Carolyn Cartier(2001), *Globalizing South China,* Malden, Mass.: Blackwell Publishers Ltd..
- Robert Home(1997), *Of Planting and Planning: The Making of British Colonial Cities,* London: Routledge.
- Jeremy E. Taylor(2002), "The bund: Littoral Space of Empire in the Treaty Ports of East Asia", *Social History* 27(2): 125~42.

인도양을 건너 중국에 온 아랍 상인

* 김능우

이슬람이 들어온 해상 관문, 광주와 천주

이번에 답사한 중국의 동남 해안 지역 중에서 광주와 천주에는 다른 곳보다 이슬람 색채가 강하게 남아 있다. 그 이유는 너무도 당연하다. 이 두 도시는 중국 역사에서 해상 진출의 관문에 해당하는 곳으로 해외 문물이 통과하는 지점이었다. 이곳을 통해 중국으로 들어오는 외국인들 중에는 서아시아 지역에서 오는 아랍인들과 페르시아인들이 있었고, 대부분이 이슬람 신자였던 그들이 일하고 머물렀기에 이슬람 문화의 자취가 남게 된 것이다. 그 자취를 가장 뚜렷하게 보여주는 것이 이슬람 사원인 모스크로, 광주의 회성사懷聖寺와 천주의 청정사淸淨寺[1]가 그 대표적인 예다.

::그림1 광주 회성사. 모스크의 상징인 높은 미너렛이 보인다.

이슬람 신자들의 예배처이자 사교와 정보 교류를 위한 장소인 모스크가 세워졌음은 그 사회에 이슬람의 영향력이 인정되었음을 뜻한다. 회성사의 입구에 걸

::그림2 회성사 부근의 할랄 고기를 파는 정육점

린 아랍어로 쓰인 편액을 읽어보니, 이곳은 중국 내 최초의 모스크이며, 아라비아반도의 이슬람 사도 무함마드가 파견한 왁까스Waqqāṣ라는 아랍인이 와서 세웠다는 내용이었다. 이로 미루어 당나라 시대에 이슬람과 교류가 있었음을 알 수 있었다.

이슬람 신자만이 사원 안에 들어갈 수 있다는 직원의 말에 필자는 '앗살람 알라이쿰안녕하세요'이라고 아랍어로 인사말을 건네자 다행히 입장을 허용해주었다. 고즈넉한 모스크 내부는 중국식으로 지어진 건물이 여러 채 있었고, 아니나 다를까 모스크의 상징인 미너렛첨탑이 높이 세워져 있었다. 오래전 지어진 회성사와 더불어 그 부근의 이슬람식 식당들이나 할랄halāl, 이슬람에서 허용하는 것 식품 판매 가게, 아랍어 간판들과 이슬람식 복장을 한 회족回族 사람들의 모습은 지난날 광주에 뿌리를 내렸던 이슬람 문화의 생생한 흔적으로 다가왔다.

이에 더하여 광주, 천주의 박물관이나 역사문화 전시관 등에 보관되고 진열된 많은 이슬람 자료들도 얼마나 많은 아랍인, 페르시아인

들이 자신들의 고유한 문물을 갖고 이 지역에 도래했는지를 가늠케 한다.

　일례로 천주에는 큰 규모의 '천주이슬람문화전시관'이 세워져 있어, 천주를 중심으로 동남아 해안을 통해 중국에 당도한 아랍인과 이슬람 문물에 관한 많은 역사적 실증 자료를 보존하고 있다. 천주에서 활동한 무슬림 가문에 대한 소개, 아랍과의 해상 교역에 관한 설명 자료, 정화의 해상 원정에 관한 자료 등이 눈길을 끌었다. 또한 광주와 천주에 분포된 많은 이슬람 공동묘지들에 대한 설명과 천주 지역 이슬람 묘에서 가져온 것으로, 망자의 명복을 비는 코란 구절이 담긴 비석들은 이 지역에 살던 아랍인들의 위상과 더불어 머나먼 이국 땅 중국에서 자신들의 이슬람 문화에 대한 자긍심을 유지하려 했던 그들의 의지를 충분히 짐작하게 했다.

　한편, 2층 전시실에 들어선 필자는 입구의 벽에 적힌, 이슬람교 예언자 무함마드의 언행록 『하디스』에 기록된 유명한 아랍어 격언을 대할 수 있었다. 해석하면 "중국에 가서라도 지식을 구하라"라는 내용이었다. 이것은 예언자 무함마드가 지식 탐구의 중요성을 설파한 말로, 중국같이 아무리 먼 곳이라도 배울 것이 있다면 기꺼이 찾아가야 한다는 뜻으로 풀이된다. 이는 곧 이슬람은 중국과 만날 준비가 되어 있었다는 말로 해석할 수 있으며, 실제로 역사상에서 두 문명은 만나고 교류했다.

아랍인과 중국인의 교역 역사

그렇다면 아랍인은 '언제부터 중국 땅을 찾아가 무역을 시작했을까'라는 궁금증이 든다. 공식적인 자료로 『구당서舊唐書』의 「서역전西域傳」에 따르면 대식大食으로 알려진 아랍인 무슬림들이 651년영휘 2년 당나라 수도 장안서안에 왔다고 하며, 이것이 중국에 무슬림이 그리고 이슬람교가 최초로 도래한 기록으로 알려져 있다.[2]

아라비아반도에서는 예언자 무함마드가 622년 이슬람 공동체를 창건한 이후 아라비아반도의 전 부족들을 통합하고, 이어 그의 계승자칼리프들이 인근의 페르시아와 시리아 지역을 정복하면서 세력을 넓혀갔다. 서남아시아에서 아랍 제국이 강성해질 무렵, 중국에서는 당나라가 위세를 떨치고 있었다. 아마도 이 시기에 두 제국은 서로를 견제할 겸, 상호 정치외교 접촉을 시작했던 것으로 보인다.

외교상의 교류는 곧 경제 교류로 이어졌다. 당나라 시대인 8세기 중엽 아랍 상인은 중국 서부로 가서 무역을 했으며, 그 중심지는 수도 장안이었다. 당시 장안에는 4,000여 명에 달하는 아랍 상인이 머무를 정도였다. 점차 아랍인 수가 늘어나고 경제 교류가 활발해지자 당 정부는 아랍 무슬림들을 위한 자치공동체인 번방蕃坊을 세우는 것을 허락했으며, 종교 활동 보장을 위해 742년 장안에 최초로 모스크중국어로 '청진사(淸眞寺)'가 세워지기도 했다.

당나라는 아랍인과의 무역을 통해 거둬들이는 세금이 재정 수입의 막대한 비중을 차지하였기에 아랍인과의 교역을 권장하고 아랍 상인에게 혜택을 부여하는 정책을 실시했다. 일례로 정부는 지방관들의 횡포를 막기 위해 지방관들이 아랍 상인을 상대로 잡세 부과를 방지하는 율령을 반포하였다. 또한 당 황제는 신임하는 환관을 궁시사宮市使라는 직책에 임명·파견해 궁궐에서 필요한 물품을 직접 구입했는데, 이 거래는 가격이 시중가보다 높고 대금이 현금으로 지급되었기에 아랍 상인들에 의해 선호되는 등 아랍인과 중국 간의 교역은 활발했다.

한편 당시 아랍 지역과 중국 간 무역 경로는 아라비아-부카라-사마르칸트-중국으로 이어지는 육상 실크로드와 페르시아만-인도-말레이반도-중국으로 연결되는 해상 교역로, 양방향으로 진행되고 있었다. 그중에서 두 지역 간 육상 실크로드는 당나라 중기에 일어난 두 사건인 탈라스 전투751년와 안록산의 난755-763년으로 인해 차단되고 만다. 탈라스 전투는 당시 두 강대국인 아랍의 압바스 제국과 당나라가 힘을 겨룬 사건으로, 고구려 유민 출신인 고선지高仙芝 장군이 이끄는 당군은 아랍군에게 패하였다. 이어 지방 절도사인 안록산이 일으킨 반란으로 한동안 수도 장안이 함락되는 등 당나라 내부에는 혼란이 극심하였다. 이 두 사건으로 육로 교역은 끊기고, 중국과 서남아시아 간에는 해로 교역이 발전하게 되었다. 이를 위한 중국의 중심지는 아랍인들에게 칸톤Canton으로 알려진 광주와 천주, 양주 등 동남 해안의 도시들이었다.

특히, 당나라 정부는 시박사市舶司라는 대외무역 전담기관을 적극적으로 활용했다. 661년 광주에서 창설되어 해상무역을 총괄 관장하는 정부기관으로 송나라 시대까지 운영되었던 시박사는 무역 상선에 관세를 징수하고, 궁정을 대표하여 황실에 필요한 물품을 구입하거나 상인들이 황제에게 바치는 물품을 관리하였다. 특히 정부가 황실에서 사용할 품목을 해외에서 조달·구입하는 과정에서 남은 물품을 일반 시중에 팔도록 하는 방식인 시박무역을 관리·감독하는 등 시박사는 대외무역의 창구로서의 임무를 주도하였다. 시박사의 장은 통상 무슬림들이 맡는 경우가 빈번했으며, 아랍 상인이었던 송말의 아부 바크르 포수경蒲壽庚이 그 대표적 예이다.[3]

9세기 중엽 아랍과 중국의 해상무역은 절정에 달했고, 아랍과의 교역은 더욱 중시되었다. 당시 광주에는 10만여 명의 아랍 상인이 보석·약재·모피·여관 등과 관련된 직종에 종사하며 머물렀다고 하며, 그 과정에서 중국에 정착하는 아랍인들이 생겨나 중국인과 융화하였다. 당나라 시대에 수도 장안과 더불어 광주에도 아랍인들이 따로 거주하는 구역인 번방이 설치되었고, 그곳은 오늘날 광주의 해주로海珠路에 해당된다. 그리고 아랍인 거류 집단에는 '까디qāḍī'라는 이슬람 재판관을 따로 두고 자체의 법적 문제를 해결토록 할 만큼 자치사법권이 부여되었다. 아랍 무슬림들은 광주에 회성사라는 모스크를 세웠는데, 무앗딘예배 시간을 알리는 사람이 올라가서 육성으로 예배 시간을 알리는 첨탑이자 등대의 기능을 했던 회성사의 높은 미너렛은 멀리서도 한눈에 들어와 당시 광주에 이슬람이 어느 정도 번영했던가를 짐작케 한다.

그러나 재난이 발생하면 통상적으로 외국인들이 희생양이 되는 법이다. 황소의 난으로 878~879년에 광주가 점령당하자 12만 명의 외국인이 반란군에 의해 살상되었고, 이때 많은 아랍인들이 피해를 당했다. 또한 황소의 난 이후 광주 지방관이 아랍인의 재산을 약탈하거나 몰수하기도 했다. 아랍인들은 중국과의 무역이 타격을 받게 되자 무역 거점을 말레이반도의 칼라로 변경했으며, 또한 광주를 떠나 당분간 항주, 천주를 통해 중국과 무역을 계속하였다. 이렇게 해서 황소의 난 이후 중국의 대외무역항 중심지로 천주가 부상했다. 송대인 1087년 천주에 시박사가 독립적으로 정식 창설되었음은 천주의 중요성이 커졌음을 보여준다. 이로써 천주를 통한 무역은 더욱 활기를 띠게 되어, 해외 무역선이 직접 오갈 정도였다. 이곳을 통해

::그림3 회성사의 대예배실 내부. 코란 구절을 기록한 중국식 아랍어 글자체가 이채롭다.

고려, 일본과도 교역이 이루어졌다.

특히 남송~원나라 시대에 천주는 경제 · 문화적으로 황금기를 누렸으며, 아랍 제국을 포함해 세계 98개 지역과 교류하는 중심지 역할을 톡톡히 하였다. 천주를 통해 아랍으로 나가는 주요 수출품은 도자기 · 실크 · 칠기 · 각종 약재 · 종이 · 먹 · 향료 · 공작 · 말 · 안장 · 모피 · 모포 · 대황 등이었고, 아랍으로부터 들어오는 물품은 진주조개 · 마노 · 유향 · 소목 · 후추 · 약재 · 무소뿔, 코뿔소 상아 · 놋쇠 · 거북 · 산호 · 호박 · 철 · 면 · 각종 유리제품 등이었다. 이로써 천주는 세계 최대 무역항이자 해상 실크로드의 동방 중심지가 되었다. 그러나 원나라 말기에 발생한 동란으로 천주는 타격을 받았고,

::그림4 중국의 약제 서적에 등장하는 아랍인(천주이슬람문화전시관 소장)

명대의 해금정책으로 쇠락의 길을 걷게 되었다.

바그다드와 광주를 연결하는 해상 실크로드

오늘날 중국을 가리키는 아랍어는 '신ṣīn'이다. 아랍어 '시니야 ṣīnīyah'는 도자기나 동銅 재료로 만든 쟁반을 의미하는데, 이는 중세에 교역을 통해 중국의 도자기류가 아랍 지역에 들어왔음을 보여주는 좋은 예이다. 다시 말해 당시 중국 도자기는 세계 시장에서 명품으로 인식되었으며, '중국제시니야'를 선호했던 아랍인들은 아예 도자기를 '시니야'라고 불렀던 것이다. 중세 시대 이슬람권에서 그린 세밀화를 보면 술탄이나 귀족의 연회에 사용된 그릇들이 중국제 도자기임을 단번에 알 수 있다. 그러한 중국제 도자기들이 아랍인의 생활에서 사용될 수 있었던 것은 육로의 실크로드와

::그림5 중세 아랍인들이 중국 도자기를 수입하여 사용했음을 보여주는 세밀화(천주해외교통사박물관 소장)

더불어 광주나 천주에서 출발하여 바그다드에서 가까운 페르시아만에 이르는 해상 실크로드의 발달에 힘입은 것이었을 개연성이 크다.

그렇다면 아랍인들은 어떤 해상 경로를 거쳐 광주나 천주에 도달했고, 또한 중국 도자기 등의 제품은 어떤 경로로 아랍 땅에 도착했을까.

조사 자료에 따르면 광주는 이미 진나라 시대부터 남해무역의 중심지로, 진시황이 중국 천하를 통일한 후 광주를 통해 해외 교역을 추진했다고 한다.[4] 이처럼 기원전 시대부터 광주와 인도 동남부를 잇는 항로가 열려 있었고, 다시 인도에서 페르시아만을 거쳐 이라크 지역까지 해로가 이미 이어져 있었으며 기원후에는 이 해로를 통해

::그림6 중국 남부의 바다와 이어지는 광주의 주강(珠江). 중국의 해상무역을 내륙과 이어주는 중요한 강이다.

동서 교류가 더욱 활발해졌음이 확인되었다. 즉 일찍부터 광주에서 이라크 지역에 이르는 해로는 마련돼 있었다.

아랍인은 이슬람이 역사에 등장한 7세기 초 이후 이슬람 정복 과정에서 주변의 여러 지역을 정복했다. 아랍 제국은 지리적으로 유럽, 아프리카, 아시아 세 대륙이 만나는 중간 지점에 위치하여 중계무역에 유리했다. 이에 아랍인은 정복지 타민족의 지리학 기술을 이용하고 해운 기술을 배워 조선업과 해운업을 발달시켰다. 초기에는 제국 내 유대인과 페르시아인이 무역에 종사했으나, 점차 아랍인의 수가 늘어나면서 무역에서 아랍인의 비중도 커져갔다.

아랍인들이 중국과 본격적으로 교류한 시대는 압바스조 시대^{750~1258년}이다. 아랍 역사에서 황금기를 누렸던 바그다드를 수도로 한 압바스조는 세계적인 수준의 문명 국가였다. 중국에서는 당왕조^{618~907년}가 안정된 제국을 통치하고 있었다. 당시 아시아의 동서에 위치한 양 강대국은 상호 교류의 필요성을 절감했고, 따라서 문물의 교류 또한 활발하게 이루어졌다. 페르시아만과 광주 간의 해상 루트를 통한 교역은 당시에 교역로의 양 끝에 거대한 이슬람 제국과 중국이라는 두 제국이 동시에 존재함으로써 가능했다. 그 해로의 기점은 각각 페르시아만과 광주였으며, 두 지역 간의 먼 거리를 연결하는 중개 지점은 인도였다.

당시 아랍인들에 의해 개척된 페르시아만에서 광주에 이르는 해상 교역로는, 16세기 유럽의 진출 이전에 인류에 의한 것으로는 공인된 것 중에서 최장^{最長}의 뱃길이었다. 그 교역로에서 광주를 떠난 중국 선박들의 서부 종착지는 페르시아만의 바스라, 알우불라, 시라프였다.[5] 바스라가 거대한 상업 중심지였지만 중국의 대형 원양 선박들은 만이 얕아 그곳에 이르지 못했고, 알우불라 선착장에 들어왔다. 그래서 물품은 알우불라에서 아랍의 작은 상선에 옮겨져 바스라로, 이어 강을 따라 제국의 수도 바그다드로 운반되었다. 또한 이란의 해안에서는 시

::그림7 위쪽은 중국어 코란이고 아래쪽은 나침반을 이용한 항해술에 관한 서적이다(천주이슬람문화전시관 소장).

라프가 바스라의 경쟁 상대가 될 만큼 성장했다. 아랍 제국에서 중국으로 수출되는 물품들은 작은 배에 실려 바스라를 비롯한 걸프만의 항구들에서 시라프로 운반되고, 이어 그곳에서 대형 중국 선박에 옮겨지기도 했다. 이로써 9세기 중엽 바스라와 시라프는 아랍 제국 내 해상무역에서 물품 집결지로 발전하여, 중국의 광주에 대비되는 가장 중요한 항구가 되었다. 이로써 광주-바스라·시라프-바그다드를 잇는 교역로를 따라 해상무역이 전개되었다. 압바스 시대에 아랍인들이 중국으로 수출한 품목은 고급 리넨 직물·면·양모·양탄

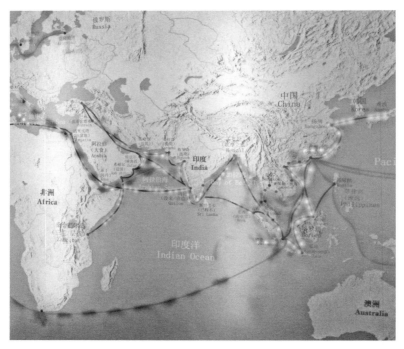

::**그림8** 인도의 쿨람 말리를 경유하여 광주와 페르시아만을 연결하는 해상 교역로. 천주이슬람문화전시관에서 촬영하였다.

자 · 금속 공예품 · 철광석 · 금은괴 등이었으며, 특히 모술의 면, 바그다드의 유리그릇과 보석, 모로코의 피혁 제품이 유명했다.

　한편 페르시아만을 출발해 항해하는 배들은 인도로 가는 두 가지 해로를 이용할 수 있었다. 첫 번째는 배들이 오만 해안에 있는 수하르나 무스카트에 기항하고, 거기에서 물 공급을 받은 뒤 곧장 인도양을 가로질러 인도 남부의 쿨람 말리를 향해 항해하는 것이었다. 당연히 이 해로는 중국으로 장거리 항해를 하는 배들이 이용할 수 있었다. 두 번째는 까이스섬, 구舊호르무즈, 티즈, 알다이부르 알만수라, 알신드의 항구들에 기항하면서 연안 항해를 하는 방법이었다. 첫 번째 해로를 해상 루트와 함께 순서대로 표시하면 다음과 같다.

페르시아만바스라, 알우불라, 시라프 → 인도쿨람 말리, 말라바르 항구 → 니코바르군도 → 칼라바르 항구 → 티오만섬 → 산프샴파 왕국 → 하노이루낀 → 칸톤광주

아랍 상선은 인도양을 횡단해 인도를 거쳐 동남아시아 해안 항구를 경유하여 해상 루트의 동부 종착지인 광주에 도착한다. 도착한 물품은 중국 정부에 의해 면밀한 통제를 받았다. 중세 아랍 자료인 『중국과 인도에 관한 이야기』는 광주에서 수입 물품을 관리하는 절차에 대해 적고 있다. "(아랍인) 항해자들이 바다로부터 상륙하면 중국인들은 저들의 물품을 압류하여 세관 창고에 넣는다. 그런 다음, 마지막 항해자가 입국할 때까지 그들을 최장 6개월 동안 철저히 감시한다. 그런 후에 각 화물의 3/10을 세금으로 가져가고, 나머지는 상인들에게 인도된다. 관청에서 요구하는 세금이 얼마이든 간에 상품 금액은 최고가가 매겨지며, 대금은 신속하고도 정확하게 지급된다."[6]

광주에서 출항하는 아랍 화물선에는 중국 도자기, 비단 직물, 장뇌, 사향, 향료 등의 수화물이 선적되었다. 정식 수출 절차를 거친 아랍 배는 아시아의 전역에서 모여든 수백 척의 배들 사이를 지나 항해를 시작한다. 귀환 항해는 오던 길을 그대로 따라가 인도의 쿨

::그림9 중국의 동남 해안 항구에서 중국인과 거래하는 아랍 상인을 묘사한 장면. 천주해외교통사박물관에서 촬영하였다.

람 말리에 이른다. 다시 그곳을 떠나 마침내 아랍인들은 페르시아만의 시라프나 알우불라에 닻을 내리고, 항해의 위험에서 자신들을 지켜주고 부富를 가져다준 알라께 감사의 예배를 드렸을 것이다. 함께 여행했던 상인들, 선장들, 선원들은 카페에 앉아 휴식을 취하면서 자신들이 중국과 인도 등지에서 보았던 경이로운 일들에 관해 사실과 상상이 섞인 이야기들을 주고받았을지도 모른다. 이러한 이야기들은 수세기가 지나면서 오늘날 세계에 알려진 「신드바드의 모험」 등으로 변형되어 『천일야화』에 수록되었을 것이다.

한편 중세 아랍 사료에 따르면 일부 아랍 선박은 한반도까지 이르렀던 것으로 알려져 있다. 중세 아랍의 지리학자 알이드리시가 1154

년에 저술한 『천애횡단갈망자天涯橫斷渴望者의 산책Kitāb Nuzhat al-Mushtāq
fī 'Ikhtirāq al-'Āfāq』에 수록된 세계지도에 신라가 그려져 있고,[7] 아랍어
'알신라al-Shila'로 표기되어 있다. 이는 곧 당시 아랍인들이 중국과의
해상 교역을 통해 자연스럽게 신라에 대해 알고 있었고, 한반도와도
교류했음을 말해준다. 우리가 알고 있는 「처용가」에서 아랍인의 용모
를 닮은 처용이 당시 신라에 아랍인들이 도래했음을 보여주는 증거라
는 학계 일각의 주장도 이러한 해상 교역과 관련성이 있을 것이다.

낙타를 타던 아랍 상인, 바다의 배를 타다

광주와 천주에 남아 있는 아랍인 무슬림들의 역사 흔적을 보면서,
중세 시대에 아랍인들이 참으로 먼 항해를 하면서까지 중국에 왔다
는 생각이 들었다. 그런데 아랍인들은 왜 그토록 먼 거리를 항해하
여 이 낯선 땅에 왔던 것일까? 아라비아반도에서 초지와 물을 찾아
늘 이동하는 것이 습관인 아랍 유목민의 지칠 줄 모르는 열정이 사
막을 횡단하듯 바다를 횡단하게끔 했던 것일지도 모르겠다. 또한 아
랍인은 전통적으로 농업보다 상업을 중시했으며, 이슬람 교리도 부
의 축적을 권장하였기에 아랍 상인들은 낙타를 타고 무한하게 펼쳐
진 사막과 거친 산야를 지나는 대상무역에 만족하지 않고 그 끝을
알 수 없는 미지의 세계인 바다를 건너가 무역을 하려 했을 수도 있
겠다 싶다.

광주의 회성사 앞에서 자주 보는 중국인 이슬람교도들인 회족 사람들을 보면서 그들의 먼 조상 중에는 인도양의 거친 파도를 헤치고 중국에 도착한 아랍인이 있으려니 하고 상상해보는 것도 그닥 틀리지만은 않으리라.

주

1 청정사에 관해서는 이 책의 「이슬람 문화가 꽃을 피웠던 도시, 천주」를 참고할 것.
2 송경근(1998), 「중국의 이슬람」, 《한국이슬람학회논총》 제8-1집.
3 이희수(2007), 「중국 광저우(광주)에서 발견된 고려인 라마단 비문에 대한 한 해석」, 《한국이슬람학회논총》 제17-1집, 72쪽.
4 정수일(2001), 『고대문명교류사』, 654쪽.
5 9세기 중엽 아랍 지역과 중국으로의 정기적인 항해가 있었음은 분명하며, 그 시대의 해로에 관해 중요한 두 개의 중세 아랍어 자료로, 이븐 쿠르다드비흐의 『도로(道路)와 왕국들에 관한 책 *Kitāb al-Masālik wa al-Mamālik*』과 술라이만이라는 이름의 상인이 지었다는 『중국과 인도에 관한 이야기 *Akhbār al-Ṣīn wa al-Hind*』가 있다. 이후 아랍 자료는 보다 풍부하다. 이 두 자료와 그 외 자료의 기술에 근거해 9세기 중엽 중국과 연결되는 해로에 관한 정보를 얻을 수 있다. George F. Hourani, *Arab Seafaring*, pp. 66~68.
6 George F. Hourani, 위의 책, p. 72쪽.
7 정수일(2005), 「동방의 이상향 신라」, 『한국 속의 세계』 상, 240쪽
(김진, 「처용 무당설 및 아랍인설의 해석학적 오류-처용설화의 철학적 연구(1)」, 《철학연구》 제83집, 12쪽에서 재인용).

참고문헌

· 김진(2008), 「처용 무당설 및 아랍인설의 해석학적 오류-처용설화의 철학적 연구(1)」, 《철학연구》 제83집.
· 송경근(1998), 「중국의 이슬람」, 《한국이슬람학회논총》 제8-1집.
· 이희수(2007), 「중국 광저우(광주)에서 발견된 고려인 라마단 비문에 대한 한 해석」, 《한국이슬람학회논총》 제17-1집.
· 정수일(2001), 『고대문명교류사』, 서울: 사계절출판사.
· George F. Hourani(1995), *Arab Seafaring:in the Indian Ocean in Ancient and Early Medieval Times,* Princeton, New Jersey: Princeton University Press, expanded edition.

광주에서
서원의 사회성을
묻다

＊ 정재훈

화려한 장식의 진씨서원

광주는 중국 경제의 중심지이자, 개혁 개방의 선두주자다. 광동성의 성도省都이기도 한 광주는 야경이 특히 아름다운 주강珠江 삼각주의 북쪽에 자리를 잡고 있다. 중국에서 세 번째로 큰 도시인 이곳은 2,000여 년간에 걸친 유구한 역사를 자랑하는 곳이기도 하다. 한나라와 당나라에서는 '해상 실크로드'의 시발점이 되었고, 근래 청나라 때에는 쇄국정책으로 해외와의 교통이 막힌 가운데서도 유일하게 대외교역이 허용된 '교역항'이었다.

중원에서 보면 아득하게 먼 이 남쪽의 변방은 과거 옛 월粵 땅이지만, 기나긴 중국의 역사에서는 때로 새로운 사상의 발원지 역할을 마다하지 않았다. 근대의 강유위康有爲 · 양계초梁啓超 · 손문孫文 · 모택동毛澤東도 이곳과 깊은 연관이 있지만, 도교 이론가이자 도교 사상을 체계화시킨 선구자였던 포박자抱朴子 갈홍葛洪, 283~343년(?)이나 중국 선불교의 중흥조인 혜능慧能, 638~713년 역시 광주와 깊은 연관이 있다. 왜 이런 걸출한 사상가들이나 시대를 움직인 인물들이 이곳 광주와 관련이 있었을까? 아마도 광주가 사람들이 왕래하기 쉽고 무역의 중심지 역할을 하였기에, 그만큼 새로운 사상의 진원지로서도 오래된 연원을 가지고 있었으리라.

그러한 광주의 유적 가운데 답사객의 눈을 휘둥그레지게 만드는 곳이 있으니 바로 진씨서원이다. 이곳은 통상 서원이라고 하면 연상되는 '산수 좋은 곳에 위치한 학당'이라는 이미지와는 정반대로 넓은 터에 화려한 장식이 유명하다. 송나라 때 유명한 4대 서원을 예로 들면 강서의 백록동서원, 호남의 악록서원, 하남의 숭양서원과 응천서원을 손꼽을 수 있다. 이들은 대체로 경치가 좋고 물이 맑은 산록에 위치하여 공부하기에 좋은 환경을 갖추었다.

그런데 진씨서원은 목조·석조·전조磚彫 등의 다양한 기법으로 온갖 실내·외가 장식되어 있다. 얼핏 교역을 통해 벌어들인 재화를 가지고 이렇게 화려한 서원을 만들었을까 하는 생각도 들지만, 기존 서원의 인상과는 너무나도 차이가 나는 모습에 놀라지 않을 수 없었다.

이 진씨서원은 진가사당으로도 알려졌는데, 중국 건축사에서 반드시 살펴보아야 할 곳으로 이름나 있다. 하늘이 만든 솜씨로 남방의 건축미를 한껏 자랑하는 이곳에 대한 그 사이의 평가 역시 조각

::그림1 진씨서원 입구

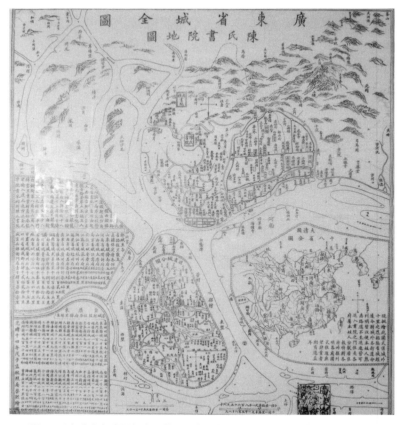

::그림2 1888년 당시의 광동성 전도. 윗부분에 조성된 곳이 바로 진씨서원이다.

예술이나 건축 또는 건축 장식의 방면에서 그 예술과 규모, 기세에 대한 것이 주를 이루고 있다.

그러나 이 진씨서원은 서원 본래의 목적대로 원래는 광동성 72개 현의 진씨 일족이 제사를 지내고 자녀들을 교육시키는 장소로 이용하려고 만든 곳이다. 그래서 속칭으로는 진가사^{陳家祠}라는 명칭으로

도 불렸다. 또 이 서원을 만들게 된 계기 역시 광동에 있는 진씨들이 과거 시험에 응시하기 위해 광주에 올라왔을 때 이곳에 거처하며 한편으로 독서를 하고, 다른 한편으로는 시험에 응시하거나 결과를 기다리는 장소가 필요했기 때문이었다. 따라서 이곳은 자연스럽게 진씨 성의 자제들을 가르치는 교학敎學의 장소가 된 것이다.

이 서원은 1890년청나라 광서제 16년에 세우기 시작하여 1894년에 완성되었다. 건립의 주체는 귀국한 화교였던 진서남陳瑞南과 진조남陳照南 및 진향린陳香隣 등이었다. 아마도 이들은 당시 19세기 말의 사회에서 효제孝悌를 돈독히 하고, 인륜을 중히 여기고, 조상에게 제사하는 것을 소홀히 하지 않는 전통적인 유교 질서를 지킴으로써 광동에서 인구가 가장 많은 씨족일 뿐만 아니라 명문으로 발돋움하려는 목적에서 이 서원을 지은 것으로 보인다.

진씨가 중원에서 이곳 광동으로 온 시기는 역사적으로 상당히 거슬러 올라가는데, 진법념陳法念이 온 것은 양진梁陳 시대였다. 이후 광동에 진씨들이 퍼져서, 서원을 건립할 당시에는 광동 70여 현에 분포할 정도로 광범위하게 거주하였다. 19세기 후반에는 진씨뿐만이 아니라 다른 가문에서도 사당을 건립하여 종족의 단합을 꾀하였다. 대량의 재력과 물력 및 인력이 투입된 사당 건축에는 최상의 재료가 쓰였고, 여기에 더해 가장 솜씨 좋은 장인들이 총동원되었다.

19세기의 광동에는 많은 서원들이 지어졌다. 명나라 때에도 광동은 강서성과 함께 서원이 가장 많은 곳이었지만, 청나라 때에는 여기에 복건성과 사천성이 더해져 서원 수가 늘었고, 또 신축된 곳이

::**그림3** 진씨서원 벽면에 새겨진 벽돌 조각

다른 지역보다 많았다. 그 가운데서도 광동의 서원은 전국에서 가장 많은 수를 차지하여 전체 서원의 10퍼센트가 넘을 정도였다(등홍파鄧洪波, 2004, 『중국서원사中國書院史』, 407~408쪽 참고).

서원의 어느 곳을 쳐다보아도 돌로 된 조각, 나무로 된 조각, 벽돌로 된 조각 새김이 곳곳에 널려 있어 온갖 조각 예술의 박물관을 보는 듯하였다. 이 서원의 설계는 여거림黎巨林에 의해 이루어졌고 장장 4년에 걸쳐서 완성되었다.

정원 여섯 개와 대청大廳 등 크고 작은 열아홉 개의 건물로 이루어진 이곳의 면적은 모두 1만 3,200제곱미터다. 서원의 가운데 선인 중축선中軸線에 대문·취현당聚賢堂·대청이 일직선상에 놓여 있고,

::**그림4** 취현당의 모습. 문과 천정의 화려한 문양이 눈에 띈다.

편방偏房과 낭하는 좌우의 대칭으로 위치하여 양쪽으로 분포한다.
얼핏 보아서는 무질서하게 건물들이 보이기도 하나 주체가 되는 건
물과 딸린 건물들이 일정한 형식에 따라 놓여 있음을 조금만 눈여겨
보면 알 수 있게 되어 있다.

　대문을 들어서며 살펴보면 대문에 신상神像이 그림으로 맞이하고
있으며, 문 앞의 양쪽에는 직경 1.4미터의 포고석抱鼓石이 있다. 문의
안쪽으로는 5칸의 취현당이 있다. 이 건물은 주 건물로서 여러 사람
이 모이는 용도로 쓰였다. 안쪽의 대청에는 위패를 모심으로써 취현
당에서 제사도 지냈음을 짐작할 수 있었다. 취현당을 중심으로 동서
의 양쪽에는 동재東齋와 서재西齋의 방이 있는데, 이곳이 진씨 자녀들

::그림5 건물과 건물을 잇는 복도

의 교육을 담당하던 주된 장소였다.

서원의 내부를 다녀보면 문門이나 당堂 또는 청廳 등의 건물이 복도로 연결되거나 꽃문양의 문으로 구분되어 끊어질 듯 이어지기가 지속되었다. 특히 일반적으로 다른 서원이나 주택에서도 찾아볼 수 있는 장식된 문이나 난간, 창문 외에 대들보나 용마루, 칸막이 등에도 정교하게 다양한 형식으로 조각이 장식되어 있어 과연 민간 조각 예술의 정수를 모은 곳이라는 생각이 들었다. 실제로 현재 이곳은 광동성 민간 공예박물관이며 전국중점문물보호지로 지정되어 있기도 하였다.

사립학교였던 서원

진씨서원의 화려함! 그 화려함은 어디에서 온 것일까? 본래 서원은 학문을 연마하는 사립학교였으며, 관학의 비효율성을 넘어서서 진정한 학문의 전수를 목표로 세워진 기관이다. 그런데 그러한 서원의 진면목은 어디로 가고, 화려한 장식이 서원을 대표하는 특징이

되었던 것일까? 도대체 광주의 진씨서원에서 보이는 이러한 특징은 어떻게 만들어진 것일까?

　서원이라는 그 이름은 당나라 때 처음 등장하기는 하는데, 이때 조정에 설치된 서원은 다만 장서藏書와 수서修書를 다루는 기구였기에 사대부들이 학업을 닦는 곳은 아니었다. 서원의 탄생은 오대五代 시대에 학교가 황폐한 것에서 기원하였다. 북송 초기의 80여 년 사이에도 역시 학교를 일으키는 것이 필요하였는데, 제대로 조치가 이루어지지 않음에 따라 '선비들이 배울 곳이 없음을 한탄하여' 발생하였던 것이다.

　여조겸呂祖謙의 「녹동서원기鹿洞書院記」에는 이와 관련하여, "내가 여러 어른들에게 들은 바로는 국초에 백성들은 오대의 난리를 겪고 나자 학문하는 사람은 매우 적었다. 해내海內가 평화롭게 되자 차츰 문풍文風이 일어나고 유생들은 자주 산림에 의거하여 넓게 강하여 베풀었는데, 많을 때는 수십백에 이르기도 하였다"라고 하였다.

　강학을 하면서 인재를 육성한 서원에 해당하는 학관學館은 940년 남당南唐 시대 때 건립된 '백록동학관白鹿洞學館'이 처음이다. 이 학관은 북송대에 백록동서원으로 발전하여 4대 서원으로 불릴 만큼 융성하였다.

　서원이 본격적으로 발전한 것은 남송南宋 때였다. 서원의 수가 크게 증가한 것은 물론 여러 학파에 의해 서원이 만들어졌다. 대표적인 사례로는 주희朱熹와 장식張栻이 주로 강설을 하여 유명하였던 백록동서원과 악록서원岳麓書院이 있고, 여기에 더해 여조겸의 이택서원麗澤書院과 육구연陸九淵의 상산서원象山書院이 새로 생겨서 남송의 유명한 4대 서원이 되었다. 북송에서 백록동 · 악록 · 숭양嵩陽 · 수양睢陽서원이 4대 서원으로 유명한 것과 비슷하였다.

주희 역시 「석고서원기石鼓書院記」에서, "내가 생각하건대 전대는 학교 교육〔상서庠序〕이 발전하지 못하여 선비들은 학문할 곳이 없음을 아쉬워하였다. 때로는 경치 좋은 곳을 택하여 정사精舍를 세우고 무리를 지어 기거하면서 강경의 장소로 삼았다"고 하였다. 이렇게 서원이 쇠퇴한 학교 교육을 대체하거나 보완하는 기제로서 설정된 것은 이후 명나라나 심지어 청나라까지도 비슷하였다.

그러나 서원이 단지 학교의 공식 교육이 제 역할을 하지 못해서 나타난 것으로만 보는 것은 서원의 역할을 한정하는 것이 된다. 왜냐하면 북송에서 서원이 발달한 것은 서원에서 전수된 학문인 성리학과 깊은 관련이 있기 때문이다. 서원이 본격적으로 발달한 시기는 남송 때였고, 성리학이 크게 발전한 때도 이 시기였다.

남송 때에 서원의 수도 급증하였는데, 제5대 황제 이종理宗 연간에 전성기를 이루어서 전체 서원의 3분의 2가 이때 세워졌다. 또 이때 세워진 서원의 절반 가까이가 성리학의 종지를 따랐다는 점에 주목할 수 있다. 예컨대 주돈이周敦頤 · 이정二程 · 주희 · 여조겸 · 장식 · 육구연 · 위료옹魏了翁 · 진덕수眞德秀 등이 서원에서 제사의 대상이 되는 주향 대상자로 선정되었는데, 대체로 이들이 유람했거나 거주했던 지방에서 후세인들이 이들을 추모하기 위해 세운 것이었다.

성리학자들 외에도 남송의 서원은 그 고을의 선현이나 명인을 추모

::**그림6** 백록동서원 입구

::**그림7** 백록동서원 내 주희 사당 앞에 있는 단계정(丹桂亭). 자양(紫陽, 주희의 호)이 붉은 계수나무를 직접 심었다(紫陽手植丹桂)고 적혀 있다. '자양서원'이라고 불렸을 정도로 백록동서원과 그는 밀접했다.

하기 위해 건립되었는데, 예컨대 한유韓愈 · 호원胡瑗 · 소식蘇軾 · 황정견黃庭堅 등 문인이 그 대상이 되기도 하였다. 또 어떤 경우에는 자기 집안의 자제를 가르치기 위해 설립한 가족적 성격의 학당도 있었다. 그러나 대부분의 서원은 사회적 명망을 공유할 수 있는 사람이나 당시 신사상이라고 할 수 있는 성리학과 관련된 주요 인물을 모시고, 사회에서 학생을 받아들였으며, 그 입학 대상 역시 한 고을이나 한 집안의 자제를 대상으로 국한된 것은 아니었다.

남송에서 성리학이 늘 발전한 것은 아니었다. 오히려 국가에 의해 몇 차례나 배척과 억제를 당하였고, 경원慶元 연간에는 위학僞學으로 몰려서 관학에서 전파가 금지되기도 하였다. 그러나 서원을 기반으로 성리학자들은 의리지학義理之學을 강론하고 연구하였으며, 나라의 정사까지 의논하였다. 게다가 과거제도의 부패로 관학이 타락의 길을 걷는 동안 나름의 절개를 제창하면서 자유로운 학문 연구를 우선시하였던 서원은 더욱 많은 이들의 흠모의 대상이 되었다.

서원의 이러한 발달은 원대元代에 들어서면서 변화하게 되었다. 주지하다시피 원나라는 남송의 주자성리학을 오히려 관학으로 받아들여 과거의 시험 과목에 주희의 『사서집주四書集註』를 채택함으로써 주자학의 관학화를 심화시켰다. 이 점은 주자성리학이 이제 어느 학문도 넘볼 수 없는 국가 최고의 학문이 되었음을 의미하는 것이기도 하지만, 동시에 관학으로서 국가의 통제를 받게 된다는 것을 의미하였다.

원대의 서원 역시 주자학의 이러한 운명에서 크게 벗어나지 못하였다. 이때에는 서원이 과거를 거쳐 지식인들을 관리의 길로 끌어들이는 중요한 통로로 기능하였다. 이에 연관되어 서원이 증설되었던 것이다. 이렇게 관학의 영향 아래 있게 된 서원에는 산장山長으로 표현되는, 즉 학관이 있어서 각급 관부의 지휘와 통제를 받게 되었다. 이러한 서원의 관학화 현상은 결과적으로 과거 준비의 시험기관으로 서원이 전락되는 현상을 초래할 수밖에 없었다. 겉으로는 정주程朱의 성리학을 학습한다고 하였지만 결과적으로는 과거를 치르기 위해 주희의 『사서집주』만을 힘써 공부함으로써 자유로운 학문의 기풍은 사라지게 되었다.

이에 반하여 향리에서 원나라의 관직에 나가지 않은 채 살았던 학자들은 관부의 통제를 받지 않는 서원을 유지하려고 하였다. 이들은 한결같이 과거 공부 위주의 학문을 배격하면서 본래의 학문 정신을 드러내고자 노력하였다. 이런 노력에 따라 서원의 수는 늘어나게 되어, 결과적으로 전체 서원의 수는 증가하게 되었던 것이다.

원나라 이래로 서원이 관학과 연계되는 현상은 명나라에서 이전보다 심화되었다. 명나라에서는 아예 학교와 과거를 합류해버렸다. 원대는 과거 응시자를 학교 출신으로만 한정시키지는 않았지만 명나라 때에는 아예 학교 출신이 아닌 사람은 과거 시험을 치르지 못하도록 하였던 것이다. 이에 따라 자연스럽게 세상에 이름을 드러내고 싶은 사람들은 학교로 몰릴 수밖에 없었고, 결과적으로 서원에서 강학하는 분위기는 거의 사라지게 되었다. 홍무洪武 연간에 전국적으로 신설한 서원이 37개소, 다시 건립한 것이 15개소였는데 이런 사실은 곧 명초에 급격하게 서원이 퇴보된 것을 의미하였다.

그러나 명나라 중엽 이후에 서원이 이전보다는 활성화되었다. 명나라의 통치 집단이 거의 쇠퇴의 상황에 빠지게 됨에 따라 모순이 격화되어 극심한 혼란이 지속된 것이 근본적 원인이었다. 재야에 있던 사대부들은 이에 맞서 서원을 건립하여 학생들을 가르치면서 정치를 비판하였다. 또 학교가 지나치게 과거에 치중하게 되면서 학교교육 자체가 유명무실화되었고, 이에 따라 반대급부로 진정한 학술연구의 분위기를 추구하는 기풍이 생겨나게 되었다. 그 대표적인 사람이 왕수인王守仁, 호는 양명으로, 그는 제자를 가르치는 동안 용강서원 · 염계서원 등 여러 개의 서원을 건립하기도 하였고, 악록서원 · 백록동서원 등 유명 서원에서 강의를 하기도 하였다.

그러나 전반적으로 명나라 때의 서원은 점차 민간서원에서 관변서원으로 대체된 것이 사실이고, 이러한 추세는 청대에는 더욱 가속화되었다. 기본적으로 청대에는 만주족이 지배함에 따라서 중국의 고유한 학술사상을 억제하고 명나라 말에 일어난 민족사상의 부활을 막으려는 정책을 취하였다.

이에 따라 처음에는 '서원을 따로 건립하는 것을 불허'할 정도로 서원에 대해 부정적 태도를 취하였다. 백록동서원의 장교掌敎 한 명을 뽑아달라는 요청에 예부는 준행할 수 없다고 하면서 그 이유로, "서원을 설립하고 한 사람을 간택하여 스승으로 삼는다고 할 때 수업 받는 사람이 적을 경우에는 교육의 혜택이 넓게 미치지 못하며, 수업 받는 사람이 많을 것 같으면 그 가운데 잘하고 못하는 사람이 한데 섞이고 재주 있는 사람과 우둔한 사람이 뒤섞이고 말 것이니,

그 폐단이 마침내 불교나 도교의 사묘寺廟 무리처럼 타락하거나 부패하게 될 것이다"라고 한 것은 서원에 대한 청조의 인식을 그대로 보여준다.

하지만 청조는, 서원 역시 과거를 중시하고 사대부들 역시 관리로 입신출세하는 것을 최대의 과제로 삼고 있음을 알고 나서는 서원 억제정책을 수정하여 서원 창설을 허가하였다. 이런 상황에서 서원이 창설되었지만 제대로의 기능을 수행할 리는 없었다. 청조 역시 서원을 준설해준 목적이 사상의 통제에 주안점이 있었기에 서원의 교육을 관장하는 사람은 강회를 철폐하고, 단지 과거 준비를 위한 교육만을 힘쓰게 되었다. 따라서 이때의 서원 역시 학교 교육에 동화됨으로써 약간의 생기도 찾기 힘들 정도였다.

물론 청대의 모든 서원이 그러했던 것은 아니다. 경우에 따라서는 완원阮元이 세운 고경정사誥經精舍와 같이 과거 공부를 천시하고 경사經史를 중시하는 기풍을 유지하는 곳도 있었다. 완원이 광주에 세운 학해당學海堂과 상해의 고경정사, 장사長沙의 교경당校經堂, 남경南京의 석음서원惜陰書院 등은 그에 해당하던 서원이었다.

청대의 서원은 이전 시대에 비해 매우 많았고 특히 건륭 시기에 가장 많았는데 호남성 · 복건성 · 광동성에서 창설된 것이 많았다. 장강이나 황하보다는 주강 유역이 많았는데, 이 지역에 많은 서원이 세워진 것은 경제적인 발달이 주된 원인이었다.

서원의 사회성과 진씨서원

그렇다면 진씨서원의 위상은 어떠하였을까? 이 당시까지 원대 이래 서원이 과거의 준비기관으로 관립학교에 별 다름없이 관학화되었던 현상에서 자유로왔을까? 아니면 반대로 서원의 본래 공적 역할에 충실하였던 남송의 서원과 같았을까? 그 질문에 대한 답은 진씨서원의 창설 목적에서 이미 제시되어 있다. 광동 일대에 거주하는 진씨 일족의 과거 시험을 돕기 위해 만들었다는 설립 목적에서 진씨서원은 중국 서원의 지나친 관학화 현상을 정확하게 보여주는 사례에 해당한다. 이러한 특징은 조선의 역사에서 동일하게 나타났던 역사적 경험이다.

서원은 중국에서 발생한 것이지만 조선에 들어와서도 크게 발달하였다. 조선의 서원은 사림세력이 훈구세력의 비리를 공격하다가 역으로 정치적 화를 당한 사화士禍를 겪은 이후 사림의 근거지가 되었다. 사림세력은 서원을 기반으로 하여 자신들의 학문을 새롭게 모색하는 근거지로서 설정하였고, 또 향촌의 공론을 담보하는 곳으로 변화시킴으로써 서원을 새로운 공동체의 구심으로 만들었다.

따라서 서원에는 당시 그 지역에서 누구나 공감할 수 있는 훌륭한 인물을 모시고, 그를 제사지냈고, 동시에 성리학을 강론하였던 것이다. 서원을 중심으로 한 사림들의 이러한 활동은 종래 정치적인 변혁의 추구에 그쳤던 한계를 벗어나, 조선 사회를 일변할 수 있는 원동력을 만드는 계기를 제공해주었다. 조선 중기의 사회 변화는 조금

::그림8 우리나라 최초의 서원인 영주 소수서원(紹修書院)의 전경

보태어 말한다면 서원에서 출발하였다고 하여도 과장된 말은 아닐 것이다.

그런데 훈구에서 사림으로 정권의 주도 세력을 교체하게 만들었던 데에 결정적인 동력을 제공해주었던 서원은 이후 변질의 과정을 거치게 되었다. 국가로부터 공인을 받는 사액서원賜額書院이 늘어나게 됨에 따라 너도나도 서원을 만들게 되었다. 선조 때는 124개였던 서원이 숙종 때에는 한 도에 80, 90개를 헤아리게 될 정도로 늘어났다.

한편 서원은 양적인 증가뿐만 아니라 일종의 특권을 지닌 곳이 되어 여기에 부속된 토지에는 조세를 과하지 않았고, 또 양민이 원노院奴가 되어 군역을 기피하는 곳이 되었다. 유생은 향교보다는 서원에 들어가서, 학문을 공부하는 대신 붕당朋黨에 가담하여 당쟁에 골몰

::그림9 강학이 이뤄지던 소수서원 강학당(講學堂)

::그림10 소수서원에서 책을 보관하는 장서각(藏書閣)

::그림11 교수들의 기숙사에 해당하는 소수서원의 일신재(日新齋)와 직방재(直方齋)

하였고, 심지어는 서원을 근거로 하여 양민을 토색하는 폐단도 생기게 되었다. 여기에 더해 기존에 누구나 존경할 수 있었던 인물을 제향의 대상으로 삼던 것에서 벗어나 자기의 조상을 모시는 형태로 바뀐 현상은 지나치게 서원이 늘어나는 서원의 남설濫設·누설累設 현상과 연관되어 사회적으로 문제가 되기에 이르렀다. 서원의 공공성은 완전히 해체되었다.

청대에 서원이 과거 준비를 위한 기구로 이어지게 되고, 거기에 자신의 조상을 모시는 가묘家廟에 국한되게 된 것은 이제 서원에서 관학의 부족한 점이나 학문의 자유로운 정신을 논하였던 장점은 사라진 사실을 의미하였다. 광주에는 청대 서원으로서는 그나마 개혁적인 면모를 보였던 학해당이 있었지만, 여기에 다녔던 양계초와 진천추陳千秋가 학해당을 퇴학하고 강유위의 문하에 들어갔다는 사실에서 서원이 가졌던 사회성은 시대적 소명을 다했던 것을 알 수 있다.

따라서 그러한 사회성마저 사라지고 더 이상 시대적 의미를 찾을 수 없던 상태에서 관학의 과거를 준비하던 기구, 자신의 조상을 모시던 사당으로서 기능하였던 진씨서원에서 새로운 시대를 준비하고 사회를 변화시킬 수 있었던 청신한 기풍을 찾을 수 없는 것은 어쩌면 너무나 당연한 일이었는지 모르겠다. 사회성을 물을 수 없는 서원에서 이제 남은 것은 화려한 목조를 비롯한 찬연한 조각의 아름다움뿐이다.

기루와 리눙: 현대 중국 도시주거의 탄생과 소멸

중국의 성장을 견인하는 대도시로 성장해 있는 근대 개항장들. 이 도시들의 성장 과정에서 개항은 실질적으로 어떤 역할을 했을까? 이 개항장들은 중국이 원래 가지고 있던 문화적 저력에는 얼마나 의존했고, 또한 서양의 현대적 제도와 기술에는 얼마나 의존했을까?

개항에 뒤따른 조계 시대에 개항장들은 대도시로 성장했고, 이 시기에 광주와 상해 같은 도시들은 오늘날 중국 최대급 도시들로 성장하는 기반을 다졌다. 도시의 규모도 비약적으로 커졌을 뿐 아니라 도시의 일상적 경관 자체가 아주 판이하게 바뀌었는데, 광주의 기루騎樓와 상해의 리농里弄 같이 새롭게 등장한 건축물들이 이러한 경관 변화에 큰 역할을 했다. 첫머리에서 꺼낸 물음에 대한 더 나은 답을 얻는 데 이 건축물들의 등장과 변모 과정을 들여다보는 것이 적지 않게 도움될 것이다.

여기서 초점을 맞추어 살펴보려는 것은, 기루와 리농이 어떤 점에서 문명 교류의 산물로 볼 수 있을까 하는 점이다. 분명, 그것들은 유례없는 인구 증가와 함께 주택 및 상업공간의 수요가 급증한 데 대응해서 만들어진 발명품이었고, 중국에 도입된 서양의 근대적 도시주거 형식과 중국의 전통적 도시주거가 만난 결합물이었다. 이 점에서 기루와 리농은 공통점이 있지만, 그러면서도 각 도시의 서로 다른 역사와 문화의 차이로 인해 서로 확연히 구분되는 건축 형태로 발전했다는 것이 또한 아주 흥미롭다.

광주의 기루: 현대 도시의 '길'을 위한 건축

광주로 먼저 가보자. 시내를 휘감은 고가도로 위에서 보면 온통 고층 아파트와 오피스들로 가득 차 있는 난삽한 도시 경관이지만, 지상의 도로 위에서는 광주에서만 만날 수 있는 특색 있는 경관을 어렵지 않게 구별할 수 있다. 기둥을 세워 보도바닥 위로 띄워 지은 건물들이 길가에 길게 늘어서 있는 모습이 그것이다(그림1).

각각의 건물이 보도 쪽을 향해 정면을 내고 옆으로는 다른 건물들과 다닥다닥 맞붙어 있는데, 그래서 차도 옆으로 보도가 길게 콜로네이드(줄지어 늘어선 기둥들을 가리키는 서양식 용어)를 이루고 있는 모습이다. 이 건물들이 바로 기루다. 기루라는 말은 건물이 길 위에

::**그림1** 광주 도심을 휘감은 고가도로에서 내려다보면 아파트와 초고층 건물이 즐비한 풍경을 곳곳에서 마주하게 된다.

걸터앉아 있는 특징적 형태를 띠고 있다고 해서 붙여진 이름인데, 처음에는 다리처럼 생긴 기둥 위에 놓였다고 해서 유각기루有脚騎樓라고도 불렀다.

광주의 기루는 일종의 연립형 상가주택이다(영어로 숍하우스shophouse라고 불리는 건축 유형이다). 각 건물은 보도 쪽으로 폭이 좁고 블록 안쪽으로 길게 뻗어 있는데, 1층의 도로에 면한 부분은 대개 상점으로 쓰고, 기루의 위층이나 뒷부분은 주택이나 작업장으로 쓴다. 건물들을 옆으로 서로 맞붙여서 지붕 덮인 보도를 만든 경우는 고대 이래로 인류의 도시 문명 역사에서 비슷한 사례들을 종종 찾아볼 수 있다. 예를 들어, 중세 도시 베른은 도시의 큰길을 따라 양옆에 1층이 아케이드인 건물들이 늘어서 있다. 하지만 기루의 형태는 더 직

::그림2 광주 인민남로에 지어진 기루들.

::**그림3** 1830년대 광주 13행의 거리 풍경. 프랑스인 루이 필립 비슈부아가 제작한 에칭화이다 (오스트레일리아국립도서관 소장).

::**그림4** 하문의 기루. 1925년 중국인들이 시정독판공서(市政督辦公署)를 만들었고, 처음으로 중산로 일대의 건물들을 개수하여 1928년에 총 600미터의 길을 만들었다.

접적으로는 17세기부터 20세기 중반까지 프랑스와 영국에서 지어진 테라스하우스terrace house 또는 로우하우스row house라는 도시주거 형식에 닿아 있다. 기루는 이 테라스하우스의 변형물인 것이다.

사실, 기루의 기원은 중국 영남 지역과 동남아시아 일대의 전통 문화에서 찾아볼 수 있다(그림3). 하지만 도시 공간에 조직적이고 체계적으로 기루가 건설된 것은 19세기 동남아시아의 식민지들을 통치한 영국인들에 의해서였다. 그들은 말레이시아, 싱가포르, 홍콩(홍콩에서는 기루를 당루唐樓라고 부른다)에 기루를 건설했고, 이것이 다시 동남아 화교들에 의해 중국 본토에 도입된 것으로 짐작된다. 중국에서는 광동 지역 말고도 대만, 하문, 천주 등은 물론 상해에서도 남경로南京路와 금릉동로金陵東路에서 기루를 찾아볼 수 있다(그림4).

하지만 규모면에서 가장 크고 체계적이었던것은 광주의 기루다. 대표적인 기루길로 장제대마로長堤大馬路, 일덕로一德路, 인민남로人民南路, 중산5로中山五路 등을 꼽을 수 있다.

광주의 기루는 건축 도시 관련 법제가 제정됨으로써 도시 전역에 체계적으로 지어지게 되었다. 즉, 1912년 광주에서는 광동 군정부 공무국부가 중국 최초격의 현대적인 도시건축 법규인 '광동성 경찰청 현행취체건축장정 및 시행세칙'을 제정·공포했는데, 이 법에 건축허가, 방화구조 등의 내용뿐 아니라 제방이나 도로에 면해서 가옥이나 점포를 지을 때 반드시 기루를 지어야 한다는 규정이 들어 있었던 것이다. 원칙적으로 광주의 길에 면한 건축을 모두 기루로만 짓도록 규정했는데, 이와 직접 관련된 항목과 내용은 다음과 같다.

• 제14조 무릇 제방과 도로에 가옥이나 점포를 지을 때는 모두 스스로 사유지 안에 폭 8피트(영국 피트로서 1피트는 30.4센티미터―필자주)의 공간을 남겨둬야 하며, 유각기루를 만들어 교통에 편리하게 한다. 처마 앞 낙수 지점에는 수조와 수통을 대어 개방된 수로로 물이 흘러들게 하며, 별도의 첨봉檐蓬을 설치하여 행인을 가로막거나 제방과 도로를 상하게 해서는 안 된다.

• 제15조 무릇 도로에 점포나 가옥을 짓는 자는 문 앞에 폭 8피트를 남겨 유각기루를 만든다. 기루의 양옆은 판벽, 죽선竹宣 등으로 차단하거나 좌판을 벌여놓아 행인을 막아서는 안 된다.

• 제21조 무릇 가옥이나 점포의 신축시 루樓를 둘 경우 지면에서 루 밑 첫 번째 층까지의 높이는 1장丈(한 자의 열 배, 약 3미터―필자주)을 넘어야 한다. 나머지 층의 높이는 9피트를 넘어야 하며 최상부층은 1피트를 줄일 수 있는데, 해당 층집의 층면層面에서 금자가金字架까지의 절반을 기준으로 본다.

이처럼, 도로를 면해서 주택이나 상점을 지을 경우에는 반드시 사유지 중 8피트 폭의 땅을 길로 제공해야 했다. 그렇게 해야 하는 명시적인 이유는 14조 내용에 나타나 있듯이 교통 편의 때문이었다. 실제로 이렇게 건물을 지으면 길 양쪽이 폭 8피트(약 2.5미터)만큼 넓어진다. 그러면서도 그 위에 건축물을 지을 수 있게 함으로써 건축 면적은 더 확보할 수 있다. 바로 이런 식으로 인구 증가와 고밀화 때문에 지가가 높아진 대도시에서 도로를 넓히는 방법이 고안된 것이었다.

기루가 광주에서 실제로 활발하게 지어진 시기는 1920년대였고, 기루와 기루길이 지어지면서 생기는 시행착오를 해결하기 위해 관련 법규들이 종종 개정되었다. 예컨대, 기루 하부에 남겨두어야 하는 공간의 폭을 일률적으로 8피트로 정했던 것을, 1920년에 개정된 '현행취체건축장정 및 시행세칙'에서는 건축물이 면한 도로넓이에 따라 20피트, 15피트, 12피트, 10피트 등으로 달라지게 했다. 이 경우, 30미터 도로 양쪽에는 약 20피트(6미터) 씩의 도로(물론 그 상부는 건물로 채워진다)가 더 만들어져서 총 42미터 폭이 된다. 이 법규에서는 기루의 각 층 높이도 다음과 같이 자세히 정해놓았다.

• 제36조 무릇 100피트(약 30미터—필자주) 도로에 가옥을 짓는 자는 20피트(약 6미터—필자주)의 기루를 만들어야 한다. 폭 80피트의 도로에는 15피트의 기루를 만들어야 한다. 다만 지하 기루는 장벽牆壁, 판벽, 죽선 등으로 막거나 좌판을 벌여놓아 행인을 막아서는 안 된다.

• 제37조 무릇 폭 80피트의 도로 양옆에 기루를 지을 때 1층 높이는 최소 15피트를 넘어야 하고, 2층은 최소 13피트를 넘어야 하며, 3층은 최소 11피트를 넘어야 하며, 4층 이상의 층은 각각 최소 10.5피트를 넘어야 한다. 폭 100피트의 도로 양옆에 기루를 건축할 때 1층 높이는 최소 18피트를 넘어야 하고, 2층 이상은 모두 80피트 도로의 규정을 따르되, 각 층 너비는 일률적으로 행인을 따른다.

또한 같은 해에 '취체건축15척관도기루장정'에서는 폭 15피트짜리 기루의 시공법과 구조, 재료를 정했고, '취체행인규칙'으로 기루의 사용, 유지관리, 벌책과 벌금 등의 사항을 정했으며, 각 기루지의 등급 분류 방법 등을 개정했다('마루양방포옥청령기루지교가잠행간' 개정). 1924년에는 기루 건축을 허락하는 도로와 너비에 대한 관련 규정을 뺐고, 관련 세칙과 사항을 각 도로건설 방법에 포함시켰으며('신정취체건축장정'), 1930년의 '취체건축장정'에서는 기루의 건설을 불허하는 도로에 대한 내용을 정했다.[1] 이렇게 기루는 자생적으로 생겨난 집합적 건축물이라기보다는, 법규에 의해 그 틀이 엄격히 확정되었다.

이렇게 도시의 고밀화와 교통 개선의 요구에 대응하여 고용 보행로를 확보하고 도시의 상업 활동을 진작할 목적에서 길에 면한 건축 행위를 제한하고 특정한 형태가 되도록 건축 법규를 정한 것, 바로 이것이 광주의 기루가 대대적으로 만들어질 수 있었던 이유였다. 여기에 현대적 건축 기술의 발전도 중요한 요인이 되었는데, 기루의 발전에는 당시 영남 지역에서 새로운 건축 기술로 확산되던 철근콘크리트 구조가 중요한 몫을 했다. 벽이 아닌 기둥만으로써 건축물을 지지하는 구조를 만드는 데에는 철근콘크리트 건축술이 매우 유용했다. 광주는 1905년 중국 최초의 철근콘크리트 건물이 사면沙面섬에 지어지는 등 서양의 철근콘크리트 기술이 가장 먼저 도입된 곳이기도 하다. 철근콘크리트의 기술적 가능성에 대한 이해와 상상력 없이는 법규를 통해 기루 건축이 제도화되었다 하더라도 그렇게 대규모로 실현될 수 없었을 것이 분명하다.

기루의 생명력과 한계

이렇게 만들어진 기루길들을 우리는 지금도 광주 시내를 걸으며 어렵지 않게 만날 수 있다. 가장 멋진 기루길이 어디냐고 광주사람들에게 묻는다면, 많은 사람들이 광주 서관西關의 상하구로上下九路를 손꼽을 것이다(그림5). 서관은 위치상 13행과 사면에서 멀지 않았고 청대에 광주의 대외무역과 교통의 중심지였던 곳이다. 상하구로는 서관에 있던 18개의 성문을 1920년에 대대적으로 철거하면서 새로 조성한 길이다. 그래서 길을 걸으면서 하서문구下西門口 유적이니, 대동문大東門 · 서문구西門口 · 소북문小北門이니 하는 지명이 지금도 남아 있는 것을 확인할 수 있다. 이 새 길을 만들면서 800미터에 걸쳐 길 양편에 수백 칸의 기루를 지었던 것이다.

이 길이 예나 지금이나 상업 중심지로 매력을 뿜어내고 있는 데에는 기루 건축의 덕이 크다(예부터 상구로에는 금은방과 포목점이, 하구로에는 신발 · 비단가게, 사진관이 많았다고 한다). 지금은 보행자 전용인 이 길은 아주 넓어서 횡해보이지도 않고 그다지 좁지도 않은, 또 건물도 그다지 높지 않아서 친숙하고 걷기에 좋다. 길가의 상점들 앞은 지붕이 덮여 있는 보행로가 조성되어 있어서 날씨와 상관없이 손님 맞기에 좋다. 기루를 지은 원래 의도를 잘 전해주고 있다고 할 수 있으니, 이 도시에 상업적 활력을 불어넣기에 충분하다.

　상하구로에서처럼 지붕 덮인 기루의 보행 환경은 고온다습한 광주의 기후에 그늘을 드리우고 바람을 통하게 하는 이점이 있고, 비도 막아준다. 빗물은 길가의 수로를 따라 흐르도록 법규로 통제했다. 또한, 상하구로의 기루는 공통의 형태적인 틀에 묶여 있으면서도 건물마다 서로 다른 장식적 모티브로 장식되어 있기도 하다. 그러면서도 입면 구성이라든지 창과 기둥의 세부 장식에 전통적 요소들이 남아 있다. 비록 법으로 정했다 한들 이런 여러 가지 장점들이 없었다면 기루가 그렇게 많이 지어질 수는 없었을 것이다.

　하지만 지금 남은 광주의 기루들이 모두 다 상하구로처럼 매력적인 것은 아니다. 북향이거나 폭과 높이가 지나치게 큰 경우는 음침

::그림5 광주 상하구로에 늘어서 있는 기루들. 1920년대에 조성되었다.

하고 불쾌하기 일쑤다. 그런 경우는 기루 대신 차라리 가로수길이 보행 환경의 쾌적성에 있어서 더 나을 것 같다는 생각이 절로 든다. 기루가 광주 도시 전체에 상업도시의 성격을 부여하는 데 도움을 주었다고는 해도, 지금 보면 매력을 뿜지 못하는 정형화되고 획일화된 외관을 보여주는 기루들이 꽤 있기 때문에, 기루길의 장단점을 일률적으로 평가하기는 어렵다.

오늘날 광주가 실질 상주 인구가 1,000만 명이 넘는 중국 제3의 도시로 성장하는 과정에서 기루가 큰 몫을 했음에도 불구하고 1990년대 이후의 재개발 과정에서 낡은 기루들이 많이 철거된 것이 사실이다. 그 자리에는 이제 밀도가 더 높은 대형 고층 건물들이 들어서 있다. 기루 대신 고층의 아파트와 오피스가, 또는 대형 백화점이 자리를 차지하고 있다. 기루로 만들어진 도시 공간이 이렇게 점차 사라지는 상황에서 기루를 보존하려는 움직임도 있다. 개발로 인해 사람들이 불가피하게 이주하게 되는 사회적 비용도 문제되겠지만, 도시 경관상의 문제가 뚜렷하기 때문이다. 사실 기루는 상하구로뿐 아니라 광주 도심 전역의 상업적 성격과 경관에 일관성을 부여하는 데 큰 역할을 했다. 현대적 건축 도시 법규의 중요한 내용 중 하나가 건축물과 도로의 관계에 관한 것이며, 이에 따라 한 도시의 경관이 크게 바뀔 수 있다. 광주의 건축 법규는 기루라는 특정한 건축적 형식을 낳게 한 강력한 조치였다. 그렇게 세워진 기루들을, 20세기 후반 이후 우후죽순 생겨난 고밀 건축물들이 만든 광주의 도시 경관과 비교하면, 기루는 광주의 일관된 도시 경관을 만드는 데 크게 기여했다는 사실을 새삼 확인할 수 있다.

이제 기루가 점차 사라지면서 광주시 당국은 21세기 들어 '광주시역사문화명성보호규획' 같은 법제를 제정함으로써 기루길을 선별하여 보존하고 있다. 이미 상당 수의 기루길들이 없어진 상태에서, 어쩌면 이것이 기루와 관련된 마지막 제도가 될지도 모르겠다.

서양인이 만든 중국인 도시주거 '리농'

그럼, 이제 발길을 돌려 최초의 다섯 근대 개항장 중에서 광주로부터 가장 먼 북쪽에 있는 상해로 가보자. 위성도시와 교외를 뺀 도시 인구 규모로 따지면, 상해는 인구 1,800만 명에 육박하는 중국 최대, 세계 최대의 대도시다. 특히 황포강 서쪽의 포서浦西에는 289제곱킬로미터의 면적에 700만 명이 살고 있는데, 1제곱킬로미터에 약 2만 4,000명이라는 엄청난 인구밀도다(그림6).

엄청난 인구 규모만큼 거기에 지어진 건축물의 양도 엄청나다. 통계를 보면, 2010년 기준으로 상해시 전체 행정구역 안의 주거용 건축물의 총면적은 5억 2,640만 제곱미터, 비주거용 건축물 총면적은 4억 952만 제곱미터다. 주거용 건축물을 유형별로 세분하면, 화원주택(2,064만 제곱미터), 아파트(492만 제곱미터), 직공주택(4억 7,951만 제곱미터), 신식 리농(528만 제곱미터), 구식 리농(1,237만 제곱미터), 간옥簡屋(29만 제곱미터), 기타(339만 제곱미터)로 나뉜다.[2] 기루가 광주의 독특한 도시주거 건축이었듯이, 이에 대응되는 상해의 고유한 건축 유형은 바로 리농이다. 지금은 그 리농의 양을 다 더해도 상해시 주택 총량의 3.4퍼센트 정도지만, 리농은 개항 이후 사회주의 계획경제 이전까지는 상해에서 가장 중요한, 대다수의 주택 유형이었다. 당시 조계에는 매년 수천 채, 많게는 8,000채의 리농이 지어졌고, 1930년대 상해에는 연면적 기준으로 주택 총량의 60퍼센트가 리농이었을 정도였으니 말이다. 당시의 상해, 즉 지금의 상해시 중심부는 리농의 물결로 가득한 바다 같았을 것이다.

리농은 독특한 골목 구조로 구성되어 있다. 보통은 남향을 한 집

::**그림6** 포동의 동방명주 위에서 황포강 너머 서쪽을 바라다본 상해시 경관. 외탄의 건물 뒤로 인민광장과 정안공원 너머까지 고층 건물들이 우후죽순 들어서 있다. 그 사이사이에 아파트와 리농 등의 도시공동주택들이 뒤섞여 있다.

들이 옆으로 서로 맞붙어 줄지어 늘어서 있는데, 간혹 동서향을 한 집들이 남북 방향으로 늘어서 있기도 하다. 원래 리^里란 전통적으로 중국인들이 모여 살던 주거공동체의 물리적 단위를 가리키는 말이었고, 농^弄이란 그 단지 안에 있는 골목을 가리키는 말이었다. 방금 말한 공동주택 유형이 생기면서, 이것이 20세기 들어 일반적으로 리농이라고 불리게 된 것이었다.

리농의 형태는 눈에 띄는 발전 과정을 겪었다. 중국 건축학자들은 대개 이것을 구식 석고문 리농, 신식 석고문 리농, 신식 리농으로 단계적으로 분류하고는 한다. 우선, 리농의 초기 형태인 구식 석고문 리농이 등장한 것이 1850년대였는데 그 경위는 다음과 같다.

태평천국 3년인 1853년, 상해의 소도회가 반청복명의 기치를 내세워 상해현성과 주변 일대를 공격하여 장악한 사건이 일어났다. 그때, 중국인 난민들이 상해의 외국인 조계로 대거 피신해 들어왔는데, 그 이유는 소도회가 외국인과 조계를 공격하지 않았고 영국·미국·프랑스가 중립을 지켰기 때문이다. 조계로 피신해 몰려든 중국인 난민들을 상대로 외국인들은 상업적 이익을 누릴 절호의 기회를 찾았으니, 즉 부유한 중국인 난민들에게 주택을 지어 팔거나 임대한 것이었다.

원래 1845년과 1849년에 청국 정부가 각각 영국·프랑스와 맺은 조계장정에는 조계에 집을 지어 중국인에게 임대하는 것이 금지되어 있었다. 하지만 청 정부가 더 이상 조계를 통제할 수 없게 되자, 외국인들은 조계 안의 중국인을 대상으로 주택사업을 진행할 수 있었다. 뒤이어 태평천국의 난을 피해 강소성, 절강성으로부터도 부유한 상인 · 지주 · 관리 등이 상해 조계로 몰려왔고, 1860년대 초에는 중국인들을 대상으로 조계 안에 지은 주택의 수가 약 9,000채에 달할 정도였다. 추산하기로 당시 조계의 중국인 수는 십만 내지 수십만 명까지 이르렀다.

이 리농 건설사업을 주도한 것은 주로 외국인 개발업자들이었다. 자딘 메드슨 같은 외국 무역상들도 아편 판매보다 수익성이 훨씬 높은 리농 건설사업에 뛰어들었다. 조계 정부의 입장에서는 이 사업이 가장 주요한 세금 수입의 원천이었기에 한편으로 유리했지만, 중국인들을 무작정 조계에 들이는 것이 환영할 일만도 아니었다. 하지만 결국 수익성을 추구하는 외국 사업가들의 요청을 받아들일 수밖에 없는 쪽으로 일이 흘러갔다.

땅을 가진 외국인 회사들은 중국인들을 고용해서 이 집들을 지었는데, 처음에는 급하고 간단하게 짓느라 목판을 썼다가 나중에는 구조적으로 더 견실한, 목구조를 벽돌벽으로 지탱하는 구조로 지었다. 이 나중의 것이 초기 석고문 리농주택이다. 석고문 리농주택은 당시 서양의 고밀형 도시주거인 2, 3층 연립주택(보통은 테라스주택이라고도 부른다)처럼, 집들을 옆으로 다닥다닥 붙여 지었다. 석고문 리농주택이라고 부른 까닭은 대문인 석고문이 외관상 두드러졌기 때문이다(석고문은 조각을 한 석재 문틀에 검은 칠을 한 두꺼운 목재 문짝을 달았다). 담은 꽤 높아서 길에서는 집안이 들여다보이지 않았다. 나중에 등장하는 신식 리농주택에 비하면 내부의 안전감을 아주 중시했고 폐쇄적인 성격이 짙었다.

초기 석고문주택은 보통 정면
이 세 칸이었고(한 칸이 폭 4미터
정도), 2층짜리 석고문 한 채의 연
면적이 70평 정도였다(그림7, 8).
세계 어디서나 근대화 과정에서
주택의 규모와 밀도가 바뀌더라
도 기본적인 삶의 형태는 쉽사리
바뀌지 않았고, 그래서 실의 기본
적인 배치도 처음부터 완전히 바
뀌지는 않았다. 초기 석고문주택
이 중국 전통 민가인 삼합원三合院
과 닮은 점도 이런 맥락에서 이해
할 수 있다.

평면을 볼 때, 삼합원은 천정이
라 불리는 마당을 가운데 두고 그
맞은편에 정방正房을, 좌우에 상
방廂房을 배치했다. 세 방향에 단
위 건물들을 배치한 삼합원과 마
찬가지로 석고문주택도 대문을 들
어서면 작은 안마당을 두고 그 정
면에 객당客堂을, 좌우에 상방廂房

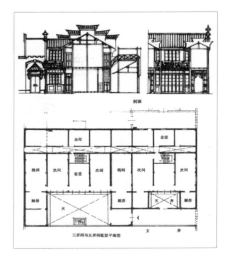

:: 그림7 조복리(兆福里)의 초기 석고문 리농

:: 그림8 신천지 일대에 새로 복원된 석고문 리농

을 배치했다. 석고문주택 안에 들어가면 객당 좌우에는 차간次間이, 객당 뒤에는 부엌과 창고가 있다. 객당 뒤의 계단을 통해 위층으로 올라가면, 길 쪽으로 크고 밝은 방이 하나 있고 그 뒤쪽에 정자간亭子間³이 있다.

리농의 변화

초기 석고문은 시간이 흐르면서 더 고밀의 간소화된 도시주택사업으로 진행되었다. 지금도 여럿 남아 있는 리농 중 20세기 초에 가장 큰 규모로 지어진 예로서 사문리斯文里의 석고문 리농을 한번 찾아가보자(그림9, 10, 11). 외탄에서 오송강吳淞江을 따라 3킬로미터 남짓 서쪽으로 가면 상해의 남북고가도로가 나오는데 이곳을 지나자마자 이 리농이 나타난다. 원래 이곳은 공동묘지가 있는 도시외곽의 영국 조계 구역이었는데, 1914년 유태계 영국인 아구阿谷 여사가 매입해서 주택사업을 벌였다. 이 리농은 나중에 사문양행의 수중에 들어갔으므로 이름이 사문리 리농으로 바뀌어 전해졌다.

이 사업지의 전체 면적은 4만 6,000제곱미터이며 건축 면적이 2만 5,000제곱미터, 건축 연면적이 4만 8,000제곱미터로서, 밀도로 치면 건폐율(건축물이 지면을 덮은 비율)이 약 50퍼센트, 용적률(땅넓이에 대해 입체로서 건축물의 총면적 비율)이 약 100퍼센트다. 오늘날 한국의 도시계획적 기준으로 보면 1종전용주거지역의 밀도에 해당되니, 도시주거지로서는 가장 저밀 수준인 셈이다. 그래서 이와 비

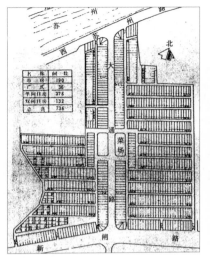

::**그림9, 10** 1910년대에 짓기 시작한 사문리의 석고문 리농은 총 500채 가량의 대규모 개발이었다. 대전로(원래 대통로)의 서쪽 부분은 오늘날 재개발 때문에 철거되었다. 리농 블록 주변부 길에는 상가들이 원래 배치되어 있었다. 오른쪽 사진에서 보듯이 그 동쪽에 상해의 남북고가도로 너머로 고층 아파트 단지인 '상해탄신창성'이 솟아 있어서(2006년 입주), 대조적인 도시 경관을 이루고 있다.

숫한 밀도로 지어진 대부분의 리농이 더 고밀의 주택지로 재개발될 압력에 놓여 있고, 또한 계속 철거되고 있는 중이다. 하지만 개발 당시의 시점에서는 고밀 주택이었음을 기억하자.

이 사업지 한가운데는 남북 방향의 길(대전리)이 하나 있고, 그 길 양쪽에 2, 3층짜리 석고문주택 수백 채가 있었다. 길 서

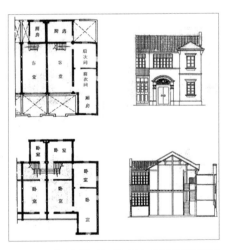

::**그림11** 사문리 석고문 리농의 1, 2층 평면(왼쪽)과 입면, 단면(오른쪽)

쪽은 1914년부터, 동쪽은 1918년부터 개발되기 시작했다. 큰길가에 늘어선 집들에는 상점이 들어서 있었다. 현재 남은 길 동쪽 동사문리에는 17~24채의 집들이 동서 방향으로 한 줄씩 이루고 있는데 이런 줄이 총 열셋이다. 블록 안쪽 길, 즉 농은 큰길이 폭 5미터, 작은 길이 폭 4미터다.

각 주택의 규모와 평면의 형식은, 당시 중간 계층의 수요에 맞췄기 때문에 예전보다 간소해졌다. 각 주택은 폭이 약 3.5미터인 한 칸짜리고 건물 깊이는 13.5미터다. 앞뒤 마당은 초기 석고문주택보다 더 작고, 한 평짜리 뒷마당을 두 주택마다 옆집과 서로 맞붙인 것도 고밀 환경에서 집의 통풍과 채광을 어떻게든 유리하게 만들어보려고 머리를 짜낸 결과였다. 담장을 낮춘 것도 부분적으로는 통풍과

::그림12 노신이 말년을 보낸 대륙신촌의 집

채광을 개선하기 위해서였다. 1층에 7평짜리 객당客堂, 응접실 하나와 부엌을 두고, 2층에 침실·정자간·발코니를 배치했다. 당시의 주택은 아직 집안에 화장실을 두지 않고 공용 화장실을 썼다. 사업 초기에는 입주자들이 적었다가 1930년대 말에 입주민이 대폭 늘었는데, 임대한 주택의 일부를 다시 임대하는 사람인 이른바 이방동二房東까지 등장했다. 집세를 더 받으

려고 마구잡이로 실을 증축하는 바람에 집의 하중에 문제가 생겨 안전까지 위협받기도 했다.

1920년대부터 등장한 '신식 리농'에서는, 석고문 리농의 석고문과 높은 담장이 완전히 사라졌고 설비도 더욱 현대화되었다. 일반에 공개된 신식 리농 두 채가 있으니 찾아가보자. 그중 하나는 1930년대에 지어진 중산층용 신식 리농이던 홍구구虹口區 산음로山陰路의 '대륙신촌大陸新村', 다른

명칭으로 '콘티넨털테라스'다. 이 신식 리농은 1931년에 대륙은행이 투자해서 지은 것인데, 중국의 대표적 문호였던 노신魯迅,1881~1936년이 이 곳에서 생애 마지막 3년을 살았기 때문에 중국 정부가 이 집을 1951년부터 보존하고 일반에게 공개하고 있다(그림12, 13, 14).

::그림13 신식 리농 대륙신촌단지의 한 골목, 즉 농. 골목 안 오른쪽에 노신이 살았던 옛집이 있다.

::그림14 2층 남쪽에 있는 노신의 침실 겸 서재의 모습

대륙신촌은 붉은 벽돌 외관의 3층 집으로, 한 채가 총 67평 규모다. 신

식 리농의 일반적 특징으로서, 석고문이 사라졌고 담장이 낮다. 작은 바깥마당을 지나 집안에 들어서면 1층에 응접실이 있고 그 뒤에 부엌이 있다. 2층을 오르면 북쪽에 창고와 화장실이 있고 남쪽에 노신의 침실 겸 서재가 있다. 노신은 침실 한 켠에 철제 침대를 놓았고 남쪽 창을 따라 책장, 책상, 의자, 경대를 나란하게 두었다. 3층의 남쪽 방을 노신의 아들과 보모가 썼는데 발코니가 나와 있다. 3층에는 노신의 동지 구추백瞿秋白이 은신했던 객실도 있다.

상해를 찾은 많은 한국인들에게 각별한 의미가 있는 신식 리농 한 군데를 더 들러보자. 프랑스 조계이던 노만구盧灣區 마당로 306농에 1925년에 지어져 아직 남아 있는 신식 리농이 그것이다. 이곳의 4번지 주택을 대한민국 임시정부가 1926년부터 1932년까지 5년간 청사로 임대해서 썼다. 여기서 백범은 『백범일지』를 집필했고 윤봉길 의사의 1932년 의거를 도모했다. 임시정부는 이 집 1, 2, 3층을 각각 회의실, 집무실, 숙소로 썼다.

상해시는 이 역사유산을 1990년에 시문화재로 공포했지만, 그럼에도 불구하고 지금도 철거될 위기에 아슬아슬하게 처해 있다. 바로 인근에 위치한 2002년 완공된 '신천지新天地'가 직접적인 위협이 되기 때문이다. 신천지 개발지에는 오래된 리농들이 있었는데, 미국인 건축가 벤저민 우드가 디자인해서 일부는 남겨두어 리노베이션했고 일부는 석고문 양식을 모방해서 새 건물들을 지음으로써 근사한 상업 지역을 조성했다. 이 개발사업이 크게 성공하자 임시정부가 있는 지역의 땅값도 크게 올라 개발 압력에 놓인 것이다.

지금은 점차 철거되어 사라져가는 주택 유형이지만, 19세기 중반에 탄생한 리농은 1940년대까지도 활발하게 지어졌다. 그 배경에는 급격한 인구 증가가 있었다. 즉, 개항 후 상해가 상공업도시로 성장하면서 도시 인구가 폭발적으로 늘었는데, 명말인 1664년에 상해의 인구는 20만 명 정도였지만 1935년에는 6만 명의 외국인을 포함해 총 400만 명에 이르렀다(당시 세계 최대 도시였던 뉴욕과 런던의 인구가 각각 700만, 800만 명이었

::그림15, 16 신식 리농의 또 다른 예인 남경서로 1025번지의 정안(靜安)빌라. 1928년에 완공된 3층 규모의 대규모 개발사업이었고, 현재 보존대상이다. 큰 길은 폭 7미터(위), 작은 길은 폭 5미터다(아래). 총 183채의 주호 중 20채가 큰길에 면해 상점을 두고 있다. 각 주호마다 남쪽에 앞마당, 북쪽에 뒷마당을 두었다.

다. 참고로 1931년 통계로 상해시에는 약 4만 9,000명의 외국인이 살고 있었다. 그중 절반이 일본인이었고 한국인도 151명이 있었다). 새로운 주택 유형으로 아파트가 등장했을 때도 한동안 리농 건축사업이 더 유리했다. 왜냐하면, 2층짜리 한 채에 건설비가 300달러 정도 드는 리농은 짓고 나서 2년이면 건

설비를 회수할 수 있었던 것에 비해, 아파트를 지으면 10년 후에야 사업비를 회수할 수 있었기 때문이다.

리농의 건물들끼리는 채광과 환기를 위해 최소한의 간격을 띄워 지었는데, 대략 3층 높이였던 리농은 건물의 채광을 위해 최소 2.5 미터 정도 폭의 길과 한쪽 건물의 앞마당을 통해 건물들 간에 간격을 마련했다. 리농의 주거 환경은 고밀로 인해 열악해지기 십상이었는데, 상해시는 1929년에 한 집에 네 가족 이상 살지 못하게 하는 규정을 만들었다. 주택 재고가 한창 열악했을 때에는 원래의 계획보다 더 많은 세대들이 한 집에 살았는데 심지어 한 집에 일곱 가족이 함께 살았다.

기루와 리농의 문명사적 가치

동서양을 막론하고 19세기 이후의 도시 인구의 증가와 집중 탓에 도시주거 건축에는 큰 변화가 있었다. 기루와 리농이 지어지던 시기에 중국에서는 개항 시점에 약 4억 명이던 중국 인구가 한 세기 동안 1억 명이 늘었다. 그래서 기루와 리농은 도시 과밀 인구를 수용하는 형식으로 탄생하고 발전했다.

기루와 리농의 탄생에서는 영국, 프랑스, 미국 등에서 대표적인 현대 도시주거였던 테라스하우스가 큰 몫을 했다. 서양의 테라스하우스는 거슬러 올라가면 17세기부터 영국과 프랑스에서 지어지기 시작해서 수세기 동안 서양 각국에서 다양한 사회계층을 위한 주거 형태로 사용된 것으로서, 광주와 상해에서 직간접적으로 이 주거 유형이 도입된 것이다. 기루와 리농은 서양인들이 동양에 도입한 테라스하우스의 변형물에 지나지 않는다고도 할 수 있을지 모른다. 하지만 이 건축 유형들의 태동은 중국의 문화적 전통과 긴밀히 닿아 있었던 것이 분명하다. 예컨대 신식 리농은 서양식 주거, 서양의 테라스하우스의 형태와 별반 다르지 않을 정도까지 변화한 것이 사실이지만, 애초에 리농과 기루는 중국의 전통적 삶의 형식과 외관을 큰 문화적 충격 없이 새로운 도시적 상황에 담아냈다.

물론 기루와 리농에 담긴 중국인들의 삶의 모습은 서양과 달랐다. 기루의 상업가로는 물론이거니와 리농에서도 개별 가정의 생활 중 일부가 길로 빠져나왔다. 별다른 주거공동체 공간이 없었던 까닭도 있었지만 리농에서는 골목들이 이웃 간의 공용 공간으로 유용하게 쓰였고, 이것은 중국인들의 삶의 전통과 닿아 있었다. 사실, 주거 건축의 형태를 결정하는 요인은 다양하고 복합적이다. 세대가 거듭되어도 쉽게 변하지 않는 삶의 방식을 기본 요소로 하여 기후, 재료, 건설 기술뿐 아니라 가족 구성, 지가 같은 사회적 요인들이 작용한다. 기루와 리농의 건축 방식은 이런 여러 요인들에 의해 점차 변했고, 또한 그 안의 중국인들의 삶도 대도시화 과정에서 천천히 바뀌어갔다.

광주와 상해가 기루와 리농이라는 뚜렷이 차별되는 도시주거 형태를 발전시킨 것도, 문화의 차이와 개항의 영향력 등 복합적인 요인들로 설명되어야 할 것이다. 둘 다 주거와 상업의 기능을 모두 포괄하고 있었지만, 광주의 기루는 전통적 상업도시인 광주의 상업도로들을 재정비하는 성격이 강했고, 그래서 20세기 초 광주는 기루길들로 인해서 도시 전체가 '거대한 시장' 같은 모습을 띠었다. 하지만 기루는 길에 대해서는 강력하고 치밀한 제도를 통해 통제되었지만, 상대적으로 길 안쪽의 형태에 대해서는 이렇다 할 통제가 없었다. 이에 비해 리눙은 상해의 신시가지 조성을 이끌며 도시의 블록 전부를 근대 도시주거 유형으로 구성했고, 기루와 같은 강력한 법규적 통제 없이도 상업적 추동력에 의해 활발하게 진행되었다.

　최근 광주와 상해는 아시안게임과 엑스포 등을 개최하면서 또 한번의 대규모 도시 개조사업을 벌였다. 그 과정에서 기루와 리눙이 각 도시의 고유한 정체성을 만드는 데 가치 있다는 인식이 높아졌다. 마치 한국 도시에 남은 한옥을 다루는 것과 비슷한 식으로 말이다. 그것들이 제대로 보존되고 앞으로도 지속가능할 수 있을 것인가 하는 문제는 거대한 대도시 문화의 향방에 달려 있겠지만 말이다.

1 1930년 개정된 '취체건축장정'에서는 기루를 지을 수 없는 도로에 대신 표루를 짓는
  내용 등을 담고 있다. 제34조의 내용은 다음과 같다. "무릇 기루의 건설을 불허하는 도
  로에서는 보행로의 너비가 7피트면 표루(飄樓)를 짓되, 높이는 지면에서 25피트 떨어
  뜨린다. 표루의 18인치를 초과하여 튀어나올 수 없고, 넓이는 해당 가옥의 3분의 1을
  넘을 수 없다. 기루 건축이 허가된 도로든 불허된 도로든 보행로 폭이 7척(한 척은 약
  0.3미터 정도이다—필자주) 미만이면 길 양쪽의 가옥이나 점포에 표루를 지을 수 없다."
2 2010년 상해시통계연감(http://www.stats-shgov.cn)
3 정자간은 석고문주택부터 화원주택, 신식 리농주택에 이르는 상해의 근대주택에서 출
  입구 반대쪽인 북쪽의 부엌 위에 거의 반드시 두게 되던 실이다. 널찍하고 주요한 실들
  이 남쪽을 향해 있는 데 비해 부수적인 실인 정자간은 북쪽을 향해 있는데다가 크기도
  상대적으로 비좁다. 주택이 작을수록 정자간도 더 협소하고 채광과 환기 조건이 열악
  한 경우가 많았다.

II

하문

厦門

아편과 은 그리고 전쟁

* 김월회

중국과 서구 근대 문명의 전면적인 만남은 포연으로 시작됐다. 1840년 광주 앞바다에서 일어난 영국과 청조 사이의 아편전쟁鴉片戰爭이 그것이다. 한 번에 그치지도 않았다. 그 후로도 수차례, 중국과 서구 근대와의 만남은 역설적이지만 전쟁을 계기로 깊어지고 넓어져갔다. 서구 세계에 '아모이Amoy'라는 이름으로 알려진 하문廈門. 이 '바다의 항구'는 늦어도 16세기 무렵에 정크 선단을 조직하여 동남아시아 해역으로 진출하였고, 유럽·신대륙 등과 활발히 통상했던 오래된 대외무역항이었다. 하지만 하문을 거점으로 이뤄진 대외무역은 마닐라 등지를 중계 기지로 활용한 삼각무역의 형태였기에 하문이 서구와 직접적으로 대면할 기회는 제한적이었다.

그러던 하문이 서구 문명과 '직접적'이고도 '본격적'으로 만나게 된 계기도 아편전쟁이었다. 전쟁의 와중에서 하문은 영국군에 점령되기도 했고, 전쟁의 결과 하문은 상해·영파·복주福州·광주 등과 함께 강제로 개항되기도 했다. 그러고는 차츰 과거의 영화를 잃어갔다. 19세기 후반에는 아편무역과 수공업제품 수출의 가장 중요한 항구였음에도, 근대 중국의 무게중심이 20세기에 들어 상해 일대로 급격하게 쏠리자 하문의 비중은 빠른 속도로 줄어들었다. 아편전쟁이 유서 깊은 무역항 하문의 명암을 하루아침에 바꿔놓았던 것이다.

하문의 호리산포대

아편전쟁에서 중국은 서구의 '근대식 철선과 고성능 대포(견선이포堅船利炮)'를 처음 접했다. 뒤이어 1856년 애로호 사건으로 다시 서구와 충돌했을 때, 그래서 수도 북경北京까지 점령당하는 수모를 겪었을 때 중국인들은 오랑캐인 서구가 '근대식 철선과 고성능 대포'를 지녔던 탓에 자신들을 거듭 이길 수 있었다고 여겼다.

중국인들은 생각했다. 물산이 풍부한 우리 중국에는 없는 게 없다고. 그런데 알고 보니 근대식 철선과 고성능 대포가 없었다. 따라서 이들마저 지니게 된다면 '서양 오랑캐'를 충분히 제압할 수 있을 것이라고. 어차피 군함이나 대포 따위는 기물에 불과할 따름이니, 그것들을 들여온다고 하여 중화의 본령에 해가 되지는 않는다고 여겼다. 하여 '서양 오랑캐'로부터 첨단 무기 제조에 필요한 것들을 받아들이기로 했다. 근대적 과학 기술이 그것이었다. 상해 등지에 무기 제조창을 건립하였고 서구인을 고문으로 맞아들였다. 그저 한두해가량 시늉만 내다가 그만둘 요량도 아니었다. 큰맘 먹고 오랑캐의 장기를 익히기로 한 만큼 이왕이면 오랑캐들을 제압하고도 남을 정도까지는 배울 작정이었다. 덕분에 20여 년 남짓 흐른 후에 중국은 남양함대와 북양함대 같은 신식 함대를 구축할 수 있었다. 비록 1883년 프랑스와의 전쟁과 1894년 일본과의 전쟁에서 별다른 힘도 써보지 못한 채 전멸당했지만, 그럴수록 서구의 장기인 '근대식 철선과 고성능 대포'에 대한 욕망은 더욱 강렬해졌다.

::그림1 호리산포대의 해안포. 현존하는 세계 최대의 '크루프(krupp)' 해안포이다.

그 결과 1891년 대외무역과 국방의 전략적 요충지인 하문의 서남부에 호리산포대胡里山炮台라는 근대적 진지가 수축되었다. 그리고 2년 후 당시 독일에서 백은 5만 냥을 주고 구입한 큼지막한 해안포가 설치되었다. 이후 120여 년이 흐른 지금까지도 그 우람한 포신은 하문의 앞바다를 늠름하게 겨누고 있다. 호리산포대뿐만이 아니다. 광주의 호문虎門공원 등 중국 곳곳에 근대 중국인들이 남겨놓은 '고성능 대포'가 산재해 있다. 전쟁으로 본격화된 중화와 서구의 만남답게 '고성능 대포'가 문명 교류의 산물로 남겨진 것이다.

영국, 아편전쟁을 감행하다

아편전쟁의 공식적인 포성은 1840년 2월에 울린 것으로 되어 있다. 다만 무無에서 유有가 나오지 않듯이, 전쟁의 불길은 1839년에 이미 지펴지고 있었다. 당시 광주의 실질적인 책임자였던 임칙서林則徐는 1839년 3월 외국인들에게서 아편을 강제로 몰수하여 폐기하였고, 이에 반발한 외국 상인을 추방하고 통상을 전면 금지했다. 얼마 후 영국 해군이 중국인을 살해하는 사건이 발생하자 임칙서는 범인의 인도를 강력히 요구했다. 그러나 영국 측은 선상에서 약식 재판을 한 후 관련자를 귀국시켜 방면하였고, 격분한 임칙서는 마카오 봉쇄를 감행했다. 이로 인해 9월과 10월에 걸쳐 영국과 청조 양자 간 무력 충돌이 발생하였고, 영국은 이를 빌미 삼아 국가적 차원의 무력 개입에 착수하였다.

영국은, 청조의 아편 몰수는 야만적 행위이므로 문명국인 영국이 이를 바로잡을 의무가 있다는 명분을 내세워 1840년 2월 조지 엘리엇George Eliot을 전권대표로, 브리머Bremer를 사령관으로 하는 원정군을 파견하였다. 이로써 국가 간의 무력 충돌이 공식화되었다. 당시 영국의 원정군은 무장 증기선 등 50척에 가까운 근대식 함선에 540개의 대포를 장착하고 4,000여 명의 병력을 태운 대규모였다. 그해 4월 영국 의회는 이 전쟁을 승인하였고, 2개월 후 영국 함대는 목표지인 광주 해안에 도착했다. 그러나 영국의 침략을 예상했던 임칙서는 광주로 진입하는 수로에 강력한 사슬을 깔아두는 등 만반의 응전

::그림2 《점석재화보(點石齋畵報)》 1896년 5월 17일자. 아편 전문점에서 곰방대로 아편을 흡입하는 광경. 동반한 개에게까지 아편을 흡입시키고 있다.

태세를 갖추고 있었다. 이에 영국군은 광주 봉쇄를 위한 4척의 전함만을 남겨두고는 해안선을 따라 북쪽으로 진격하였다.

　1840년 7월, 영국은 2척의 전함으로 절강성의 주요 무역항인 영파를 봉쇄한 후 그 외곽에 위치한 주산열도舟山列島를 점령하여 거점으로 삼았다. 그리고 다시 북상하여 황하 하류의 대고大沽 요새 근처까지 진격하였다. 대고항은 산동성 천진天津의 입구로 이곳을 통해 황하를 거슬러 올라가면 수도인 북경까지 하루면 족히 다다를 수 있는 군사적 요충지였다.

　다급해진 청조는 외침에 대처를 잘한 임칙서를 파면하여 신강新疆으로 유배를 보낸 후 황제의 신임을 받는 기선琦善을 급파하여 영국과의 협상을 시도하였다. 1841년 1월 드디어 엘리엇은 광주 앞바다로 회항하였다. 이를 두고 기선은 엘리엇이 자신에게 설득되었다고 보고했지만, 이는 중화주의에서 벗어나지 못한 '늙은 사자'의 자아도취에 불과했다. 엘리엇은 설득됐던 것이 아니라 전쟁의 목표를 달성했다고 판단하여 순순히 광주로 돌아섰던 것이다.

　엘리엇의 목표는 이듬해 1월, 홍콩섬을 할양받고[1] 600만 달러를 배상금조로 지급받음으로써 성취되었다. 또한 청 당국과 직접적으로 접촉할 수 있는 경로를 확보했고, 임칙서가 내렸던 무역금지령의 해제 약속도 받아내는 등 영국의 오랜 숙원을 일거에 해소할 수 있었다. 그러나 당시 영국의 외상이었던 파머스턴Palmerston 자작은 이러한 협상 내용에 불만을 표시하며 헨리 포틴저Henry Potinger 경을 새로운 전권대사로 임명하였다. 그러고는 "여왕 폐하의 정부는 대영

제국과 중국 사이의 협약에서 중국의 비논리적 관습이 중국을 제외한 전 인류의 논리적 관습을 대체하도록 허락해서는 안 된다"[2] 는 원칙을 관철시키도록 하였다. 자신들의 관습을 '전 인류'의 합리적인 문명 곧 '보편적 문명'으로 설정한 서구에 의해 수천 년간 천하 유일의 문명임을 자부한 중국의 관습은 '비논리적'인 반反문명으로 전락된 꼴이었다. 1841년 8월, 광주에 도착한 포틴저는 영국 함대를 이끌고 북진하여 하문과 영파를 점령하고 주산열도에 재차 진을 쳤다.

1842년 늦봄, 포틴저는 인도에서 파견된 지원 병력과 합세하여 청의 주요 해로를 봉쇄한 후 다시 전쟁을 일으켰다. 그해 6월과 7월 사이, 영국군은 장강 하구의 상해와 진강鎭江을 잇달아 점령했다. 진강은 항주와 북경을 잇는 대운하를 직접적으로 타격할 수 있는 군사적 요충지였다. 그럼으로써 대운하와 장강 하류의 수로를 거의 봉쇄하였다. 구석에 몰린 청은 서둘러 강화를 요구하였으나 포틴저는 이를 묵살하고, 내친 김에 중국 문화의 본향인 남경까지 포위했다. 이에 청조는 굴욕적인 자세로 평화회담을 제의했고, 8월 29일 만주인 사절과 양강총독이 중국어로 번역된 남경조약南京條約에 서명했다. 이것을 도광제道光帝가 그 해 9월에, 빅토리아 여왕이 12월 말에 인준함으로써 3년여에 걸쳐 벌어졌던 아편전쟁이 공식적으로 종언을 고하게 됐다.

대청제국을 마비시킨 아편

아편은 양귀비에서 추출된다. 그것은 다른 잎과 섞어서 피울 수도 있고, 그것만 피울 수도 있다. 잘 정제하면 '헤로인'이라 불리는 맑은 액체로 만들 수도 있지만, 이는 주사기가 보급되지 않았던 당시로서는 무용지물이었다. 따라서 청대에는 주로 곰방대를 이용하여 담배처럼 피면서 흡입하였다.

담배는 이미 청대 초엽에 수입되어 선풍적인 인기를 끌었다. 담배 속에 약재를 섞어 피우면 좋다는 속설 탓인지, 중국인들은 이질에 효험이 있다고 알려진 아편을 담배에 섞어 피웠다. 그러다 한결 강렬한 아편의 효과를 추구하게 되었고, 그 결과 중국인들은 인도 등지의 흡연자와 달리 아편만을 즐겨 흡입하는 지경에 도달했다. 그런데 이로 인해 아편 흡연에 드는 비용이 높아졌다. 다른 성분과 혼합된 아편보다 '순수'한 아편의 단가가 더 높았기 때문이다. 실제로 당시 빈민의 하루 생계비가 4분分 내지 5분 정도였지만, 아편의 하루 필요량은 10분에 해당하는 1전錢어치나 되었다.

그대는 대포를 두려워하지 말라. 포탄 100발에 몇이나 죽더냐?
그대는 불화살을 두려워하지 말라. 밤새 타도 기껏 2, 3리 정도 태우고 말리라.
내 두려워하는 건 아편이다. 수억 명이 아편에 죽어간다.
그대 포탄에 사지가 찢어지는 건 안다만, 아편에 오장육부 녹는 건 모른다.

그대 불화살에 파산되는 건 안다만, 아편 구입으로 가산이 탕진
되는 건 모르는구나.[3]

바야흐로 아편이 대청제국이란 큰 사자를 빈사 상태로 몰아가고
있었다. 중국 전역에서 모든 계층을 대상으로 아편은 꾸준히 팔렸
고, 그것을 소비할 수단도 갈수록 발달되었다. 아편 소탕의 상징인
임칙서의 친동생조차 아편 중독으로 요절할 정도였고, 아편을 팔고
피울 수 있는 상점이 도처에서 성업하고 있었지만 이를 금지시키려
는 조정의 시도는 거의 아무런 효력도 발휘하지 못했다. 몇 차례에
걸쳐 아편에 대한 강경책이 시도되었지만 아편의 공급과 소비는 도
리어 기하급수적으로 증가하였다. 단지 무능한 조정과 부패한 관료
탓만은 아니었다. 꽤 오래전부터 아편은 효능이 탁월한 약재로 민간
에 널리 알려져 있었고, 정신적 중압감이나 신체적 고통에 시달리는
이들에겐 거의 정신적 치료제처럼 쓰이고 있었다.

그러다 18세기 들어 '빈익빈 부익부' 현상 등 사회 양극화가 격화
되자 아편 흡입 풍조는 급속도로 확산되었다. 유한계급은 그들대로
넘치는 사치를 주체치 못하고 있었으며, 대량으로 확산된 빈곤층은
그들대로 삶의 고통에 버거워하고 있었다. 아편이 아닐지라도 힘겨
운 삶에서 벗어날 수 있게 해주는 그 무엇인가가 사회 전반에 걸쳐
강력하게 요청되고 있었던 셈이다. 게다가 아편을 약재로 인식했기
에 사람들은 도덕적 가책 없이 아편을 도피처로 선택할 수 있었다.

그렇게 아편 흡입은 최상층에서부터 최하층에 이르기까지 두루두루 급속도로 퍼져나갔다. 1830년대 후반이 되자 아편 중독자 수가 줄잡아 200만 명 정도에 이르렀다. 민간에서뿐 아니라 지방의 문무 관료, 병사들에게까지 아편 흡입은 일상이 되고 있었다. 통계에 따르면 중앙 관료의 1~2할, 지방 관료의 2~3할, 막우幕友[4]의 5~6할, 기타 서리 등 하층 관리의 부지기수가 아편 흡연자였을 것으로 추정된다. 임칙서도 하층 관료들의 8~9할을 중독자로 볼 정도였다. 여기에 아편무역에 사활을 건 영국 상인들의 조직적인 밀무역이 기승

::그림3 아편을 피러 아편 전문점으로 몰려드는 사람들. 《점석재화보》 1888년 2월 6일자

을 부리자 아편 수입량이 급증하였다. 1835년에는 3만 상자가량의 아편이 수입되더니, 아편전쟁 직전인 1838년에는 수입량이 4만 상자를 상회하기에 이르렀다.

아편 1상자(60킬로그램) 분량은 아편 중독자 100명의 1년 사용량이었다고 하니, 약 400만 명가량의 중독자에게 공급될 수 있는 양이 수입된 셈이었다. 또한 아편 4만 상자를 금액으로 환산하면 약 2,500만 냥에 해당되니, 건륭제 때 1년 재정 총수입이 7,000만 냥이었음을 감안할 때 엄청난 액수의 은이 중국 바깥으로 유출됐던 것이다.

임칙서, 아편을 폐기하다

사정이 이쯤 되자 아무리 '아편에 마비된 사자' 청이라도 가만히 있을 수는 없었다. 1836년 도광제는 아편 중독의 폐해와 아편무역으로 인한 재정 손실이 도를 넘었음을 깨달았다. 그는 대신들에게 대책을 구했다. 그러나 의견이 분분히 갈렸고 도광제는 근본적인 대책을 내놓지 못했다. 그러다 1838년, 드디어 강력한 대책을 내놓았다. 그리고 자신의 칙령을 실천에 옮기기 위해 당시 아편 엄금에 혁혁한 공로를 세워 명망이 자자했던 임칙서에게 전권을 부여하여 광주로 파견하였다.

임지에 부임하기 전부터 광주와 외세의 상황을 면밀히 파악하려 했던 임칙서는 유교적 도덕과 모든 행정적 조치를 동원하여 아편을 엄금하고자 했다. 그는 포고문을 붙여 아편 소비에 따르는 건강상의 위험을 강조하고, 모든 아편 흡연자에게 아편과 담뱃대를 관할 담당자에게 반납하도록 명령했다. 그 결과 광주 도착 후 석 달 남짓한 기간 동안 22톤가량의 아편과 7만여 개의 담뱃대를 압수하고 2,000여 명의 중국인 아편 흡연자를 체포하였다.

외국 상인이라고 하여 예외가 아니었다. 임칙서는 설득과 협박을 통해 그들에게 아편무역 포기 각서와 아편의 양도를 요구하였다. 당연히 외국 상인이 이에 응할 리 만무했다. 그러자 임칙서는 1839년 3월 모든 외국무역을 전면 중단시켰고, 광주에 있던 350명의 외국인들을 모두 상관商館에 가두었다. 그러고는 이들을 상대로 강온 양면 전략을 동시에 구사했다. 음식과 물 등의 생필품을 제때 공급해주는 대신에 밤마다 북과 피리 등을 요란하게 울려댔다. 그렇게 6주가 지나자, 심신이 쇠약해진 외국 상인들은 결국 2만 상자가량의 아편을 포기하는 데 동의하고는 풀려났다.

임칙서는 즉시 이들을 국외로 추방하였다. 그들에게서 압수한 아편 1,400톤가량은 물, 소금, 석회가루에 섞어 녹인 후 바다로 흘려보냈다. 당시 이를 위해 판 구덩이는 깊이 2미터, 둘레 46미터짜리 3개였고, 압수한 아편을 녹이는 데에만 20여 일의 시간이 걸렸다. 과연 지금도 이 일이 중국인들에게 장대한 쾌거로 운위될 만한 대사건다웠다. 그래서였을까? 임칙서는 승리감에 도취되었는지, 이 광경을 지켜본 외국인을 두고 "(그들은) 감히 불경스런 행동을 하지 않았으며, 저는 그들의 그러한 태도를 보고 그들이 진심으로 부끄러워한

::그림4 광주 호문공원에는 임칙서가 아편을 녹여 없앤 곳이 재현돼 있다.

다는 것을 알 수 있었습니다"라고 보고하였다. 그러나 영국의 한 아편상은 이 일련의 과정을 지켜보면서 "(중국에) 요구할 배상금액을 올려주었기 때문에 좋은 기회로 여겼다"고 회고하였다.[5]

임칙서의 말에는 야만스런 오랑캐를 교화했다는 문명인으로서의 자부심이 묻어나 있지만, 그가 교화했다는 오랑캐들은 정반대의 입장에서 근대적 국제 관계에 무지한 야만스런 중국을 개화시킬 기회를 잡았다고 여겼다. 이질적인 두 문명이 동일한 사태를 계기로 서로를 문명화시켰다고 여기는 아이러니가 발생한 것이다.

은, 아편의 또 다른 이름

우리는 중국인들에게 진정 그들이 원하는
물건을 주지 못했다. …… 그들의 닫힌 마
음을 열기 위해서는 아편만이 오직 유일한
'열려라 참깨'다.[6]

    이러한 아이러니는 중국과 영국 양자의 판이한 세계관에서 비롯
됐다. 중국은 중화주의적 문명관을 바탕으로 영국을 오랑캐로만 여
겼고, 영국 또한 비서구 지역을 야만시하는 유럽중심주의적 근대 문
명관에 의거하여 중국을 점령의 대상으로만 여겼다. 하여 중국이 아
편을 독물로 바라본 데에 비해 영국은 아편을 은의 대체물로만 바라
보고 있었다. 중국을 문명적 교류가 가능한 상대로 여기지 않았던
까닭에 영국 정부의 눈에 중국은 그저 이용하면 그만일 뿐인 대상
이었다. 더구나 영국은 갈수록 심화되는 대對 중국 무역역조 현상을
해소하기 위해 오랫동안 절치부심하던 차였다. 영국에게 아편이 은
으로 비쳐질 수밖에 없던 상황이었다.

    주지하듯 중국과의 무역역조 현상은 18세기부터 이미 심화되고
있었다. 그러다 19세기 초가 되자 매년 13만 킬로그램이 넘는 중국
산 차가 수입되고, 도자기와 비단, 장식품 등에 대한 수요가 급격히
증가하였다. 이에 비해 모직물이나 기계제품 등 서양 상품에 대한
중국의 수요는 미미할 따름이었다. 그 결과 1760년대 10년간 중국
에 흘러들어간 은은 300만 냥을 넘었고, 1770년대에는 총 750만 냥,
1780년대에는 1,600만 냥에 달했다.[7]

    더군다나 영국은 18세기 후반 미국독립전쟁으로 인해 은의 조달

에 큰 어려움을 겪고 있었다. 설상가상으로 19세기 초반 나폴레옹 전쟁이 발발하자 전비가 대규모로 지출되어 극심한 재정 적자에 시달렸다. 중국과 근대적 통상 관계를 수립하여 무역 적자를 해소하고자 했던 정책적 노력도 더 이상 기댈 수 없는 상황이었다. 1759년에는 중국통 제임스 플린트를, 1793년에는 매카트니 사절단을, 19세기 초반에 다시 애머스트 경이 인솔하는 사절단을 차례로 파견하였지만 별 소득이 없었다. 반면에 중국산 비단, 도자기, 차를 사기 위해 매년 수백만 파운드의 은괴를 지속적으로 지불하고 있었다. 뭔가 획기적인 돌파구 없이는 나라의 존립 자체가 위협받는 상황이었다.

그러던 차에 아편이 중국 통상의 주요 교역품으로 떠올랐다. 영국은 막대한 액수의 대 중국 적자를 만회하기 위해 1770년대 이후 인도에서 생산한 아편을 중국의 항구로 몰래 가져와 중국 상품이나 작물, 은괴 등과 본격적으로 교환하기 시작하였다. 때마침 18세기 말에 들어 중국에서는 아편의 수요가 급증하였다. 당시 노련한 상인들은 은을 대신하여 휴대가 간편하고 강탈당할 위험성이 적은 아편을 몸에 지니고 다녔다. 북경으로 과거 시험을 치르러 가던 이들조차 여행 경비로 아편을 사용할 정도였다. 이렇게 중국에서도 아편이 곧 은이 되는 양상이 널리 퍼지면서 아편의 수요가 날로 늘어갈 수밖에 없었다. 반면에 필요한 아편의 대부분은 수입에 의존해야 했다. 영국에게 유리한 상황이 전개되고 있었다. 게다가 이미 명대부터 은은 대외무역의 주요 결제 수단이었다.[8] 또한 세계적으로도 은 본위 체제였기에 아편무역의 결제 수단은 은일 수밖에 없었다. 그 결과 중국으로 유입되었던 다량의 은이 중국 바깥으로 급속도로 빠져나갔다.

청조의 고충은 날로 격화됐다. 1825년 무렵 도광제가 보고를 통해 막대한 양의 은이 아편 구입 비용으로 유출되고 있어 국가 경제가 위태롭다는 사실을 알았을 때는 이미 손쓸 여지가 별로 없었다. 공교롭게도 그 즈음 전 세계에서 은 품귀 현상이 일어났고, 외국인들은 중국 상품을 구입할 때 구리가 주성분인 공

::그림5, 6 인도 동인도회사의 아편공장. 중국으로 밀무역될 포탄 모양의 아편이 대량으로 제조되고 있다.

식 화폐를 사용하지 않으려 했다. 은의 희소화로 인해 구리에 대한 은 가치가 상승되고 동전의 가치가 하락됐기 때문이었다. 곧 국가 경제의 혈액인 화폐가 마르고 병든 것이나 마찬가지였다. 청조는 피가 부족하여 파리해진 병자처럼 갈수록 무기력해졌다.

이렇게 청 제국의 피와도 같은 은에 대한 통제권이 아편과 전쟁을 매개로 영국의 수중으로 넘어갔다. 서구는 이제 중국 시장을 마음껏 주무를 수 있는 교두보를 확보하게 됐다. 그보다 더 오랜 세월 동안 오랑캐 취급을 받아왔던 서구가, 그보다 더 오랜 세월 동안 하늘 아래 유일한 문명을 자처하던 중화의 명줄을 제대로 움켜쥔 셈이었다.

준비된 임칙서, 문명을 못 읽어낸 청조

중국과 영국 사이의 이러한 위상 역전은 결국 세계관의 차이에서 비롯된 결과였다. 중국의 실물경제는 적어도 18세기 이후에는 은을 매개로 하여, 서구 중심의 근대적 세계 체제로 본격적으로 편입되고 있었다. 서구는 지리상의 발견을 주도하던 세계관으로 이를 읽어냈고, 중화주의적인 문명관에 젖어 있던 중국은 이를 읽어내지 못했다. 하여 도광제는 영국군이 하문을 점령하고 북상하여 남경을 포위공격하는 일이 벌어지자, "영국 오랑캐의 선박이 연해에서 활개를 쳐서" 여러 성에서 "군대를 동원하여 군량을 소모하고 군대를 힘들게 했는데, 이것은 임칙서 등이 일을 잘못 처리하여 그렇게 된 것"[9]이라고 판단, 임칙서를 신강으로 귀양 보내고 말았다.

여기서 임칙서가 '잘못 처리'한 일이라 함은, 그가 영국과 전쟁을 초래하여 막대한 비용을 쓰게 했다는 점과 영국군을 광주 일대에서 막지 못하고 북상하게 만들었다는 사실 등을 가리킨다. 그러나 전자의 경우는 도광제가 아편 단속에 단호한 태도를 지니고 있었고 임칙서는 그런 황제의 뜻을 잘 실천했던 유능한 신하였다는 점에서, 후자의 경우는 무력 충돌을 예상한 임칙서가 광주 일대의 수비를 잘 구축하는 바람에 영국군이 광주 진입을 포기하고 북상하게 됐다는 점에서 임칙서의 '잘못'이라기보다는 그가 일을 '너무 잘해서' 초래된 결과였다. 그렇다면 임칙서는 어떻게 하여 그러한 유능함을 지니게 되었을까? 이 답의 하나는 그가 당시의 개혁적 관료 집단의 대표적 인물이었다는 점에서 찾을 수 있다.

전통적으로 중국에서는 개혁적 관료 집단을 '경세관료'라고 지칭해왔다. 경세라 함은 '경세치용經世致用'을 뜻하니, 경세관료는 곧 현실 문제에 깊고도 넓은 관심을 가진 관료를 의미하게 된다. 사실 청

::그림7 광주 호문공원의 임칙서 동상

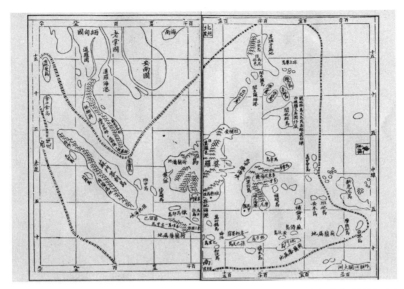

::그림8 『해국도지』에 실려 있는 동남아시아 일대의 지도. 서구를 비롯하여 세계 각국의 지리와 물정을 소개한 『해국도지』는 당시 조선과 일본에도 큰 영향을 끼쳤다.

조는 18세기에 들어서면서부터 안으로 곪기 시작했고, 19세기 전환기에 이르면 여기저기서 고름이 분출되곤 했다. 당시 이름 높은 지식인이자 관료였던 홍량길洪亮吉이나 도주陶澍, 하장령賀長齡 등은 안으로부터의 고통에 민감하게 반응한 이들이었다. 그렇기에 이들이 아편에 주목한 것은 당연한 귀결이었다. 아편이 곧 국가 경제의 혈류인 은이었음을 인지하고 있었기 때문이었다.

임칙서는 그들을 비롯하여, 근대 서양의 사정을 동아시에 소개한 『해국도지海國圖志』의 저자 위원魏源[10] 같은 경세 지향적 지식인들과도 일찍부터 교유하고 있었다. 그가 호남 등지에서 아편 엄금에 발군의 업적을 세웠던 것은 결코 우연이 아니었다. 그는 광주로 부임하러 가는 도중 위원의 의견을 청취하기 위해 먼 길을 돌아가길 마다하지 않았으며, 광주에 도착한 후에는 현지 사정에 밝은 원덕휘袁德輝, 양정남梁廷枏 등의 지식인에게 서양의 사정을 꾸준히 탐문하였다. 필요한 자료의 확보에도 힘을 써서, 당시 말라카 등지에서 중국무역에 종사하는 서양인들이 발행하던 《광동 레지스터Canton Register》, 《광동 프레스Canton Press》와 같은 영자지의 내용을 요약하여 보고하게 했으며, 그들이 상거래 시 준용하는 법률도 발췌하여 번역하게 했다. 서구 근대 문명의 근간 가운데 하나인 『각국율례各國律例』[11]의 일부가 이때 번역되어 임칙서에게 보고되기도 했다. 광주 부임전부터 이미 그는 확고한 개념과 주관을 갖추었던 '준비된' 인재였기에 부임하자마자 일련의 필요한 조치를 착착 취할 수 있었다.

반면에 청 조정의 서양에 대한 인식은 '양귀洋鬼, 서양 도깨비', '양이洋夷, 서양 오랑캐' 수준을 벗어나지 못하고 있었다. 전통적으로 중원 이외의 지역에는 문명체가 있을 수 없다고 여긴 중화주의 탓에 그들은 '견선이포'를 가능케 한 문명의 높이를 가늠하지 못했다. 게다가 오랑캐의 변방 소요는 어느 시대나 있었던 일이었기에 아편전쟁을 그 연장선상에서 인식하는 우를 범하였다. 도광제는 임칙서가 파기한 아편의 배상과 평등한 거래를 요청하는 영국에 대해, 그들은 방자하여 이치로 깨우쳐주기는 어려울 듯하니 기회를 틈타 무력을 행사하면 복종시킬 수 있을 것이라는 지침을 내렸다. 서양인을 오랑캐와 동일시하여 문명화 자체가 불가능한 존재요, 그렇기에 살육을 당해야 비로소 복종하는 존재로 보는 전통적인 문명관에 여전히 사로잡혀 있었다.

아편전쟁의 패배라는 쓰라린 경험을 하고서도 도광제는 패배의 원인을 전통대로 군주로서의 자신의 부덕함에서 찾았다. 양국 간에 존재했던 엄청난 화력의 차이에 대한 분석이라든지, 영국 자체에 대한 연구 등은 아예 머릿속에 떠오르지 않았다. 하여 청조는 영국군의 근대적 무기를 그저 그들의 '장기'로만 보았지, 그것의 저변에 고도로 발달한 근대 문명이 꽃펴 있음을 보지 못했다. 아편전쟁 이후 서구와의 무력 충돌에서 잇달아 패퇴한 후에도 청조가 던진 물음은 "저들에게는 있는데 우리에게는 없는 것이 무엇인가?"였고, 그 답은 '견선이포'와 같은 도구 차원에서의 서양의 기물(서용西用)을 들여오는 것이었다. 결코 "우리에게 무엇이 잘못되어 있는가?"와 같은 질문은 던져지지 않았다.[12] '우리' 곧 '중화'라는 본체(중체中體)는 하늘 아래 유일한 문명으로서 오류가 없다고 여겼기 때문이었다.

'고성능 대포'와 기네스북

19세기 중엽, 중국과 서구는 이렇게 아편 곧 은을 매개로 전면적으로 만났다. 다만 한쪽은 준비가 안 됐음에도 고압적이었고, 다른 한쪽은 은의 확보에 국가의 존망을 걸었던지라, 이 둘의 만남은 전쟁이라는 파괴적인 형식을 띠게 되었다. 그렇다고 '중화세계와 서구 문명 사이의 전면적인 만남'이라는 문명사적 대사건의 의미가 퇴색되는 것은 아니다.

물론 중국은 이 문명사적 만남을 경험할 때 압도적인 화력 차에 짓눌려 그만 그 의미를 '근대식 철선과 고성능 대포'로 정리하고 말았다. 아편전쟁이 곧 은의 전쟁이었음을, 세계는 은을 매개로 활발하게 연동되고 있었음[13]은 아예 포착조차 못했다. 곧 아편전쟁이 당시에 전 지구 차원에서 활성화되고 있었던 문명 간 상호작용의 산물이었음을 눈치채지 못했다. 서구가 신대륙에서 대량으로 확보한 은이 중국과 서구, 신대륙을 유기적으로 연동시켜주는 문명 간 상호작용의 촉매제였음을 간파하지 못했던 것이다. 그래서 그들은 아편전쟁의 의미를 '근대식 철선과 고성능 대포'로 정리하는 데서 그쳤고, 그 근저에 높은 수준의 문화적 역량이 깔려 있음을 알아채지 못했다.

그래서일까? 호리산포대에는 1893년도에 제작된 구경 280밀리미터 크루프 대포가 '현존하는 가장 큰 해안포'로 기네스북에 기록됐음을 알리는 안내판이 다양한 모양으로 여기저기에 걸려 있다. 그리고 거기에는 'G2'급으로 웅비하고자 하는 21세기 중국의 욕망이 물씬 풍기는 애국주의적, 중화민족주의적인 표현이 깃들어 있다. 150여 년 전, '고성능 대포'를 앞선 문명의 표지로 받아들였던 태도가 이제는 '기네스북'을 문명의 표지로 받아들이는 듯하다.

이러한 그들에게 호리산포대가 오늘도 늠름하게 겨누고 있는 하문의 앞바다는 과연 무슨 의미일까? 그들에게 하문의 앞바다가 해상 실크로드의 관문으로, 저 옛날부터 십수 세기에 걸쳐 한반도와

::그림9 호리산포대에 있는 기네스북 등재 기념석

일본, 중국이 동남아시아와 남아시아, 아랍 일대의 다양한 문명과 교류하며 상호작용하던 생성의 장이었음이 인지될 수 있을까? 과연 전근대 시기엔 정크 선단으로 남중국해 일대의 해상무역과 문화 교류를 주도하였고,

근대에 들어선 최초의 개항장 가운데 하나로 서구 문명과의 접변接變을 매개했으며, 20세기 후반엔 경제특구의 하나로 개혁개방의 최전선에 섰던 하문의 유장한, 그 '교류와 생성'의 역사는 호리산포대와 어느 지점에서 어울릴 수 있을까?

　어쩌면 그들은 여전히 그 바다를 아편전쟁이 일어나고 서구 열강이 잇달아 도발을 해왔던 침략의 바다요, 궤멸의 바다로 보고 있을지도 모른다. 하여 호리산포대의 해안포가 웅변하고 있듯이, 지난 시절 고성능 대포만 갖추면 된다고 여겼듯이, 지금은 그 대포가 기네스북에 올랐음을 자랑하는 것이리라.

주

1 근대적 국제조약에서 '할양'과 '조차'는 다르다. 할양은 점유권을 영구히 이전하는 것이고, 조차는 일정 기간 동안 해당 지역을 점유할 수 있도록 빌려주는 것이다. 홍콩섬은 1842년 남경조약으로 인해 영국에 할양됐으나, 1898년 북경조약 속약(續約)에 의해 영국에 99년간 조차된 신계 지역이 1997년 중국에 반환될 때 함께 반환됐다. 이는 홍콩섬 전기와 수도 등을 공급하는 곳이 신계였기 때문에 이 지역만을 반환하고 홍콩섬을 계속 점유하는 것은 실익이 없다는 영국 정부의 판단 때문이라고 한다.
2 조너선 D. 스펜스 저, 김희교 역(1998), 『현대중국을 찾아서』1, 서울: 이산, 196쪽.
3 19세기경 민간에서 유행한 가요로 아편의 폐해를 노래하고 있다. 허원 역(1997), 「아편전쟁을 다시 본다」, 《역사비평》 제41호에서 재인용하되 일부 표현을 가다듬었다.
4 중앙과 지방의 고위관료 막하에서 그들의 참모 역할을 했던 비공식적인 행정·정무 인력.
5 임칙서의 보고와 아편상의 회고는 조너선 D. 스펜스 저, 위의 책, 192쪽에서 재인용.
6 홍콩의 지방관 미첼(W. H. Mitchell)이 1852년 본국의 외무부에 보낸 보고서. 하오앤핑 저, 이화승 역(2001), 『중국의 상업 혁명-19세기 중·서 상업 자본주의의 전개』, 서울: 소나무, 77쪽에서 재인용.
7 은의 중국 집중에 대해서는 안드레 군더 프랑크 저, 이희재 역(2003), 『리오리엔트』, 서울: 이산, 3장부터 5장을 참조할 것.
8 명대에는 법정지폐인 대명보초(大明寶鈔)의 가치가 폭락되자 백은(白銀)을 점차 화폐 대용물로 사용하게 되었다. 그러나 중국의 은광은 이미 고갈 상태에 이르러 은 가격이 폭등했고, 이에 은 생산량이 비교적 풍부했던 일본에서 은을 대량으로 수입하여 이 문제를 해결하고자 했다. 그 결과 일본은 1560년대경부터 매년 3~5만 킬로그램에 이르는 은을 중국에 수출했다. 17세기 초에 이르러서는 매년 13~16만 킬로그램 수준의 은을 중국에 수출했다. 양승윤 외 저(2003), 『바다의 실크로드』, 서울: 청아출판사, 82쪽.
9 이영옥(2010), 「1840년대 청조의 풍경 하나」, 《명청사연구》 제33집, 178쪽.
10 위원은 임칙서가 신강으로 유배되면서 그동안 모은 『오문신문지(澳門新聞誌)』, 『사주지(四洲志)』, 『각국율례(各國律例)』 등의 자료를 건네받아 『해국도지』를 완성했다고 한다.
11 스위스의 국제법학자인 바텔(Emerich de Vattel)이 저술한 *The Law of Nations*가 원본이다.
12 이 질문은 20세기 전환기에 이르러, 동서 문명 모두에 밝았던 진보적 지식인에 의해 던져지기 시작했다.
13 이에 대한 실증적인 논의는 안드레 군더 프랑크, 위의 책을 참조할 것.

바다의
시선으로 본
정성공

* 김월회

도시는 인물을 사모한다. 명성이 '전국구'이면 금상첨화다. 영웅이라고까지 칭송될 수 있으면 이보다 더 좋을 수는 없다. 그래서 하문은 행복한 도시이다. 정성공鄭成功이라는, 중국뿐 아니라 대만·일본에까지 명성이 자자하고, '콕싱아Koxinga'란 이름으로 유럽에까지 알려졌던 인물을 보유했기 때문이다. 고랑서의 용두산채龍頭山寨 돌문과 수조대水操臺에서, 하문대학 일대의 연무장과 연무정, 남보타사南普陀寺 옆의 연무지[1]에서, 군사를 조련하며 동아시아의 바다를 호령했던 그의 영웅적 기개를 하문의 이름으로 당당하게 내세울 수 있기 때문이다.

'경계인' 정성공

오랜 중국의 역사에는 이른바 '풍운아'라고 불릴 만한 인물이 여럿 등장한다. 복수의 달인인 춘추시대의 오자서伍子胥나 유방劉邦과 천하를 놓고 다퉜던 항우項羽, 『삼국지』의 간웅 조조曹操 등은 그 대표적 예일 것이다. 여기에 17세기, 명이 청으로 교체되던 시절의 호걸 정성공도 그 이름을 더할 만하다. 다만 풍운아라 일컬어질 수 있는 인물들 대부분이 대륙을 풍미했던 '육지'형 인물이었다면, 정성공은 대륙의 동남부와 일본, 유구琉球, 오키나와, 대만, 동남아시아 일대의 동아시아 해역을 주름잡았던 '바다'형 인물이었다는 점에서 차이가 날 뿐이었다.

::그림1 대만 대남(台南)에 위치한 정성공조묘 내에 세워진 '콕싱아' 정성공의 동상

바다는 육지와 다른 유형의 인물을 생산한다. 바다는 저 옛날부터 육지를 중심으로 형성됐던 국가와 민족을 초월하여 존재했고, 지역과 지역, 국가와 국가, 문화와 문화를 가로질러 그들을 하나의 네트워크로 엮어주던 장이었다. 그것은 그저 '자연'의 구성물로 육지 주변에 정태적으로 존재하기만 했던 공간이 아니었다. 육지와 마찬가지로 개개인의 삶과 사회의 일상이 펼쳐졌던 '인간'의 바다였고, 숱한 개인과 국가의 욕망이 어우러졌던 '역사적 터'였다.[2] 다만 그것은 육지에 비해 종합적이고 융합적이며, 고정적이기보다는 유동적이고, 지역적이기보다는 세계적^{cosmopolitan}이라는 속성을 지니고 있다. 하여 바다가 길러낸 인물은 뭍을 발판으로 성장한 인물과는 사뭇 다른 속성을 지니게 된다. 그들은 "자신을 짓누르는 상호 대립된 영향력들을 가장 실용적인 행동 방식을 통해 무마할 수 있는 능력을 갖추고" 있으며, "코스모폴리탄적이면서도 민족주의적이고, 자유적이면서도 질서를 흠모하며, 전적으로 엘리트주의적이면서도 대중의 동원에도 능하다."[3] 비유컨대 '경계에 선 자^{marginal man}'들이 지닐 수 있는 전형적인 장점을 체화하고 있다. 마치 정성공이 보여준 바처럼, 그들은 특정 국가나 문화에 구속되지도 않았지만, 그것들을 시의적이고도 실용적으로 활용할 줄 알았던 이들이었다.

하문의 곳곳에서 마주치는 정성공은 그러한 '바다'형 호걸의 전형적인 예이다. 그는 혈통부터가 '국제적'이요, '융합적'이었다. 어머니는 일본인이었고 아버지는 중국인이었다. 나고 자란 곳도 바다가 일상의 터전이었던 곳이었다. 부친 정지룡^{鄭芝龍}은 복건의 연안 일대에 본거지를 두고 바닷길 교역에 종사했던 해상海商의 수령이었다. 청년 시절 그는 일본에 거점을 마련하고자 나가사키현의 히라도에 머물렀고, 이때 다가와 시치자에몽의 딸 마쓰와 결혼했다. 바닷사람답게 혈통이나 국적 따위 고려할 사항이 아니었다. 1624년 7월의 어느 날, 모친은 조개를 잡다가 산통을 느껴 히라도의 바닷가 바위[4] 위에서 정성공을 낳았다. 그리고 일곱 살이 되어 부친 곁으로 갈 때까지 정성공은 히라도의 바닷가에서 성장했다.

물론 소년티를 벗을 무렵 남경의 국자감에서 수학하느라 잠시 바다를 떠난 적도 있었지만, 유소년 시절 내내 그를 길러준 것은 일본과 중국의 연안 그리고 바다였다. 중앙의 권력과 주류로부터 거리가 멀었던 변두리, 육지가 끝나는 대륙의 가장자리, 그래서 육지의 시선으론 낙후되고 미개하다고 여겨졌던 '경계의 지대', 그 숨결이 정성공을 전형적인 '바다'형 인물로 길러낸 젖줄이었다.

해구를 양산한 명대의 '닫힌 바다'

정성공을 '경계인'으로 키워낸 또 하나의 계기는 역설적이게도 명대의 '닫힌 바다'였다. 몽골제국을 만리장성 이북으로 축출하고 한족의 왕조인 명을 건국한 주원장朱元璋은 왕조 수립 직후인 홍무 4년1371년, 연해 주민의 출해出海를 금지하는 해금정책을 발표했다. 이는 "한 조각의 판자도 바다에 떨어뜨리는 것을 불허하는"[5] 매우 엄격한 수준의 금지령이었다. 이후로도 명조는 해구海寇나 네덜란드 등 외부 세력의 준동이 있을 때마다 해금을 실시하였다. 그런데 이는 연해의 현실을 감안치 않은 매우 폭압적인 정책이었다.

복건은 험한 산지가 많고 농지가 적어 자급자족이 불가능했던 반면 인구밀도는 높아서 예로부터 어업이나 해외무역을 통해 삶을 영위해왔다. 부족한 양식의 상당량은 광동으로부터 해상 운송을 통하여 공급받았다. 게다가 송대와 원대를 거치며 해상무역이 급속도로 발전한 결과, 해외무역은 특권층을 위한 사치품 중심의 교역에서 후추를 위시한 향료나 염료 같은 생활필수품 중심의 교역으로 탈바꿈되었다.[6] 이러한 상황에서 해금은 생필품의 원활한 조달을 가로막고 식량난을 유발하는 등 '생존'의 차원에서 막심한 불편을 초래했다.

::**그림2** 명대에는 '닫힌 바다'였던 하문 앞바다. 고랑서 일광암(日光巖)에서 바라본 모습이다.

::**그림3** 정성공의 용두산채가 있었던 고랑서에 있는 일광암

천주에서는 돈이 있어도 곡식을 못 사는 상황까지 벌어졌다. 그러자
복건에서는 많은 사람들이 목숨을 걸고 밀무역에 나서거나 아예 해
외로 이주하였다. 지방의 유력자들은 암암리에 선주와 선원을 고용
해 자본을 대주며 해외 밀무역에 종사하기도 했고, 심지어는 외국의
무역상들이 조정과 지방의 부패한 관리들과 결탁하여 조공사절로
위장하고 공공연하게 상거래를 하는 사태까지 발생했다.[7] 중앙권력
과 결탁한 일부 지방 향신들과 대상인에게는 해금정책이 오히려 막
대한 이익을 취할 수 있었던 꽤 짭짤한 기회였다.

　문제는 그렇게 할 만한 자본이나 터전이 없던 중소 상인들과 일반
백성들이었다. 더구나 복건의 연해 지역은 산적이 되기에도 또 빈민
이 되어 유랑하기에도 적합지 못한 곳이었다. 결국 이들의 선택은
'바다의 도적', 곧 해구가 되는 것밖에 없었다.

"우리 조정에서는 조공무역을 허용하고 사무역은 금지하는 법을 세웠다. 대저 조공은 반드시 공납과 교역을 겸행해야 하지 그것을 단절시켜서는 안 된다. 가정 6, 7년 이후 명령을 받들어 엄격하게 해금을 시행하니 상업의 길이 통하지 않게 되고, 상인들은 이익을 잃게 되어 해구로 전락하게 되었다. 가정 20년 이후에는 해금이 더욱 엄격해져 왜구가 더욱 극성했고 허동許棟이나 이광두李光頭 같은 해적 무리들의 명성과 위세가 더욱 커져서 시간이 지날수록 재앙이 더욱 쌓이게 되었다. 오늘날 벌어지고 있는 일은 실로 해금 조치로 인한 것이다."

– 당추唐樞, 1497~1574년, 『어왜잡저御倭雜著』[8]

해구들은 해적질을 하는 한편 직접 해상무역에 나서기도 했고, 바닷길을 장악하고 이를 이용하는 선박에게 수수료를 징수하기도 했다. 때문에 '해구상인'이라는 용어가 시사하듯, 많은 연구자들은 해구와 해상이 실제론 동전의 양면이었음을 부정하지 않는다. 해구들의 수 또한 적지 않았다. 천주의 관료였던 임대춘林大春, 1523~1588년이 해구의 실체에 대하여, "①연해의 도시와 향촌 사람들은 모두 해구들이다. ②해상의 뱃사람들과 상인들은 모두 해구들이다. ③주나군을 다스리는 장관 좌우의 서리들은 모두 해구들이다. ④연해의 빈민들은 모두 해구들이다"[9]라고 정리한 데서 알 수 있듯이 복건 연안 주민의 절대 다수가 해구 또는 그와 연관된 이들이었다. 일반적으로 왜구로 칭해진 존재 가운데 상당수도 이들이었다. 왜구가 극성했던 가정 연간[1522~1566년], 당시 왜구 중 일부의 진짜 왜구를 제외한 대다수는 왜구를 가장한 중국인이었으며,[10] 중국인 가운데서도 영파와 소흥紹興 주민은 열에 반 정도가 왜구이고, 장주漳州와 천주 등 복건 주민은 열에 아홉이 왜구였다고 한다.[11]

집권 내내 몽골 등 북방의 유목민족 치리治理에 정책의 최우선 순위를 두었던 명조는 대륙 지향적 성향의 소유자답게 해안의 실정을 무시한 해금정책을 꾸준히 견지하였다. 그 결과 복건 연해 주민들은 해구로 내몰렸고, 복건과 광동의 연안, 일본과 유구, 대만 그리고 동남아시아로 이어진 바닷길은 일본의 왜구와 중국의 해구 그리고 아시아로 진입한 서양 세력이 때론 해적질을 하고 때론 밀무역을 하면서, 나름의 일상을 영위해갔던 삶터가 되었다. 이 삶터가 국가와 민족으로 대변되는 '대륙형' 중심이 더는 중심이 되지 못했던 '열린 바다'였으며, 그곳이 바로 정성공이 태어나고 자랐던 터전이었다.

도적에서 관군의 우두머리로

때마침 시대적 상황도 바다형 인물에게 유리하게 펼쳐졌다. 바다를 닫아걸고자 했던 대륙의 힘이 격랑을 맞아 침몰하고 있었다. 내륙에선 명의 황제가 이자성李自成이 이끄는 농민군에 쫓겨 자결하였고, 권력의 공백을 타고 만주의 청이 기세 좋게 짓쳐들어와 대륙을 점령하였다. 한족의 저항이 전혀 없었던 것은 아니었지만, 청의 군대는 빠른 속도로 남하하여 1645년에는 정성공이 머물던 복건의 해안지대까지 도달했다.

대륙만 동탕됐던 시절이 아니었다. 때는 대항해 시대를 열어젖힌 서구가 바야흐로 아시아의 바다를 거머쥐려던 시절이었다. 포르투갈, 에스파냐, 네덜란드를 위시한 서구 열강은 필리핀, 말레이시아 등에 식민지를 건설한 후 일본, 유구 등과 활발하게 통상하면서 중국과의 교역 확대를 꾸준히 도모하고 있었다. 바닷길을 통하여 서구와 중국을 포함한 아시아가 하나의 경제권으로 묶이는 대통합의 조류가 거세게 밀려오고 있었다. 게다가 복건과 광동의 연안에는 강력한 무력을 갖춘 해상무역 집단이 둥지를 틀고 조정과는 별개로 일본과 동남아시아 일대의 교역에 깊이 개입하고 있었다. 따라서 둘 사이의 각축과 충돌은 피할 수 없었고, 그 탓에 남중국해 일대는 제해권 장악을 노린 여러 세력 간의 각축으로 파고가 잦아들 새가 없었다.

정성공의 아버지 정지룡은 이러한 정세를 잘 활용하여 동아시아 해역의 주도권을 움켜쥤던 인물이었다. 그는 복건 남안현 석정촌 출신으로 일찍부터 무역상이었던 외할아버지[12] 황정黃程을 따라 해상무역에 참여하였다. 이때 포르투갈어를 습득하는 등 착실하게 미래를 준비했던 그는 천계 3년[1623년], 황정의 명을 받고 설탕白糖(백당), 사슴가죽 같은 귀한 물품을 이단李旦의 배에 실어 일본으로 옮기는 일을 감독하였다. 이단은 이욱李旭이라고도 알려진, 당시 중일무역을 중계했던 꽤 큰 덩치를 갖춘 해상-해구 집단이었다. 이 일을 계기로 정지룡은 이단의 상단에서 통역관을 맡아 외국인과의 교역을 담당하였고, 교지交趾, 베트남 · 간포채柬埔寨, 캄보디아 등과의 무역도 전담하게 되었다. 팽호열도澎湖列島를 불법으로 점거하고 있던 네덜란드 동인도회사의 통역으로 파견되어 네덜란드 상인과 밀접한 관계를 맺기도 했다. 이단 집단 내에서 이른바 '국제통'이 되었던 셈인데, 그는 이를 집단 내에서 자신의 세력을 넓혀가는 발판으로 삼았다. 이는, 그가 해구지만 상인이고, 중국인이지만 국제화된 인물이었기에 가능했던 일이었다.

한편 이즈음 정지룡은 이단과 친척관계를 맺고 있던 또 다른 천주 출신의 두령 안사제顏思齊의 눈에 들어 그의 딸과 혼인하였다. 안사제는 양록楊祿 · 양책楊策 형제 등 천계 연간 이래의 주요 해구들을 자신의 휘하에 결집시켰던 인물이었다. 따라서 그의 사위가 됨으로써 정지룡은 이 해역의 패권을 쥐는 데 더없이 좋은 발판을 마련하게 되었다. 그리고 1625년 8월 이단이 세상을 떠나자 정지룡은 그의 재산을 취하였고, 그해 10월 안사제가 죽자 그의 지위를 승계하는 데 성공했다. 그는 고삐를 늦추지 않고 하문을 급습하여 이곳을 근거지로 삼고 있던 허심소許心素 집단을 결딴냈다.

그러나 이것만으로는 일본부터 남중국해로 이어지는 동아시아 해역의 명실상부한 패자로 군림하기에는 부족했다. 네덜란드 때문이었다. 당시 네덜란드는 중국 내륙과의 교역에 공들이는 한편 1624년 대만을 점령하였다. 그러고는 이를 교두보 삼아 동인도회사의 함대를 앞세워 일본부터 남양 일대를 잇는 해상 교역로를 장악하려

고 했다. 급기야 1633년 9월 정지룡은 요라만料羅灣에서 네덜란드를 상대로 '해상 수십 년간 미증유의 기첩'이라고 평가받는 대전투를 치렀다. 그리고 이를 승리로 이끎으로써 그는 중국 동남 해안의 패권을 명실상부하게 장악하였다. 이후 1,000척에 가까운 선단과 1만 명을 상회하는 병력을 이끌고 '일본-유구-복건과 광동-대만-동남아시아'를 잇는 바닷길에서 때론 무역

::그림4 정지룡 집단이 제해권을 행사했던 동아시아 해역

하고, 때론 약탈하며 동아시아 해역의 최강자로 군림하였다.[13]

정지룡의 세력이 급성장하자 명 조정은 이들을 그냥 놔둘 수만은 없었다. 그렇다고 뾰족한 수나 군사적으로 제압할 능력이 있었던 것도 아닌지라, 늘 해왔듯이 다른 해구를 이용하여 이들을 제어하자는 '이이제이以夷制夷'의 수법을 다시 들고 나왔다. 그러나 정지룡에 의해 이들 해구가 궤멸당하자 조정은 다시 또 늘 그랬듯이 높은 벼슬을 주며 정지룡에게 귀순을 권했다. 정지룡도 선뜻 명에 귀순하여 복건 일대의 해군을 총괄하는 도독인 복건수군총병으로 임명되

었다. 그러나 그는 명에 귀순했다가 사세가 불리해지면 다시 배반을 했던 이전의 해구 집단과는 달리, 불리한 상황에서도 명 조정과 약속한 바를 성실하게 이행하였다. 조정에 귀순하기 전, 그는 복건 일대의 굶주린 백성 수만 명을 대만으로 이주시켜 개간사업을 펼치는 등 관을 대신하여 민생사업을 수행한 적이 있었다. 이에 연해 지역의 굶주리거나 생산 수단을 갖지 못한 백성들이 그에게 의탁하는 양상이 벌어졌다. 이러한 전력에 다른 해구 집단과 상반된 귀순 이후의 행보가 더해지면서, 정지룡은 명 조정의 관원들로부터 다른 해구들과는 전적으로 질이 다르다는 평가를 받았다.[14]

정지룡 집단은 이렇게 관과 민 모두에게 나름대로 신뢰를 쌓은 결과 "해선이 정씨의 영기를 소지하지 못하면 왕래할 수 없는" 상황을 만들었고, 한 척의 배마다 황금 3,000냥을 헌납 받아 연수입이 황금 1,000만 냥에 달하는 성과를 올리게 된다.[15]

명 황실의 성을 하사받은 어르신

이는 정지룡이 강력한 해상 세력을 기반으로 하는 준지방정권적인 행보를 취했음을 시사해준다. 정지룡 집단의 시작은 해구 또는 해구와 상단의 중간 형태를 띠었을지라도, 정성공이 청년이 된 즈음에는 해구보다는 상단, 상단보다는 조정으로부터 상당히 자율적이었던 지방정권에 더 어울리는 집단으로 변모해갔다. 특히 명 조정에의 귀순

이후 정지룡 집단은 명 조정의 명을 받아 복건과 광동 일대 연안의 치안과 무역을 충실히 관장하면서 세력을 더욱 키울 수 있었다.

정지룡이 이렇게 다져놓은 기반은 상당 부분 정성공에게 전해져, 훗날 그가 반청복명反淸復明 활동을 강력하게 전개하고, 동아시아 해역에서 해상제국의 제왕처럼 군림하는 데 굳건한 터전이 되었다. 1644년 이자성의 난으로 명이 망하자, 그들은 복주에서 황실의 후손 주율건朱聿鍵을 융무제隆武帝로 옹립하여 남명정권의 창건에 크게 기여한다. 이는 상당한 재력과 무력을 아울러 지니고 있었기에 가능한 일이었다. 겉보기에는 여전히 상단의 이익을 우선시하는 사병 집단이었지만, 그들의 힘은 멸망한 왕조의 후손을 세워 왕조를 개창할 정도로 강했다.

::그림5 서구인의 눈에 비친 '바다의 제왕' 정성공의 모습

심지어 정지룡이 기득권 보장을 약속한 청에 투항하고, 그러한 부친의 선택에 반발하여 정성공이 독자적인 행보에 나섬으로써 집단의 역량이 쪼개진 후에도 정성공 집단의 힘은 여전히 셌다. 십수만 명의 군사와 수백 척의 전선을 보유한 채 20년 가까이 청과 크고 작은 전투를 계속 치렀을 정도로, 또 대만 점령 후 대만 개발과 동남

아 일대를 아우르는 해상제국의 건설 작업을 병행할 정도로 그 역량은 막강했다.[16] 결국 그의 위세 때문에 청 조정은 1655년 이후 해안 주민을 내륙으로 강제 이주시키고 해안선으로부터 30리 이내 지역을 소개하는 극약 처방을 내리기도 했다.[17] 이렇듯 정성공은 정씨 집단의 막강한 역량을 밑천 삼아 명말청초 중국의 동남 연해안과 남중국해 일대를 호령한 일세의 영웅으로 발돋움했다.

그는 21세가 되던 해 자신을 비범하게 여겨 국성國姓, 명 황실의 성인 주朱를 하사한[18] 남명정권의 융무제에게 명 황실의 부흥(복명復明)을 약속했고, 이를 지키고자 고집스럽게 청에 대항(반청反淸)하였다. 그 첫걸음은 1645년에 시작된 남경 공략이었다. 그는 무려 15만여 명의 군대를 이끌고 남경으로 진격하였는데, 15만 명이면 오늘날에도 그만큼을 보유한 국가가 얼마 없을 정도의 대군이었다. 그런데 그만 하늘이 그의 발목을 잡았다. 복건과 절강 일대를 제압하며 순항하던 그의 함대는 그해 8월 태풍을 맞아 선박과 병사의 절반을 잃고 퇴각하였다. 엎친 데 덮친 격으로 1646년 초 청군이 복건에 들어오자 아버지 정지룡은 투항하고 어머니는 자결하는 일이 발생했다. 이 일로 정성공의 반청 의지는 더욱 견결해졌지만 조급함도 더불어 거세졌다. 서둘러 진영을 재정비하더니, 1646년 3월 그는 다시 남경 공략에 나섰다. 그러나 청군의 반격에 막혀 다시 복건으로 퇴각할 수밖에 없었다.

이를 계기로 정성공은 먼저 자립 기반을 굳건히 하는 쪽으로 반청 항쟁의 방향을 선회하였다. 1650년 그는 대일무역의 중요한 항구인

::**그림6** 하문 남보타사(南普陀寺). 이 부근에서 정성공이 해군을 조련하였다.

하문과 금문을 급습하여 다시 점령한 후 이를 근거지로 선박을 건조하고 병사를 연마하면서 반청 항쟁 준비를 착착 진척시켜갔다. 이때 "인의의 군사를 일으킨다"는 모토를 내걸고 용사를 모집하였는데, 단시간에 4만여 명이 운집하였다고 한다. 정성공은 이들과 함께 복건과 광동, 절강의 연해를 계속 공격하며 청군과 80여 차례의 크고 작은 전투를 벌였다. 1652년에는 남명의 영력제永曆帝로부터 연평군의 책임자로 봉해져 연평군왕延平郡王의 작위를 하사받기도 했다. 전통식으로 말하자면 지방정권의 군주인 '제후왕'이 된 것이니, 사적으로는 부친 정지룡의 꿈이 아들에 와 이뤄진 셈이었고, 공적으로는 청을 쫓아내고 명조를 부흥시켜야 할 까닭이 더 강렬해진 셈이었다. 그는 일본과 유구, 대만, 중국의 동남 연해안을 동남아시아의 여러 나라[19]와 연결하는 해상무역을 벌이고, 장악한 해로를 통과하는 선박에게 양세洋稅, 해외무역에 참여하는 대가로 받는 수수료를 걷어 엄청난 군비를 충당하면서 전쟁 준비에 박차를 가했다.

1658년 정성공은 드디어 잘 준비된 17만여 명의 대군과 대선단을 이끌고 다시 남경 공략에 나섰다. 이번에는 기상도 좋아 드디어 장강을 거슬러 올라 남경 공략의 요충지인 진강을 함락하고 남경을 포위하는 데 성공했다. 그러나 자만에 빠졌던지 반격에 나선 청의 계략에 빠져 그만 궤멸적인 타격을 받고 후퇴하게 된다.

콕싱아, 해상제국을 건설하다

그렇다고 완전히 주저앉은 것은 결코 아니었다. 전투를 치르면서도 그는 일본부터 동남아시아를 연결하는 해상무역을 제어하며 막대한 수입을 올리고 있었다. 다시 믿고 일어설 수 있는 기반이 여전히 탄탄했던 것이다.

정성공의 본거지인 하문과 금문도도 건재했다. 그는 이곳에서 패배를 추스르면서 기회를 엿보았다. 그런데 이번에는 청이 먼저 싸움을 걸어왔다. 서구 측 기록에 따르면 '동방 해상에서 유사 이래 있었던 가장 격렬하고도 두려웠던 해전'이 펼쳐졌다. 1660년 청은 800여 척의 전선을 동원하여 하문 일대에서 정성공 집단에 총공격을 감행하였다. 정성공은 그들의 반밖에 안 되는 400여 척으로 그들에 맞섰다. 그러나 청군보다 우세한 화포를 장전하고 있었던 덕분에 정성공의 군대는 청군을 크게 무찌를 수 있었다. 통쾌한 승전이었다.

　그러나 이를 계기로 정성공은 청으로부터 더욱 자유로울 수 있는 새로운 근거지의 확보 필요성을 재차 절감했다. 결국 그는 이듬해 봄 2만 5,000여 명의 병사와 400여 척의 전선을 이끌고 대만 정벌에 나섰다. 당시 대만을 점령하고 있던 네덜란드는 동인도회사에서 보내온 지원군과 합세하여 대항하였지만, 정성공은 이들을 격파한 후 1662년 2월 대만에 새로운 근거지를 건설했다. 이로써 정성공 사후 그의 아들 정경鄭經, 18년간 통치과 손자 정극상鄭克塽, 5년간 통치으로 이어지는 3대 23년간 대만을 중심으로 하는 정씨 왕국이 개창되었다.

　대만 점령 후 정성공은 일본에서 남아시아 일대를 잇는 해상 교역을 정점에서 통제하는 해상제국의 건설에 박차를 가했다. 이미 반청 항

::그림7 〈젤란디아성의 함락〉. 1662년에 네덜란드 화가 얀 반 바덴이 그렸다. 정성공에게 대패하고 네덜란드는 대만에서 동인도회사를 철수했다.

쟁에 나설 즈음부터 일관되게 정성공은 수많은 선박과 군사를 보유한 채 중국 동남 연해안과 일본, 유구, 남중국해 일대를 잇는 해외 무역망을 자신의 손아귀에 둔 채로 막대한 부를 축적하고 있었다. 여기에 대만이라는 공간을 점유함으로써 그는 이 일대의 해상에서 '하위지역 제국'[20]의 제왕처럼 군림할 수 있는 탄탄한 기반을 마련하게 되었다.

예컨대 그의 존재가 유럽에 알려지게 된 직접적 계기가 된 필리핀 군도에 대한 통제 시도도 이러한 그의 위상에서 비롯된 사건이었다. 당시 정성공은 대만 역사상 최초의 '대만 개발자'답게 대만 개화를 위해 체계적으로 노력하는[21] 한편, 말레이시아를 식민 통치하는 에스파냐에게 조공할 것을 요구했다. 이때 보낸 문서에 그는 조공을 거부할 시 무력 진압에 나서겠다는 내용을 명시했다. 이 소식이 전해지자 현지 화교들이 동요 끝에 소요를 일으켰고, 에스파냐 사람 수천 명이 귀국하는 일이 발생했다. 남중국해 일대에서 그가 점하고 있던 위상과 현실적인 위력은 이처럼 대단했다.

이는 명과 청이 교체되고, 서구 열강이 본격적으로 동아시아로 진출하던 대격변이 일어나던 동아시아 지역에서, 정성공 집단이 새로운 거점으로 대만을 23년간 점령하고 독립된 왕국으로 존재했음을 방증해준다. 이로써 일시적이지만 '청-남명-대만-유구-일본-조선'이 해상으로 연계되는, 그리고 여기에 남중국해 일대의 해상 교류가 연결되는 동아시아 해역의 무역 질서가 수립됐다. 다만, 하늘이 그에게 허락했던 시간은 거기까지였다. 1662년 정성공은 누적된 과로로 병이 났고 손 쓸 틈도 없이 그만 세상을 떠나고 말았다.

정성공, '중화민족'의 영웅?

그의 급작스런 죽음은 독살설을 낳기도 했지만, 그가 영웅으로 칭송되기에는 그야말로 적당한 시점에서의 죽음이었다. 그가 2, 30년 더 살아서 정말로 일본부터 유구, 대만, 동남아 일대는 물론 태국 일대까지 잇는 동아시아 해역 최대의 해상제국을 건설했다면 어떻게 됐을까?

역사에서 가정은 무의미하지만, 그랬다면 필시 중국 바깥에 중국과는 꽤 독자적으로 움직이는 정치체를 구축했을 것이다. 그러나 그 가능성을 보인 단계에서 삶을 마감함으로써 역설적으로 그는 '지금―여기'의 중국에서 복건과 광동 일대의 '지역적 영웅'을 넘어 세계적 강자로 급부상하는 '중화'의 영웅으로 거듭날 수 있었다.

중국이 미국과 맞설 수 있는 강대국으로 부상하기 위해선 무엇보다도 먼저 내부의 모순과 갈등을 치유해야 하는데, 정성공이 보여준 행적은 이의 치료제로 쓰이기에 걸맞았다. 대만과의 통일은 티베트와 위구르 등 소수민족의 독립을 막는 데 더 없이 유용한 명분이 되는데, 마침 정성공이 대만을, 그것도 서구 제국주의자들의 손아귀로부터 찾아와줬기 때문이다.

그가 만주족의 청에 끝까지 저항했다는 사실은 하등 문제가 되지 않는다. 웅비하는 중국에 필요한 것은 '한족 대 소수민족'이라는 낡은 패러다임이 아니라, 그러한 구분이 무의미해진 '중화민족의 중국'이라는 새로운 패러다임이다.[22] 이 관점에서 보면 그가 만주족인

::그림8 네덜란드인에게 항복을 받는 정성공. 대만의 대남에 네덜란드가 세운 프로방시아성, 즉 적
감루(赤崁樓) 유적에 조성되어 있다.

청에 항거하고 한족인 명에 충성코자 했던 것은 중국을 이루고 있
는 두 민족 사이에서 하나의 민족에 대한 다른 한 민족의 항쟁이었
을 따름이기에 그를 애국 영웅으로 설정하는 데 아무런 장애가 되질
않는다. 오히려 황제와 조정을 생각하는 그의 충심은 영웅적 애국심
의 발로로 송찬할 일이지 비판할 일이 아니었다. 결국 그는 지금보
다 수백 년 앞서 외세를 축출하여 중국과 대만의 통일을 실천하고,
국가에 목숨을 바쳐 충성을 다한 '중화민족'의 영웅이자 '영토적 일
체성과 국민적 통합'을 일궈낸 애국지사로 포장하는 데 딱 좋은 인물
로 치장되었다.

　문제는 역사 속 정성공의 삶 그 자체이다. 오늘날 중국 당국의 의
도와는 상반되게도 역사는, 그가 행한 애국은 청에 대한 그것이 아

니요 명에 대한 그것이었으며, 그렇기에 그가 명과 청을 다 같은 '중화민족'의 일원이 아닌 사뭇 다른 족속으로 인지했음을 환기해준다. 대만 점령도 외세를 축출하기 위함이 아니요, 해상제국의 거점을 마련하기 위함이었음을 말해준다. 무엇보다도 그는 '바다'형 영웅으로 중국 당국이 칭송하는 바의 그러한 '육지'형 영웅이 지닌 덕목과는 사뭇 다른 결을 지닌 인물이었음을 일러준다.

하여 중국 당국의 기대와는 정반대로 정성공의 실제 삶을 접하면 접할수록 '중화민족'이니 애국이니 하는 말들의 허구성이 더욱 도드라진다. 중국 당국의 입장에선 그렇다고 가만히 손 놓고 있을 수만도 없는 일이기에 오늘도 '중화민족'의 영웅으로서의 정성공 띄우기는 계속되고 있다. 다만 그 곤혹 속에 '중화민족'의 영웅이자, 애국 지사 정성공은 '중화민족'과 그 역사의 허구성을 오늘도 묵묵히 웅변하고 있을 따름이다.

'꼭두각시'와 '영웅'의 사이에서

여행은 토포스topos[23]와의 대화다. 내가 준비해간 것을 화제 삼아 말을 걸기도 하고, 토포스가 들려주는 말을 귀담아들으며 무언의 공명을 이루기도 한다. 나를 비울수록 건네지는 말들을 내 안에 한껏 담을 수도 있다. 하여 토포스가 많은 곳을 여행하는 것은 여운 깊은 환희이다.

하문의 곳곳에서 마주치는 정성
공이라는 인물. '양안兩岸, 중국과 대
만 통일의 선구자'·'민족 대단결
을 꿈꾼 중화민족의 영웅'·'외세
를 축출한 애국지사'와 같은 표어
가 덕지덕지 붙여진 채로, 그의 이
름과 삶을 통해 세계 유일의 강대
국을 꿈꾸는 현실 권력의 욕망이
발산되고 있다. 해상제국의 제왕
을 도모했던 그의 실제 삶은 은폐
되고, 이제 그는 21세기 중국의 국
가주의적 야망을 버젓이 체현하는

::그림9 하문 시내 중심가의 정성공 기념비

'중화민족'의 토포스가 되었다. 그곳에서 '중화민족'의 인민들은 굴
기하는 대국의 욕망을 내면화하고, 말 못할 뿌듯함에 조국의 부흥을
자신의 성취인 양 기꺼워하고 있다. 짧았지만 동아시아 해역의 제해
권을 장악하고 해상제국을 도모했던 영웅 정성공은 그의 다중적 정체
성을 희석시켜버린 사회주의 신중국에 의해, 오늘날 중국의 민족·지
역·계층 간의 제반 갈등을 극복한 국가의 영웅으로 거듭났다.

그래서 하문의 곳곳에서 정성공을 만나거든, 그의 숨결이 배인 곳
에서 그가 말을 붙여오거든 귀 기울여 잘 들어봐야 한다. 해상제국의
영웅이 하는 말인지, 아니면 신중국의 꼭두각시가 하는 말인지를!

주

1 이들 유적지는 모두 정성공의 군대가 주둔하거나 훈련했던 장소이다. 용두산채의 돌문과 수조대는 하문의 지척에 있는 고랑서의 일광암 아래에 있다.

2 바다의 본성에 대한 논의는 하마시카 카케시(濱下武志)의 「바다에서 본 아시아—해국 중국의 등장과 새로운 주변 내셔널리즘」(정문길 등 편, 『주변에서 본 동아시아』, 서울: 문학과지성사, 2004)을 참조할 것. 바다를 '터(場, field)'로 설정하는 관점에 대해서는, 윤명철의 관련 논의(「동아시아 해양공간에 관한 재인식과 활용—동아지중해 모델을 중심으로」, 《동아시아고대학》 제14집, 2006; 「발해 유역의 역사문화와 동아시아 세계의 이해」, 《동아시아고대학》 제17집, 2008 등)를 참조할 것.

3 이철호(2001), 「지역의 재등장과 새로운 아시아: 동아시아 지역화 논의와 새로운 국제 공간으로서의 지역에 대한 성찰」, 《국제정치논총》 제41집 제4호, 62쪽.

4 히라도(平戶)는 일본 나가사키현에 있는 지명이다. 정성공을 낳았다는 해변의 바위는 지금도 '아탄석(兒誕石)'이라 불리며 기려지고 있다.

5 양승윤 외(2003), 『바다의 실크로드』, 서울: 청아출판사, 65쪽.

6 "복건 사람들은 바다를 밭으로 삼아 하루라도 바다에 가지 않으면 살 수 없고, 외국인들은 중국의 산물을 일용품으로 사용하니 하루라도 왕래하지 못하게 하면 난입합니다. 그러므로 관이 날로 금지하면 할수록 백성들은 오리 떼처럼 해외로 달려가니 관에서도 어찌할 수 없습니다." – 예원로(倪元璐), 『예문정주소(倪文貞奏疏)』; 한지선, 「명말 정지룡의 해상 제패 과정」, 《명청사연구》 제34집, 109쪽에서 재인용.

7 양승윤 외(2003), 『바다의 실크로드』, 서울: 청아출판사, 67쪽.

8 최낙민(2011), 「명의 해금정책과 천주인의 해상 활동」, 《역사와 경계》 제78호, 116쪽에서 재인용하며 윤문하였다.

9 『조양현지(潮陽縣志)』, 「논해구필주상(論海寇必誅狀)」; 최낙민(2011), 「명의 해금정책과 천주인의 해상 활동」, 《역사와 경계》 제78호, 125쪽에서 재인용.

10 龔纓晏(2005), 「早期歐洲地圖上的寧波」, 『寧波歷史文化二十六講』, 寧波: 寧波出版社, 61쪽.

11 屠中律, 「夫海賊稱亂, 起於負海奸民通海互市. 夷人十一, 流人十二, 寧紹十五, 漳泉福人十九, 雖旣稱倭夷, 其實多編戶之齊民也」, 위의 책, 61쪽.

12 황정은 정지룡의 외숙이었다는 설도 있다.

13 정지룡에 대한 설명은 한지선, 「명말 정지룡의 해상 제패 과정」, 《명청사연구》 제34집의 관련 서술을 중심으로 여타의 자료에 실린 관련 정보를 종합하여 기술하였다.

14 한지선, 「명말 정지룡의 해상 제패 과정」, 《명청사연구》 제34집, 108쪽.

15 추의(鄒漪), 『명계유문(明季遺聞)』 권4; 최운봉(崔雲峰)(2009), 「정성공과 해외무역」, 《해양평론》, 44쪽에서 재인용.

16 일본 학자의 추계에 의하면, 정성공 집단의 이윤은 매년 평균 은 141만 냥 정도였다고 한다. 당시 동남아 일대서 행해진 무역의 총이윤이 매년 평균 은 93만 냥에서 128만 냥 정도였음에 비교해볼 때 정성공 집단이 얼마나 큰 해상 집단이었는지를 가늠해볼 수 있다. 이러한 경제적 역량은 그의 집단이 동남아, 남아시아 해상무역을 좌지우지할 수 있는 무력을 갖추는 데 기반이 되었다.

17 기록에 따르면 청의 군대가 이때 놓은 불로 하문은 3일 동안이나 하늘이 보이지 않았다고 한다. 이때 실시된 천계령의 내막과 실시 과정에 대해서는 원정식, 「청초 복건사회와 천계령 실시」, 《동양사연구》 제81집을 참조할 것.

18 이때부터 정성공은 이름을 주성공(朱成功)으로 고쳤고, 사람들은 그를 '국성을 하사받은 어르신'이라는 뜻인 '국성야(國姓爺)'란 호칭으로 불렀다. 유럽에 알려진 그의 이름 '콕싱아(Koxinga)'는 '國姓爺'의 복건 발음에서 유래됐다.

19 주로 지금의 필리핀, 베트남, 말레이시아, 인도네시아, 태국 등이 교역 대상이었다.

20 '하위지역제국'은 제국들이 사용하는 방법이나 수단을 모방하여 자신이 하위 지역의 주재자가 되어 해당 지역의 활동을 장악하고자 하는 정치체를 일컫는다. 이에 대한 논의는, 응우옌 반 낌(2010), 「개항 이전 동아시아의 교류—무역 네트워크」, 『동아시아, 개항을 보는 제3의 눈』, 인천: 인하대학교출판부를 참조할 것.

21 정성공은 대만을 점령한 후 복건과 광동 연안의 주민을 대거 이주시켜 대만 개발을 위한 인적 인프라를 갖추고자 하였다. 또 한자와 한문을 대만의 공식어로 지정하였고, 율령을 포고하고, 명대의 행정체제를 이식하였으며, 사서오경을 가르치는 교육기관을 세우고 공묘(孔廟)를 수축하는 등의 유교적 통치제체를 구축하고자 노력하였다.

22 사실 한족도 역사적 실체가 명료치 못한데, 그보다도 더 허구적인 것이 '중화민족'이라는 설정이다. 이는, 이러한 상상의 실체를 조작하여 강제로 주입해야 할 정도로 소수민족의 대단결과 현 국경의 유지가 오늘의 중국에게 절실함을 역설적으로 웅변해준다.

23 주로 '장소'라고 번역되는 토포스는 특정한 의미와 가치, 감성 등을 내포하고 있는 공간을 뜻한다. 예컨대 한국인에게 '백두산'은 그저 한반도에 있는 수많은 산 중의 하나가 아니다. 그것은 한민족과 연관된 여러 의미와 가치, 감성이 서려 있는 한국인의 대표적인 '토포스'이다.

화교의 도시 하문과 '애국 화교' 진가경

* 김민정

복건성 남단의 아름다운 항구도시 하문의 어제와 오늘을 이야기할 때 화교華僑를 빼놓고는 설명이 힘들다. 복건성은 광동성에 버금가는 화교의 고향으로, 전 세계 화교 인구의 약 30퍼센트가 이곳 출신이다.[1] 그중에서도 하문은 지리적으로 대만, 동남아시아와 인접하고 무역항으로서 천혜의 조건을 갖추어 예로부터 해외로 나가는 화교들이 반드시 거치는 항구였다. "떨어진 잎은 뿌리로 돌아간다落葉歸根"는 중국 속담처럼, 복건 출신 화교들의 고향에 대한 애착과 귀소본능은 다른 지역 출신 화교들에 비해 유달리 강한 듯하다. 그 덕분인지 하문은 경제적으로 성공한 화교들이 고향으로 돌아와 기업부터 교육·도로·수도·전기·전화 등 공공사업에 이르기까지 아낌없는 투자와 기부를 할 때 중요한 거점이 되었다.

'버림받은 백성' 화교, '혁명의 어머니'로

하문섬 서남쪽 사명구思明區 사명남로思明南路 [2] 에는 화교의 도시에 걸맞게 화교박물관이 우뚝 자리 잡고 있다. 유일하게 화교 자본으로 설립된 최초의 화교박물관이라는 타이틀을 보유한 이곳은 1959년 5월 개장한 이래 반세기가 넘도록 화교의 수난과 영광의 역사를 기리며 애국 교육의 메카로 자리매김했다.

화교박물관은 주전시실인 '화교화인전華僑華人展' 외에, '자연관'과 박물관의 설립자인 '진가경陳嘉庚 소장 문물전' 세 곳으로 구성되어 있다. '자연관'은 볼 것 없이 휑뎅그렁한 전시실 한가운데에 고래로 추정되는 거대한 동물의 뼈만 덩그러니 있을 뿐이다. 화교박물관과 전혀 어울리지 않고 뜬금없는 이 조합은, 이곳을 찾는 청소년, 어린이들에게 "조국을 사랑하면서 조국의 야생동물도 함께 사랑하자"는 메시지를 전하려는 취지로 헤아려볼 수 있겠다. '진가경 소장 문물전'에는 국보급 유물도 세 점이나 전시되어 있다고는 하나, 전체적인 전시품의 수준은 박물관의 지명도에 비해 다소 실망스러울 수 있다.

전시관 1층 로비에 들어서면 '화교화인華僑華人'이란 글자가 방문객을 맞이한다. 이는 모두 재외 중국인을 지칭하는 용어다. '화교'는 중국 국적을 유지한 채 해외에 거주하는 중국인을 통칭하며, '화인'은 거주국의 국적을 취득한 자를 가리킨다. 해외거주 중국인들을 '화교'라고 부르게 된 것은 비교적 최근의 일이다. 중화민족을 뜻하

::그림1 화교박물관의 주전시실에 들어서면 가장 먼저 보이는, '머리말' 격에 해당되는 전시 모형. 복선(福船)이라 불리는 복건의 배는 속도가 빠르고 풍랑에 강하여 해선(海船)의 으뜸으로 꼽혔다. '복건 남부'를 뜻하는 민남(閩南) 연해안은 수심이 깊고 해안선이 발달하였으며, 조류 간만의 차가 심하여 신속한 해류 이동이 가능하다는 지리적 이점이 있다. 서북부 산간지대는 경작에 불리하였으나 대신 선박 건조에 알맞은 목재를 풍부하게 제공했다. 민남 주민들은 오랜 항해 경험과 선진적인 조선(造船) 기술을 바탕으로 가깝게는 동남아시아, 멀리는 동부 아프리카까지 뻗어나갔다.

는 '화(華)'와 '타향살이하다'라는 뜻의 '교(僑)'가 언제부터 결합되어 지금처럼 쓰이게 되었는지는 정확히 알 수 없다. 다만 '화교'는 근대 민족주의의 산물로서, 19세기 말 해외 각지에 흩어져 있는 중국인들을 정치적으로 포섭하기 위해 고안된 용어라는 것이 중론이다.

해상무역으로 촉발된 중국 동남부 연해 지역의 이민은 그 연원이 당나라 시대로 거슬러 올라가며, 명대부터는 본격적인 대량 이민이 시작되었다. 복건성은 전체 면적의 80퍼센트 이상이 구릉과 산지인데다, 서진西晉 영가永嘉 연간307~312년 이래 중원의 전란을 피해 남하한 유민 인구가 수차례에 걸쳐 대거 유입되면서 1인당 경작할 수 있는 면적이 갈수록 줄어들었다. 여기에 빈번한 자연재해와 끊임없는 전란, 가령 16세기 중엽 연해 지역에 창궐한 왜구와 태평천국1851~1864년 말기 유입된 태평군 등이 야기한 사회적 혼란까지 겹치면서 이 지역 주민들의 삶은 퍽 고달팠다. 먹고살기가 팍팍하다보니 일찍부터 바다 건너 해외로 눈을 돌려 살 길을 찾아나설 수밖에 없었다.

명은 건국 초기부터 200여 년간 해금정책을 실시하여 연해 주민의 출항을 엄격히 금지했다. 이는 오히려 본국으로 돌아가지 않고 동남아에 정착하는 화교를 늘리는 결과를 낳았다. 이들은 거주국에서의 입지를 공고히 하기 위해 본국과의 밀무역에 적극적으로 나섰다. 그러나 이들에 대한 역대 집권층의 인식은 '버림받은 백성棄民'이었다. 그들은 사리사욕을 채우고자 조상의 묘와 삶의 터전을 팽개치고 떠난 이들로서, 없어져도 아쉬울 것 없는 자들이었다.

아편전쟁의 패배로 맺은 남경조약에 의해 하문이 강제 개항되면서부터는 새로운 형태의 이민이 생겨났다. '쿨리苦力', '돼지새끼豬仔' 등으로 불린 계약 화공華工들의 해외 송출이 그것이다. 통상항구로 개방된 하문에는 인력 매매를 목적으로 서양 선박들이 몰려들어 화공, 즉 중국인 노동자를 모집했다. 날이 갈수록 이곳을 통해 해외로 빠져나가는 화교의 수는 급증할 수밖에 없었다. 19세기 초 이래 서구 사회에서는 노예제도 폐지운동이 확산되면서 흑인 노예무역이

::그림2, 3 대륙횡단철도 개통식 모습(위)과 북미로 간 중국인 철도 노동자(아래, 하문화교박물관 전시 모형). 안내문에는 다음과 같은 내용이 적혀 있다. "1863~1870년 미 대륙을 동서로 가로지르는 2,800마일의 중앙태평양철도(Central Pacific Railway)를 건설할 때 1865년부터 중국 노동자가 대거 투입되어 가장 위험한 공사 구간을 맡았다. 1881년 캐나다가 북미 대륙에서 가장 긴 대륙횡단철도를 건설할 때에는 1만 7,000명의 중국인 철도 노동자 가운데 4,000여 명이 목숨을 잃었다." 서부개척 시대 대륙횡단열차의 침목 하나하나에 저들의 피땀이 스며 있다.

점차 금지·축소되는 분위기였다. 그러나 동남아시아, 오스트레일리아, 아메리카, 아프리카 등 이제 막 개발되기 시작한 세계 각지의 식민지에서는 광산 채굴, 플랜테이션 농장 건설, 철도 부설 등에 투입될 값싼 노동력이 대량으로 필요했다. 영국, 프랑스, 에스파냐 등의 서양 상인들은 복건, 광동 등지의 통상항구에 초공공소招工公所란 인력시장을 설치하고 이민 희망자를 공개 모집했다.

이는 대부분 중국인 브로커와 결탁하여 사기와 납치의 방법으로 행해졌다. 계약 화공은 최종 목적지에 도착할 때까지 수속비, 교통비, 숙식비 등 일체의 경비를 부담해야 했다. 지원자는 대부분 지불능력이 없는 빈민이나 유민이었으므로 출발부터 막대한 채무를 질 수밖에 없었다. 그들은 좁고 비위생적인 선실에 빽빽하게 '적재'되어 음식과 식수조차 제대로 공급받지 못한 채 몇 달씩 바다를 떠다녔다. 도중에 질병과 굶주림, 갈증으로 사망하는 자가 부지기수여서 그들이 탄 배는 '떠다니는 지옥'이란 악명이 붙었다. 구사일생으로 목적지에 도착해서도 가혹한 노동과 구타에 시달렸고, 계약기간이 만료되어서는 또 다른

::그림4 말레이시아 탄광의 중국인 노동자 사진 (하문화교박물관 소장)

::그림5 고무 농장이나 광산 주인들은 종종 화폐 대신 사진과 같은 증표로 임금을 대신 지불했다. 이를 받은 중국인 노동자들은 농장이나 회사의 점포 안에서만 물건을 살 수 있었다. 이는 그들의 예속 상태를 더욱 악화시켰다(하문화교박물관 소장).

곳으로 팔려가는 등 노예와 다를 바 없는 비참한 생활을 이어갔다. 이러한 화공의 참상이 점차 알려지면서 쿨리무역에 대한 국제적 비난 여론이 강화되었고, 청 조정에서도 차츰 그들의 처지에 관심을 갖게 되었다.

19세기 말경 중국의 정치인들은 차츰 그들의 효용가치에 눈을 뜨기 시작했다. 서구 열강과의 연이은 전쟁에서 패배하여 막대한 배상금을 떠안게 되었고, 설상가상 권력의 누수로 인한 세수 감소에 시달렸던 청 정부로서는 화교의 자본력과 기술, 해외 현지 경험을 전략적으로 활용할 필요가 있었다. 한편 강유위康有爲, 양계초梁啓超와 같이 청조의 개혁을 촉구하던 유신파나 손문孫文과 같이 청조의 전복을 추구하던 혁명파 역시 화교의 후원에 의지했다. 그들은 특히 구미와 일본의 화교 사회를 중심으로 새로운 정치사상을 피력하고 이에 동조하는 화교들로부터 재정적 지원을 얻었다. 한쪽에서는 중국의 부흥과 체제 유지를 위해, 다른 한쪽에서는 이민족 왕조의 타도와 체제 전복을 위해 화교 사회에 적극적인 구애 작업을 펼쳤던 것이다.

화교들은 박해를 피하거나 먹고살기 위해 찾아간 새로운 거류지에서도 착취와 차별에 시달렸으나 '고국'은 그들의 처지에 무관심했다. 그런데 새삼스레 화교의 법적 지위를 보장하고 행정적 편의를 제공하며 보호자를 자처하고 나선 것이다. 이유야 어쨌든 덕분에 화교의 위상은 점차 높아졌고, 혈연과 지연으로 복잡하게 나뉘어 있던 화교 사회에 '중국인'이라는 공통된 정체성이 심어졌다. 이렇게 정식 국민으로 '초대'된 화교는 근대 민족

::그림6 하문화교박물관 앞뜰에는 커다란 바위 위에 빨간색으로 '勿忘故國(고국을 잊지 말지어다)' 네 글자를 큼지막하게 새겨놓았다. 이는 강유위의 글씨다. 무술변법(戊戌變法)에 실패한 후 망명객의 신분으로 해외를 전전하면서도 화교들의 후원으로 호의호식했던 행적을 생각하면 그의 호소를 순수하게 받아들이긴 어렵다.

국가 건설에 큰 기여를 했다. 이는 신해혁명을 이끌었던 중국동맹회中國同盟會와 그 전신인 흥중회興中會의 주축이 화교였다는 사실만으로도 쉽게 짐작할 수 있다. "화교는 혁명의 어머니"라고 한 손문의 발언은 과장된 수사가 아니었다.

민족의 빛이 된 화교 지도자 진가경

화교박물관의 설립자이자 싱가포르 화교 실업가인 진가경陳嘉庚, 1874~1961년도 '조국'의 러브콜을 받은 화교 가운데 한 사람이다. 그의 고향은 하문섬 북쪽 바다 건너 대륙 쪽에 있는 동안현同安縣 집미集美이다. 17세가 되던 해에 싱가포르에서 미곡 중계무역을 제법 크게 하고 있던 아버지의 부름을 받고 건너가 사업을 배우기 시작했다. 부친의 사업은 미곡 점포 외에도 파인애플 통조림 공장 등을 경영하며 한때 꽤 번창했으나, 진가경이 고향에서 모친상을 치르기 위해 자리를 비운 2~3년 사이에 부친의 첩실과 그 소생이 가산을 탕진하여 파산의 지경에 이르렀다. 진가경은 사업을 이어받아 부친의 채무를 수습하는 한편, 우연한 기회에 말라카의 한 고무나무 농장이 영국 회사에 비싼 값에 팔렸다는 소식을 접하고 고무나무 종식사업에 착수했다. 당시 말레이시아에서는 브라질로부터 고무나무 종자를 들여와 심는 사업이 한창이었는데, 진가경은 싱가포르에서 고무나무 종식사업에 투자한 최초의 화교였다.

::그림7 동안현에 위치한 집미촌. 1900년 당시의 하문 주변 지도

제1차 세계대전은 미국 경제 성장에 절호의 기회를 제공했고, 종전 후 미국의 산업이 크게 발전함에 따라 고무 수요가 급증했다. 말레이시아

176 하문

::그림8 화교박물관의 고무 농장 모형. 안내문의 서술 태도는 북미 철도 노동자나 말레이시아 탄광 노동자에 대한 것과 사뭇 다르다. "고무는 원래 브라질이 원산지이나, 화교가 이를 말레이시아로 들여와 생산량을 세계 최고 수준으로 끌어올렸다. 고무산업의 흥성은 세계 자동차 공업 발전에 중요한 역할을 했다." 노동자의 피땀과 눈물은 어디로 증발한 것일까?

는 세계적인 '고무 왕국'으로 떠올랐으며, 일찌감치 고무사업에 투자한 진가경은 큰돈을 거머쥐었다. 그는 단순한 고무나무 종식사업에서 나아가 생고무 가공 공장을 세웠으며, 다시 규모를 확충하여 고무 완제품을 생산하는 등 남들보다 한발 앞서 시장의 변화를 읽었다. 그는 직접적인 미국과의 판로를 개척하였는데, 양행洋行을 거치지 않고 외국 회사와 직거래를 하는 것은 당시 영국의 지배를 받던 싱가포르에서는 이례적인 일이었다. 그의 사업 수완과 안목에 감탄하기 전에, 광대한 고무 농장을 경영하기 위해서는 그도 쿨리들을 고용하지 않을 수 없었을 터이고, 그의 명성 이면에 동포 쿨리들의 피땀과 눈물이 얼룩져 있는 것은 아닐까 의문을 던져본다. 그러나 이는 짐작일 뿐, 애국 화교로 추앙받는 그의 행적을 기록한 글에서 동포 쿨리들을 착취했다는 단서를 기대하긴 어렵다.

현대 중국에서 그가 존경받는 '위인'의 반열에 오를 수 있었던 이유는 그의 입지전적 성공 스토리 때문이 아니라, '애국적인' 정치 후원과 교육 진흥사업에 대한 열의 덕분이다. 1909년 아직 보통 상인에 불과했던 진가경은 지인의 소개로 당시 화교 사회의 저명인사였던 손문과 인연을 맺게 되었다. 손문은 유럽과 일본, 중국을 오가는 길에 싱가포르에 체류하곤 하였으며, 1906년 싱가포르에도 동맹회 분회가 성립되었다. 그는 1910년 봄에 친동생과 함께 동맹회에 가입하였고, 그 뒤로 손문의 혁명 사업에 재정적 지원을 아끼지 않았다. 또한 항일전쟁 시기에는 거액을 모금하여 국민당의 군비를 지원했다.

일본과의 전쟁이 한창이던 1940년 진가경은 동남아 각지의 화교로 구성된 위문단 대표로 고국을 방문하여, 각각 국민당과 공산당의 근거지였던 중경重慶과 연안延安을 시찰하게 되었다. 중경에서는 정부 고관부터 운전기사에 이르기까지 부정부패가 만연하여 눈살이 절로 찌푸려졌던 반면, 연안에서는 상하 격의 없이 자유롭고 소탈하며 검소한 모습에 매력을 느꼈던 것 같다. 그는 한때 열렬한 장개석蔣介石 지지자였으나 이때의 경험과 관찰을 계기로 "중국의 희망은 연안에 있다"고 믿게 되었다.

그는 근대 국가 건설을 위한 정치 자금을 아낌없이 지원하는 한편, 교육사업에 상당한 재산과 정력을 쏟아부었다. 그의 교육사업은 등록금 장사가 아니라 배움에 뜻이 있는 학생들에게 장학금을 지급해가며 무료로 공부를 시키는 자선사업에 가까웠다. 그는 교육을 바로 세우고 인재를 양성해야 국가와 사회에 미래가 있다고 믿었던 듯하다. 이는 5·4 신문화운동의 세례를 받은 당시 지식인들에게 보편적으로 공유되던 시대사조와 같았다. 이미 스무 살 때 고향에 '척제학숙惕齊學塾'을 세운 바 있었던 진가경은 1913년 '집미소학集美小學'을 시작으로 본격적인 교육사업에 나섰다. 그는 고향 집미에 유치원, 소학교에서 중·고등학교, 사범학교, 수산·항해·상업·농림 전문대학에 이르는 대규모 교육단지를 일구었다.

1920년대 초 민남 지역은 군벌들의 혼전으로 긴장된 정세가 지속되었다. 민군閩軍과 월군粵軍의 대치 상황 속에 1923년 여름 집미중학교의 한 학생이 총에 맞아 죽는 사건이 발생했다. 진가경은 학생들의 안전 보장을 위해 민군과 월군 수장에게 전보를 보내 군대를 집미촌 밖으로 철수시킬 것을 요구했다. 그리고 복건성 군정 각 기관과 장관에 호소하고, 사회 각계 인사들에게 서명을 부탁하며 집미를 '영구평화학촌永久和平學村'으로 지정해줄 것을 요청했다. 이 요청은 군정 당국과 사회 여론의 공감을 얻어 그해 가을 비준되었고, 손문 정부는 복건성과 광동성의 성장省長과 총병總兵 장관에게 집미학교를 특별 보호하라는 명령을 내렸다. '영구평화학촌'이 되면서부터 이곳은 '집미학촌集美學村'으로 불리게 되었다.

화교박물관 바로 옆에 위치한 하문대학도 1921년 진가경에 의해

::그림9 집미학촌의 입구

설립되었다. 전국에서 상위권에 드는 명문대학이자, 캠퍼스가 아름답기로 유명한 하문대학은 중국 근대 교육사에서 화교가 설립한 최초의 대학이다. 또 당시 복건성에서 유일한 대학이었다. 노신魯迅도 한때(1926년 9월 4일~1927년 1월 16일) 이곳에서 교편을 잡았는데, 1952년 그가 묵었던 교내 건물에 노신기념관이 조성돼 있다. 진가경은 하문대학의 설립을 위해 각계각층의 지원을 호소했고 솔선하여 거의 전 재산을 쾌척했다. 그는 집미학촌과 하문대학의 운영에 각별한 애착을 보였다. 1926년부터 사업이 경영난에 부딪치고 대공황까지 닥쳐 1931년에는 거의 파산의 지경에 이르렀는데도 그는 사재를 처분해가며 두 학교의 운영비를 댔다. 남양의 한 신문에서는 이를 두고 "大厦빌딩를 팔아 厦大하문대학를 살린다"고 표현했다.

그가 설립 자금을 지원한 학교는 민남 지역과 싱가포르를 합쳐

::그림10 진가경이 세운 하문대학의 정문

100곳이 넘는다. 이는 1억 달러가 넘는 액수이다. 모택동毛澤東은 이
러한 진가경을 '화교의 기치이자 민족의 빛華僑旗幟, 民族光輝'이라고 추
켜올렸다. 최고 권력자에 의해 신중국 '애국의 아이콘'으로 인증되
는 순간이다. 진가경은 평생 심혈을 기울여 세운 학교들을 국가에
헌납했다. 1950년에는 싱가포르의 회사를 모두 정리하고 한동안 고
향 집미에 돌아와 살면서 다시 거액을 희사하여 하문대학의 건물을
증축했다.

  진가경은 임종 시에 남은 전 재산 300만 위안마저 국가에 바쳤다.
1961년 진가경이 향년 88세의 나이로 북경에서 사망하자, 고인의
살아생전의 유언에 따라 유해가 고향 집미까지 운구되었다. 당 중앙
은 그를 위해 특별히 전용열차까지 마련해주었다. 장례식은 그의 묘
역이 조성된 집미의 동남쪽 오원鰲園에서 장중하게 거행되었다. 그

::**그림11, 12** 왼쪽은 진가경과 모택동의 사진이고, 오른쪽은 집미학촌에 있는 진가경 기념 동상이다. 뒷벽에 황금색으로 '화교의 기치이자 민족의 빛'이라고 씌여 있다.

의 '조국'은 성대한 국장을 치러 이 '애국 화교'의 죽음을 애도하였다. 진가경에게는 결코 밑지는 장사가 아니었다. 기업가로 장성한 자식들은 유산이 크게 아쉽지 않았을 것이고 어차피 저승길에 싸들고 갈 수도 없는 노릇 아닌가. 그동안 쌓아둔 명성에 마지막으로 전 재산 기부라는 미담을 더하여 '애국의 아이콘'으로서 자신의 이미지를 고정시키는 편이 현명했다.

오원의 중앙에 위치한 진가경의 묘 바로 뒤에는 28미터 높이의 집미해방기념비가 우뚝 솟아 묘역의 위용을 더한다. 이 기념비의 정면에는 모택동이 쓴 '集美解放紀念碑^{집미해방기념비}'라는 일곱 글자가 있고, 뒷면에는 진가경이 쓴 비문이 있다. 이 기념비는 진가경이 생전에 직접 설계했다고 하는데, 높이 28미터는 중국 공산당의 성립^{1921년}에서 신중국의 탄생^{1949년}에 이르는 28년의 '찬란한' 역사를 상징한다. 두 부분으로 나뉘는 기단부의 아래쪽 여덟 계단과 위쪽 세 계단

::그림13 진가경의 묘역과 집미해방기념비(집미학촌 소재)

::그림14 진가경의 묘역은 수많은 부조로 장식되어 있으며, 민남 석조 예술의 백미로 평가받고 있다.

::그림15 일찍 일어나 세수하고 머리 빗고 운동을 게을리 하지 말라는 내용. 각 부조는 아이들의 생활습관을 지도하는 것 외에 민간 설화, 소수민족의 풍습 등 다양한 내용을 담고 있다.

은 각각 8년의 항일전쟁과 3년의 해방전쟁을 의미한다고 한다. 그의 눈물겨운 나라 사랑을 접하니, 화려한 자본가의 묘역이 문화대혁명의 격동을 지나면서도 이렇게 온전하게 보존될 수 있었다는 게 크게 놀랍지 않았다.

사마천司馬遷은 『사기史記』의 「화식열전貨殖列傳」에서 "천금의 부자는 한 도읍의 군주와 맞먹고, 억만금의 부자는 왕과 더불어 즐겼다"고 했다. 고무사업으로 막대한 부를 쌓은 진가경은 살아서는 손문·장개석·모택동과 무릎을 마주하였고, 죽어서는 역사에 빛나는 이름을 남기는 것으로 '영생'을 얻었다. 그의 기부 행위를 단순히 공명심의 발로라고 매도할 수는 없으며, 그처럼 '나라 사랑'을 실천하기란 분명 쉬운 일이 아니다. 그러나 진가경의 기부 행위에 '애국'이라는 수사가 없었다면 공산주의 국가에서 자본가로서 이처럼 존경을 받으며 기억되기 어려웠을 것이다.

주

1 화교는 그 출신 지역과 사용 언어에 따라 폐쇄적인 네트워크를 구성하는데, 광동계(廣東系)·복건계(福建系)·조주계(潮州系)·객가계(客家系)·해남계(海南系)를 5대 파벌로 꼽는다.
2 명말청초 복건성 남부 일대의 해상권을 장악했던 정성공(鄭成功)은 멸망한 명 황실의 자손을 옹립하고 청에 항거했다. 그는 하문을 자신의 근거지로 삼으면서 '명을 그리워한다'는 뜻에서 이름을 '사명주(思明州)'로 바꾸었는데, 그 흔적이 행정 지명에 남아 있는 것이다.

참고문헌

· 项南(1994), 「陈嘉庚的精神力量 ―纪念陈嘉庚诞辰一百二十周年」, 『科技文萃』, 1994年 第12期.
· 최덕경(2000), 「동남아 福建省 출신 華僑의 出洋과 家鄕 투자」, 『大邱史學』 제61집.
· 崔熙在(2003), 「洋務運動期 民族意識 發展의 一端 ―同治末·光緖初의 國權과 華僑 問題 認識을 중심으로」, 『東洋史學研究』 제85집.
· 吕耀忠(2004), 「访陈嘉庚先生故乡―集美」, 《山西老年》, 2004年 第9期.
· 崔云峰·于耀東(2007), 「'福船'과 福建海商에 관한 研究」, 『해양환경안전학회』 제13권 제3호.
· 李丙仁(2008), 「近代中國의 海外移民과 '故國'」, 『東洋史學研究』 제103집.
· 康丽(2008), 「爱国华侨 陈嘉庚」, 《Money China 财经界》, 2008年 第6期.
· 杨军(2010), 「陈嘉庚与孙中山的交往」, 『政协天地』, 2010年 第7期.
· 秦立海(2010), 「"中国的希望在延安"―陈嘉庚对国共两党的近距离观察」, 『同舟共进』, 2010年 第9期.
· 陈莺(2003), 「华侨旗帜 民族光辉―记陈嘉庚与鳌园」, 『审计理论与实践』, 2003年 第12期.
· 왕경우 저, 윤필준 역(2003), 『화교: 중국 밖의 또 다른 중국인』, 서울: 다락원.
· 최승현(2007), 『화교의 역사 생존의 역사』, 인천: 화약고.

중국 속의
작은 서양:
광주 사면과
하문 고랑서

* 서정일

광주에서 상해까지 중국의 근대 개항장들을 찾아가면서 직접 확인하고 싶었던 사실이 있었다. 즉, 개항 이후 약 한 세기 동안 외국인들이 실제로 살았던 공간이 잘 남아 있는지, 거기서 그들이 어떻게 살았는지 그 자취를 찾아볼 수 있을지 하는 것이었다. 그 공간은 다름 아닌 '조계'다. 외국인들이 조계 밖으로 나갈 수 없었던 것은 아니었지만 실제로 그들의 생활과 업무가 거의 조계의 영역 안에 국한되어 있었다.

　제1차 아편전쟁의 결과, 청국 정부는 1842년에 영국과 남경조약을, 1844년에 미국·프랑스와 각각 망하조약과 황포조약을 맺고 다섯 개항장을 열었다. 그리고 이 통상조약들의 후속 조치로 서양 각국과 조계장정을 체결함으로써 비로소 개항장에 조계가 설치되었다. 이 조계들은 20세기 중반에 이르러 중화민국 정부에 반환될 때까지 약 한 세기 동안 서양인들 자신의 시정관할권 아래 운영되었다. 결코 짧지 않은 세월이었다. 그리고 다시 60년이 넘는 세월이 지나 오늘에 이르고 있다.

조계의 옛 모습을 찾아

답사를 통해 확인한 각 개항장의 옛 조계들은 저마다 다른 수준으로 남아 있었다. 물론 각 조계들은 애초의 형성 과정에서부터 수준의 차이가 있었다. 각 개항장의 경제적, 지리적 사정에 따라 해당 조계의 경제 활동 내용과 규모가 달랐기 때문이다. 예를 들어, 영파의 조계는 처음부터 규모가 그다지 크지 않았고 용강甬江에 면한 외탄에서 그 자취를 찾아볼 수 있었는데, 거대한 용강대교 아래에 옛 건물과 길의 일부가 아직 남아 있다. 이에 비해 상해의 조계는 그 범위가 광대했고, 황포강변의 외탄에는 서양인들이 지은 당당한 건물들이 지금도 고스란히 남아 있다. 하지만, 외탄 뒤쪽인 도시 안쪽은 당시 외국인과 중국인들에 의한 개발, 그리고 현대 중국의 개발로 인

::그림1, 2 같은 축척의 위성사진으로 본 광주 사면(왼쪽)과 하문 고랑서(오른쪽). 사면보다 고랑서가 열 배가량 크다. 사면의 조계에서는 길과 블록이 정형적이지만 고랑서는 지형에 따라 조계가 발달한 점이 대조적이다.

해 어디까지가 조계이고 어디까지가 서양인들만의 구역인지 쉽게 분간하기 어렵다. 반면 광주의 사면과 하문의 고랑서에야말로 조계의 원래 모습, 서양인들의 공간이 고스란히 잘 남아 있다(그림1, 2).

사면과 고랑서, 이 두 곳은 20세기 중반에 조계가 폐쇄되고 외국인들이 모두 떠난 뒤 지금까지도 원래의 모습을 거의 그대로 간직하고 있다. 중국인들이 이 두 곳을 '건축박물관'이라고 부를 정도로 옛 건물들이 잘 보존되어 있다. 최근 이 두 곳은 복원사업도 활발히 진행되어서 그 결과 외관도 더 말쑥해졌고 외지 관광객도 많이 찾는다. 이제 이 두 조계를 비교해보면서 조계의 전형적인 특징이라고 할 만한 내용을 확인해보자.

주강에 정박한 이국적 섬, 사면

먼저 광주의 작은 섬 사면을 찾아가보자. 거대도시 광주의 내부순환 고가도로를 지나면서 도심의 경관을 바라보자면 우후죽순 들어선 높은 건물들이 더운 날씨 속에서 마치 정글처럼 보일 지경이다. 하지만 여만구 남단의 주강변에 이르니 높은 건물들도 사라지고 별안간 시원하게 숨통이 트인다. 고가도로 아래로 흐르는 폭이 좁은 수로 위의 작은 다리를 건너니 그야말로 이국적인 풍경이 펼쳐지는 것이다. 이곳이 바로 영국과 프랑스의 조계였던 '사면'이다.

사면섬 안의 풍경은 광주 도심과 확연히 다르다. 길을 조금 걸어

들어가 중앙에 이르면 한쪽 끝에서 다른 쪽까지의 폭이 30미터나 되는 녹지가 동서 방향으로 길게 뻗어 있다. 화단은 잘 가꾸어져 있고 녹지 주변에 굵은 가로수들이 늘어서 있다. 간혹 보이는 종려나무들은 이곳이 아열대기후 지역임을 일깨워준다. 그 울창한 푸른 잎들 위로 3, 4층 높이의 건물들이 질서정연하게 늘어서 있다.

이 건물들의 외관은 아치, 고전기둥, 벽기둥 같은 서양의 고전 건축 요소들이 주종을 이루고 있고, 그래서 이 건물들이 모두 조계 시기에 지어진 것임을 짐작할 수 있다. 일부 낡은 건물도 눈에 띄지만, 대부분은 깔끔하게 관리되고 있다. 대개는 벽돌이나 석재를 쌓은 조

::그림3 백조호텔에서 내려다본 사면의 모습. 고전주의적인 외관을 한 건물들이 녹지 사이에 규칙적으로 배치되어 있다.

적조 외관을 하고 있는데, 일부 건물은 모르타르를 발라 정비했고, 밝은색을 칠한 건물들이 많다. 건물 2, 3층에는 발코니를 두고 그 둘레에 난간을 두른 경우도 많다.

이 섬의 전체 모습을 한눈에 잘 보려면, 섬의 남쪽에 1983년에 지어진 34층 높이의 백조호텔의 북쪽 객실들에서 내려다보면 된다(그림3). 한강에 있는 선유도나 노들섬보다 더 큰 총면적 7만 평가량의 꽤 큰 섬을 잘 조망할 수 있다. 녹색 사이로 질서정연하게 놓인 건물들은 그 너머 광주 도심의 경관과 아주 대조적이다.

지금은 스타벅스와 맥도널드를 비롯하여 커피숍, 레스토랑, 상점, 호텔 등이 이곳의 여러 건물들에 입점해 있지만, 이 건물들의 원래 용도는 대개 외국인회사 즉 양행이었다. 일부 건물은 교역 활동을 지원하는 영사관과 서양인들의 주택이었고, 그밖에 사교와 여흥을 위한 클럽, 술집, 무도장, 교회, 병원, 학교, 우체국, 신문사 등의 시설들로 쓰였다. 한마디로 이 건물들은 축소판 서양 사회를 담고 있었다.

1946년에 사면 조계가 폐쇄되자, 이곳의 건물들이 주택으로 개조되었다. 건물 하나의 규모가 커서 여러 세대가 살 수 있었다. 이곳은 지금도 공동주택으로 쓰이는데, 주거 면적을 넓히려고 원래 발코니였던 곳을 벽이나 창으로 막아 사용하는 경우가 많다. 1959년에 중화인민공화국 초대총리 주은래周恩來가 이곳을 방문했고, 그는 이 건물들을 잘 보존해서 반식민지였던 시대의 역사적 증거로 남기라고 지시했다. 그래서 총 169채 중 53채가 중국 정부에 의해 문물건축으로 지정되어 보존되고 있다.

　사면은 왜 광주에서도 하필 이곳에 이런 모습으로 조성되었을까? 사실 광주는 사면에 조계가 조성되기 전부터 중국의 대표적인 대외통상도시였다. 1684년 청의 강희제가 해금을 풀고 외국과 교역하도록 허락한 이후 광주 도성 밖 주강의 강변에는 13행이 설치되었고, 이곳에 외국인들이 거주할 수 있게 되었다(그림4, 5). 1757년 이후부터 아편전쟁 발발까지는 이 13행이 중국에서 유일한 교역지였다. 13행은 지금의 사면 동쪽 문화공원 자리에 있었는데, 지금은 13행 길만이 남아 있을 뿐 전혀 그 흔적을 찾아볼 수 없다. 영국, 미국, 에스파냐, 네덜란드, 덴마크, 스웨덴 등 각국의 회사들은 주강에서 수십

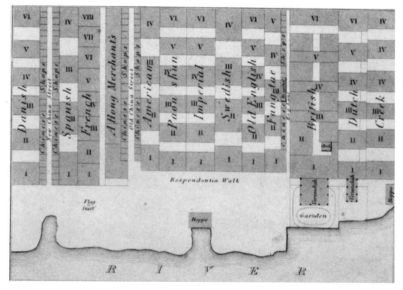

::그림4 13행의 배치도. 1840년 영국이 제작한 광주 지도의 일부다(홍콩미술관 소장).

미터 떨어진 이곳 뭍에 폭이 긴 2, 3층 건물을 지었는데, 건물 1층을 창고, 위층을 주거공간으로 썼고 주강 쪽에 울타리를 치고 그 안에 마당을 두었다.

13행은 1856년 제2차 아편전쟁 중에 완전히 파괴되었다. 그해 12월말 영국·프랑스 연합군이 광주를 침공하여 승리했다. 이 점령군들의 전리품이 바로 사면이었다. 광주점령 통치를 맡은 광주위원회의 수장이던 광주 영국영사 해리 파크스는 1859년에 13행을 대체할 새 조계 자리를 물색했는데, 유력한 후보지가 두 곳이었다. 한 곳은 13행의 바로 동쪽 자리로서, 이곳을 조계로 조성하려면 지주들에게 땅값을 보상해야 하는 문제가 있었다.

다른 후보지가 13행 바로 서쪽의 사면이었다. 이곳은 원래 주강

::**그림5** 사면 조계가 조성되기 전 13행의 모습. 주강 변에 작은 통선(通船)들이 가득 떠 있다.

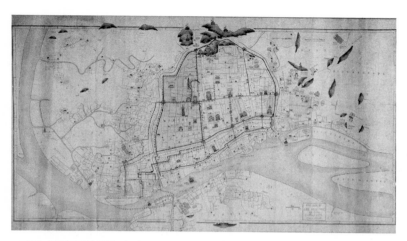

::그림6 1858년경의 광주 지도(Lee Mum Une 제작). 왼쪽 아래 사면의 윤곽이 뚜렷하며, 사면과 광주 도심을 잇는 길들이 표시되어 있다.

백아담白鵝潭의 모래섬으로서 사신을 맞고 떠나보내던 장소였다. 또한 물 위에 비친 아름다운 달빛을 노래하던 유서 깊은 곳이기도 했다(그림6). 하지만 사면은 물이 차면 잠기기 때문에 조계지로 조성하려면 대규모 매립 공사가 필요했다. 결국 영국영사는 사면을 매립하기로 정했다. 단, 홍콩에 있던 매립전문 기술자를 데리고 와서 18개월 동안 작업할 수 있도록 청 정부로부터 안전을 보장받았고 26만 4,000달러로 추산된 매립비용 일부를 중국 정부로부터 받아낸 배상금으로 충당하는 식이었다.[1] 이미 영국이 할양받은 홍콩에서는 해안 매립작업이 꽤 진행된 상태였는데, 영국이 홍콩에서 벌인 매립사업의 규모와 중요성과 비교하면 사면의 매립은 그다지 문제가 아니었을 것으로 짐작할 수 있다.

매립비용은 영국과 프랑스가 분담했고, 그 분담비용만큼 5분의 4
는 영국이, 5분의 1은 프랑스가 땅을 나누어가졌다. 2년 공사 끝에
화강석 제방을 두른 인공섬이 완성되었는데 섬의 동서 방향은 2,850
피트[855미터], 남북 방향은 950피트[285미터]의 길이였다. 원래 13행의 규
모가 동서 약 250미터, 남북 약 150미터였던 것과 비교하면 훨씬 더
넓은 땅을 영국, 프랑스 두 나라가 독차지하게 되었던 것이다(그림7).

사면의 가장자리는 주강의 강안을 따라 남쪽으로 완만하게 인공
적인 곡선을 둘렀고 그 나머지는 직선으로 만들었다. 섬 위의 길과
블록의 분할 방식도 섬의 형태에 짜맞추었다. 섬의 북쪽과 동쪽에는
100피트 폭의 수로를 두었고 두 개의 다리를 놓았다. 성벽은 없었지
만 해자 같은 운하를 둠으로써 상당히 방어적인 성격을 띠었다. 13
행 대신 더 안전하고 편리하고 쾌적하게 상업과 거주 활동이 가능하

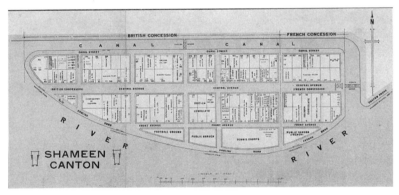

::**그림7** 완성된 사면 조계지의 구조. 한가운데에는 동서 방향으로 큰길이 하나 있고, 1가에서
5가까지 남북 방향 길들이 이와 교차하여 총 12개의 격자형 블록을 이룬다. 주강 쪽에 공원과
테니스장을 두었다. 동쪽(오른쪽) 두 블록이 프랑스 조계다.

도록 중국인의 출입을 철저히 통제하는 조치를 취한 것이다. 그렇게 만들어진 이 인공섬은 어찌 생각하면 무지무지하게 큰 상선이 정박해 있는 꼴과 같았다.

섬 위의 영역이 영국과 프랑스의 조계로 구분되어 있었지만, 길과 격자가 질서정연하게 통합된 전체는 하나의 작은 도시 같았다. 13행은 남북 방향으로 좁고 긴 필지가 옆으로 촘촘하게 붙어 있었고, 필지 사이에 좁은 길이 서너 개 있을 뿐이었다. 이에 비해 사면의 길과 블록 체계는 훨씬 짜임새 있는 현대적 계획이었다. 섬의 동서 방향을 큰길이 관통하고 이 길에 직각으로 여러 개의 남북 방향의 길이 교차해서 모두 12개의 블록이 구획되었다. 이 블록들은 다시 총 106개의 필지로 세분되었다. 개별 필지는 반듯반듯한 직사각형이었고 비교적 번듯한 규모의 건물이 한 필지에 들어설 수 있었다. 13행에 비해 거주와 사업의 편의성이 훨씬 개선된 계획이었던 셈이다.

매립이 끝난 뒤 건축물이 한꺼번에 다 들어서지는 못했다. 당시의 경제적 여건 때문에 처음에는 건축사업이 부진했다가 수십 년에 걸쳐 점차 건물들이 들어섰다. 영국 조계의 건축사업을 선도한 것은 1865년에 지어진 영국영사관이었다. 주강을 바라보는 섬 한가운데에 자리 잡은 이 건물은 여섯 필지 위에 당당하게 지어졌다. 1873년에는 미국영사관도 영국 조계에 지어졌다.

프랑스 조계는 프랑스 국민에 한해 99년간 토지를 장기 임대하는 조건에다 프랑스 당국이 부담한 비용을 추가 분담해야 하는 등 임대 조건이 까다로워서 개발이 더욱 늦었었는데, 새 프랑스영사가 부임

::그림8 섬의 동쪽 중국인 거주지에서 넘겨다본 1883년 사면의 모습. 영국 조계에는 일부 건물이 지어진 상태지만, 프랑스 조계에는 이때까지 건물이 전혀 지어지지 않았다. 운하 위로 영국 조계 당국이 관리하는 다리가 보인다.

하고 이 조건이 바뀐 1890년대부터야 본격적으로 개발되었다(그림 8). 그리하여 19세기 말에는 학교, 은행, 회사, 클럽, 여관, 주택 등이 어느 정도 들어서서 조계의 모습이 가다듬어졌다. 당시 사면을 방문한 한 외국인 여행자는 사면을 다음과 같이 묘사했다.

> "사면은 유럽인들의 정착지인 작은 섬이며 광동과는 다리로 연결되어 있다. 이 섬은 거대한 상업구역으로서, 고급 주택 여러 채가 아름다운 정원과 잔디밭에 둘러져 있다. 여기서 호남湖南이 잘 보인다. 성당 건물은 꽤 당당하고 거래소도 볼 만하다. (……) 사업 방식은 영국식이다. 많은 동포들이 여기 모여 있는

데, 개인적으로는 모르는 사람들이더라도 그 이름은 친근하다. 창고도 많고 멋진 산책로와 화강석 출입문들이 있다."[2]

사업적 매력에서 광주는 홍콩에 비해 경쟁력이 떨어졌다. 그래서 원래 광주에 있던 서양회사들도 본사를 홍콩으로 옮기는 경우가 많았다. 하지만 개중에는 기회를 찾아 거꾸로 홍콩으로부터 광주의 사면으로 온 사람들도 있었다. 한 예로, 오스트레일리아 출신의 젊은 건축가 아서 윌리엄 퍼넬Arthur William Purnell이 그 경우였다. 그는 아버지의 건축회사에서 제도사로 일하다가 1899년 세계 각지를 여행

::그림9 퍼넬은 당시 광주와 사면의 모습을 사진으로 많이 찍어 남겼다. 1900년대 초에 찍은 이 사진에는 다음과 같은 메모가 적혀 있다. "'경계선 너머' 운하에 있는 경찰서에서 통행세를 내는 통선(通船)들—사면 프랑스 조계 운하다리."

한 뒤 성공과 모험을 꿈꾸며 홍콩을 향했었다. 그리고 1903년에 홍콩 공공공정부公共工程部에서 직원으로 일하다가 영국의 윌리엄 댄비William Danby 건축사무소의 광주 사면 지사를 맡으면서 사면으로 옮겨왔다.

20대 청년 퍼넬은 사면에서 1904년 미국인 찰스 S. 페이젯Charles Souders Paget과 함께 치평양행治平洋行, Purnell & Paget을 세워 사업을 벌였다. 그들의 회사는 중국인도 여럿 고용했다(그림9, 10). 1911년경 오스트레일리아로 돌아가기 전까지 그는 사면대가沙面大街 변에 있는 광주클럽, 화기은행, 만국보통은행, 록슬리 사洛士利洋行를 비롯하여 아른홀드 카버그 사瑞记洋行, 디컨 사的近洋行 등 여러 건축물들을 디자인했다.

그들이 디자인한 대부분의 건물들은 당시 서양에서도 유행했던 고전주의적인 외관에다 건물 주변에 발코니 회랑을 둘렀다. 이 회랑들은 고온다습한 광동의 날씨에 시원한 그늘과 바람을 안겨다주는 장점이 있었고 이미 홍콩에서도 많이 지어져 그 기능이 검증된 것들이었다. 그들의 건물

::그림10 오스트레일리아인 퍼넬과 미국인 페이젯이 경영한 치평양행의 직원들. 중국인도 여럿 일했다.

은 사면의 다른 건축물들과 함께 정형화된 블록과 필지 안에서 홍콩보다 훨씬 더 정돈된 미니어처 도시를 구성했다.

치평양행은 광주 시내와 주변 지역에도 건물들을 지었는데, 주강 남쪽의 호남섬에 지은 남중국시멘트공장이 그들의 대표작 중 하나다. 그들은 철근콘크리트 기술을 중국에 전파하는 데 이바지했는데, 1905년에 이들이 디자인한 아른홀드 카버그 사 건물은 미국식 '칸트러스트 바'를 써서 중국 최초로 철근콘크리트 구조로 지은 건물이었다. 이 5층짜리 건물에는 광주 최초의 승강기도 설치되었다. 이 건물도 다른 서양식 건물들과 함께 사면에 남아 있다.

이 건물을 짓는 중에 홍콩의 건축사업자 람우林护는 철근콘크리트 시공법을 배웠고, 이후 상해·남경·장사 등지에 철근콘크리트 건축술을 확산시켰다. 또한 페이젯은 1921년 광주시정청이 성립되자 광주시정청 설계위원을 맡았는데, 그는 서양의 건축도시 제도와 기술을 광주시에 본격적으로 적용하는 데 나름의 역할을 했을 것임이 분명하다.

자연섬 위의 고랑서 공공조계

또 하나 잘 보존되어 있는 조계인 하문의 고랑서를 찾아가보자. 하문 페리 선착장에서 남서쪽으로 불과 600미터 앞에 떠 있는 고랑서는 페리로 5분이면 닿는다. 하지만, 다리로 연결돼 있지 않아서 우리의 답사 때 그랬듯이 태풍철에 선박 운행이 멈추면 영락없이 고립된다.

이 작은 섬은 지름이 약 1 내지 2킬로미터, 총면적이 약 2제곱킬로미터다. 넓이로 치면 사면의 열 배에 가깝지만, 경사 지형이라서 섬 전체가 개발되어 있지는 않다. 지금은 총 250만 하문시 인구 중 2만 명이 이 섬에 상주하고 있다. 이곳의 옛 건물들 중 상당수는 광주의 사면에서처럼 상점이나 레스토랑, 커피숍, 박물관으로 개조되어 중국 전역과 외국에서 온 관광객들을 상대하고 있다.

고랑서 선착장에 내리면 1841년 영국공사관으로 지어진 건물이 가장 먼저 눈에 들어온다(그림11). 넘쳐나는 관광객들의 흐름에 밀

::그림11 1841년에 지어진 영국공사관이 고랑서 부두를 굽어보고 있다.

리듯이 눈앞에 난 길을 따라 걸으면 꼬불꼬불한 길들 사이로 조계 시대에 지어진 번듯한 건물들이 하나하나 나타난다.

그중 1898년에 지어진 벽돌 외관의 옛 일본영사관도 선착장 가까운 녹초로에 꽤 큰 규모로 서 있다(그림12). 지금은 공동주택으로 쓰이는데 건물 주변을 둘렀던 아케이드 발코니들을 막아 주거공간으로 쓰고 있는 모습이다. 계단 위 입구 벽면에는 '관광객 관람 사절'이란 경고문이 적혀 있다. '일본제국주의 하문영사관 경찰사지하감방' 표석이 바로 옆에 놓여 있지만, 건물 앞에서 웨딩촬영을 하는 하문의 젊은이들에게는 이국적인 분위기를 자아내는 옛 벽돌건물일 뿐인가 보다.

이밖에도 고랑서에는 조계 시대에 잇달아 설치한 13개국의 영사관 건물들이 있었는데, 상해에 5개국 영사관만 있던 것에 비해 더 많은 수다. 이른바 '10대 영사관' 말고도 유명한 건축물로는, '10대 대저택(팔괘루·황가화원·해천당구·황영원당·용곡·임씨부·금과루·번파루·양가원·홍콩상해은행공관)'이 있다. 1920, 30년대에 약 1,000채의 건물들이 고랑서에 지어졌고, 이 건물들은 대부분 영사, 사업가들의 사무소와 주택들이었다. 이 수많

::그림12 1898년에 지어진 일본영사관

::그림13 고랑서의 일광암에서 동쪽을 내려다본 모습

은 건물들이 섬 위에 빼곡하게 들어서서 하나의 독자적인 도시를 이루어낸 것이다.

고랑서 남쪽에 솟은 일광암 꼭대기에 오르면 고랑서 전체가 한눈에 내려다보인다(그림13). 고랑서 선착장이 있는 동쪽을 바라보면 해협 건너편에 현대화된 하문이 치솟아 있는데, 아마 100년 전에도 고랑서의 한가한 정경과 하문의 북적이는 상업도시의 풍경은 이렇게 대조를 띠고 있었을 것이다. 섬의 자연 풍경 속에 건물들이 모여 있는 모습은 누구든지 멋지게 느낄 만하다. 경사 지형과 구불구불한 길을 따라 건물들이 놓여 있지만 전반적인 조화로움이 느껴진다. 이 조화로움은 우선은 자연적 배경과 인공적 건물 간의 어울림 때문이겠지만, 또한 실은 길과 건물, 건물과 건물들 간의 관계에 있어서 법규를 통해 질서를 통제했기 때문이기도 한데 이에 대해서는 곧 설명하겠다.

중국인들은 세계문화유산에 등재할 목표로 최근 환경개선사업도 벌이고 있다. 또한 중국인들이 이 섬을 중국에서 가장 아름다운 지역의 하나로 손꼽고 있다니, 이곳의 개별 건축물들도 특색 있지만, 그보다는 건축물들과 섬의 자연 풍경이 전반적으로 조화를 이룬 모습이 더 매력적으로 보일 것이다. 조계가 형성되던 초창기인 19세기 말에 한 외국인은 이 섬의 정경을 다음과 같이 묘사했다.

> "아열대기후에 잘 가꾼 정원들의 꽃과 잎, 대나무 군락이 그늘을 드리운 큰 주황색 바위들 사이로 크고 화려한 외국인 주택들이 가장 멋진 방식으로 흩어져 놓여 있다. 찌는 듯한 무더위에 땅이 누렇게 떠보인다. 하지만 서늘한 겨울철에 이 섬은 상대적으로 녹색을 띠고, 부지런한 농부들이 계단 논을 만들어 놓은 여기저기에 짙푸른 언덕이 보인다. 마차는 없지만 그 대신 힘좋고 끈덕진 중국인들이 인력거를 끌고 다닌다. 항상 배가 준비되어 있어서 북적거리는 도시, 좁고 푸른 해협 너머에 그림같이 솟은 도시로 건너가야 할 사업가들이 이 배를 이용한다. 섬의 서쪽에 항구가 있다. 신기한 중국 배들이 가득 차 있고 모양과 색이 똑같아서 멋지다. 선착장 창고들이 한가득 모여 있는데,

여기 수많은 사람들이 길에 있는 사람들보다 어떻게든 더 낫고
깨끗하게 살려고 아등바등하고 있다."

— 고든 커밍_{Gordon Cumming}, 1888년

고랑서가 조계로 조성된 역사적 배경은 광주의 사면과 좀 다르다.
제1차 아편전쟁 때 고랑서를 점령한 영국군은 남경조약에 따른 하문
개항으로 하문 해안에 조계를 설치했다. 하지만 고랑서에서 철군했을
때도 이 섬을 수중에 남겨 두었고, 중국인 거주지와 자연적으로 분리
된 안전하고 쾌적한 외국인 거주지로 개발했다. 고랑서가 본격적으로
개발된 시기는 1903년에 이곳이 국제 공동조계로 지정된 뒤부터다.
즉, 1895년 청일전쟁 때 일본이 대만을 점령하자 청국 정부가 일본
의 하문 진출을 경계하여 외국 열강들에게 하문겸호兼護를 요청했
고, 이를 계기로 1902년 1월에 청국 정부가 하문 주재 9개국 영사들
(영국·미국·프랑스·독일·에스파냐·일본·네덜란드·덴마크·스웨
덴노르웨이연맹)과 '하문고랑서 공공지계장정'을 체결함으로써 고랑
서는 1854년 상해 공공조계 설치에 이어 양대 공공조계가 되었다.

이후 고랑서 공공조계는 하문 영국 조계가 1930년 국민당 정부에
넘어간 뒤에도 하문에 유일한 조계로 유지되었다(1938년 일본군이
하문을 침공했을 때에는 중국인들이 대거 고랑서로 피신했고, 1941년 12
월 태평양전쟁이 일어난 뒤 일본군이 고랑서 공공조계에 진주했다. 고랑서
는 1945년 국민당 정부에 공식 반환되었다).

고랑서 공공조계는 그 형성 과정부터 상해 공공조계와 밀접한 관

계에 있었다. 즉, 상해 공공조계로부터 행정조직, 토지규제, 건축규칙의 내용과 운영 방식을 상당히 많이 따왔고, 그 결과 고랑서 조계 정부는 복건지방 최초로 입법·행정·사법의 3권 체제의 근대 행정 체계를 갖추었다. 행정기관인 공부국工部局이 치안 유지, 세금 징수, 도시 건설 등의 역할을 맡았는데 그 임원은 거의 외국인들이었다. 고랑서의 토지는 원칙상 중국 소유였고, 따라서 토지세도 중국 정부에 귀속되어야 했지만 조계 당국은 고랑서의 행정에 투자한다는 명목으로 세금을 자신들 스스로 운용했다.

이 세금 수입과 자산을 가지고 벌인 행정사업에서 환경개선사업이 큰 몫을 차지했는데, 특히 교통과 위생이 중심이 되었다. 도로, 하수도, 가로등, 부두, 선착장 등의 공용시설물을 짓는 데 재정의 13퍼센트 정도가 쓰였다. 섬의 지형을 따라 용두로龍頭路, 녹초로鹿礁路, 전미로田尾路, 삼명로三明路, 기산로旗山路 등의 길을 넓히고 포장함으로써 도로망을 갖추었는데, 비록 지금은 관광객을 실은 축전지차가 다니는 좁고 경사지고 꼬불꼬불 굽은 길일지라도 당시의 기준에서는 현대적인 신작로였다. 배수로, 공공우물, 변소, 도살장, 시장 등도 1920년대에 건설했고, 소방 인력을 배치하고 곳곳에 소화전을 두었다.

공부국은 도시기반시설 말고도 건축허가라는 근대 행정 수단을 써서 개별 건축물의 품질을 통제했다. 1936년 기준으로 공부국의 건축허가를 맡으려면 상세한 건축도면을 제출해야 했다. 고랑서에 건물을 새로 지으려면 배치도·평면도·입면도·단면도 같은 건축

::그림14 1930년대의 고랑서섬 용두로(龍頭路)의 분주한 모습

도면들을 공부국에 제출해야 했고, 벽과 기초의 두께, 각 실과 문·
창·통로의 면적과 높이, 배수, 건물 재료, 철근콘크리트를 쓸 경우
세부내용, 인접 도로와 건축대지의 높이 관계를 표시해야 했다. 또
한 주로 중국인들의 목조가옥에서 화재가 자주 발생하는 것에 대한
대책으로 목조주택의 신축을 급기야 금지했고, 건물 사이에 방화벽
을 반드시 두도록 규정했다.

고랑서를 개발한 것은 외국인만이 아니었다. 동남아시아에서 돌
아온 부유한 화교들이 하문에서 사업을 펼쳤고 외국인들과 함께
고랑서에 자리를 잡고 고랑서 개발에 참여했다. 해협 건너 하문은
1920년대와 1930년대에 개발 붐이 높았는데, 하문의 지가는 상해

조계 다음으로 중국에서 가장 높을 정도였다. 하문의 건설 붐은 중국에서 개발의 기회를 찾던 외국인 회사와 건축가들을 손짓했으며, 미국인 헨리 K. 머피^{Henry K. Murphy}가 1921년에 하문대학교를 디자인했고, 네덜란드 항만회사가 1931년에 하문항구 서쪽 해안의 방파제 공사를 수주했다. 하문 개발에서 화교의 활약은 대단했다. 1927년부터 1932년까지의 5년간 약 스물여섯 개의 대형 부동산개발회사를 화교들이 운영했을 정도였고, 1930년대에 등록된 7,000가구 1만 채의 주택 중 절반이 화교들의 소유일 정도로 사업 세력이 컸다. 특히 황혁주黃奕住, 이청천李淸泉, 황중훈黃仲訓 같은 인물이 부동산사업을 크게 벌였는데 그중에서도 으뜸이던 황혁주는 설탕 제조업을 기반으로 부동산사업에 진출했고 그의 부동산주식회사 황취덕당黃聚德堂이 하문과 고랑서에서 짓고 사들인 건물의 수가 160채에 이르렀다. 고랑서의 상업거리인 일홍가日興街도 그가 개발한 것이다(그림14).

화교들이 지은 건물들은 외국인들이 지은 건축물들의 현대적 성격을 고스란히 참조했으면서도 자신들을 외국인들과 구분시키는 표현을 도입했다. 즉, 그들은 중국 전통의 장식 모티브들을 결합시킴으로써 자신들의 중국적 정체성을 자신감 있게 종종 표현했다. 원래 석공이었다가 독학으로 건축사업을 펼친 중국인 건축가 허춘초許春草 같은 인물의 경우, 부유한 지방 유지들과 고향에 돌아온 화교들이 그의 주고객이었다. 고랑서의 필가산筆架山 정상에 지은 허춘초 자신의 집 '춘초당春草堂'에서 볼 수 있듯이, 그의 작업은 동양과 서양의 모티브를 혼합한 양식과 정교한 세부작업이 특징이었다. 또 다른 예

::그림15 복건로 32번지에 위치한 황영원당 정면

로, 복건로 32번지에 위치한 '황영원당黃榮遠堂'이 있는데, 베트남 화교인 황중훈이 자신의 부동산회사 이름을 따서 집 이름을 붙였다(그림15). 원래 필리핀 화교 시광종施光從의 것이었으나, 황중훈이 해외로 나가는 배를 함께 탔다가 카드게임에서 이겨 얻었다고 하는 건물이다. 1920년에 지어진 건물로서 지금은 하문연기학교로 쓰이고 있다. 건물 정면에 2층 높이의 반원형 현관이 무척 과시적인데, 서양식 신고전주의 양식에 중국식 장식과 조경을 결합했다.

조계, 서양식 삶과 문화의 고립지

사면과 고랑서, 이 두 조계는 뚜렷하되 지나치기 쉬운 역설적인 공통점이 하나 있다. 두 조계 모두 섬이었다는 점이 그것이다. 영파와 상해처럼 중국인 거주지와 경계를 맞댄 뭍에 설치된 조계가 더 일반적이긴 하다. 하지만 섬이야말로 조계의 본질적인 형태일지도 모른다. 왜냐하면 서양인들은 중국 영토에 가까이 붙어 있으면서도 조계를 고립되고 보호된 특권적 영역으로 유지하려고 했고, 섬이야말로 그런 조건을 가장 잘 충족시켜주는 지리적 장소이기 때문이다. 사면과 고랑서가 바로 그런 섬이었다. 그 섬들이 여러 조계들 중에서도 우아하고 쾌적하게 잘 가꾸어졌고, 지금도 가장 잘 온전하게 남아 있다는 사실은 결코 우연이 아니다.

물론, 사면은 매립지 위의 인공섬이었고 고랑서는 자연의 섬이었다는 점이 대조적이지만 각각의 섬에 세련된 근대적 도시건축 체계와 제도를 갖춘 점은 마찬가지였다. 다만, 사면은 규칙적인 격자형 도로와 가로수길로 구현되지만, 고랑서는 자연 지형 위에 유기적 형태로 구현되었다는 점이 외관상으로는 큰 차이로 보이더라도 말이다.

좁고 구불구불한 길에 왜소하고 누추한 건물, 거기다 물이 차는 저지대 등 위생 상태와 교통 조건이 열악했던 중국인들의 영역과 비교하면 조계의 환경적 수준은 확실히 높았다. 조계의 경계를 넘나드는 문화적 교류가 전혀 없지는 않았고, 특히 고랑서에는 서양인들의 영토 안에 둥지를 튼 부유한 중국인들도 많았다. 하지만 서양인들의 조계는 자신들의 목적 이외에는 스스로를 철저하게 고립시킨 공간으로 서, 서양식 삶과 문화의 고립지앙클라브(enclave)의 전형이었다.

주

1 영국국가기록원 F.O. 682/769/3/10. 1859. 파크스와 마르티노가 피청차오에게 보낸 7월 6일 문서의 내용들이 이러하다.

2 G. 서덜런드 도드먼(G. Sutherland Dodman)(1879), 『500일 동안의 세계일주A Voyage Round the World in 500 Days』, London : Mackie, Brewtnall 중에서 인용하였다.

III
천주
泉州

이슬람 문화가
꽃을 피웠던
도시, 천주

* 김능우

이번에 답사한 중국 동남 해안도시들 중 이슬람 문화의 영향이 가장 많이 남아 있는 곳을 꼽으라면 단연 복건의 천주泉州를 들겠다. 다른 도시에 비해 천주의 곳곳에는 적지 않은 이슬람의 자취가 뚜렷하게 남아 있기 때문이다. 예로, 천주 시내 한복판에 자리 잡은 대형 모스크 청정사淸淨寺는 이곳에서 이슬람이 어느 정도 융성했던가를 말해주며, 박물관의 전시물들 또한 천주의 역사에서 아랍, 페르시아 출신의 무슬림들이 중요한 활동을 했음을 보여준다.

　천주에 많이 분포된 무슬림 공동묘지도 일찍이 이곳에 이슬람이 번성했고 많은 서아시아 무슬림들이 정착해 살았음을 알려주는 생생한 증거이다. 천주에는 크고 작은 무슬림 공동묘지가 20여 개에 달하며, 망자의 명복을 비는 코란 구절들이 아랍어나 페르시아어로 새겨져 수많은 묘비들에 남아 있어 이곳에 살았던 무슬림 인구의 규모를 짐작케 한다.

　무엇보다도 시내에 있는 '천주이슬람문화전시관'은 천주의 이슬람 역사에 관련된 다양한 자료를 전시하고 있어, 방문객에게 이슬람과 천주의 만남을 상세히 보여주고 있다. 필자는 천주를 직접 돌아보면서 천주가 이슬람과 깊은 관련이 있음에 주목하였다. 그래서 천주와 이슬람의 교류사, 천주의 대표적인 이슬람 건축물인 청정사, 천주를 오간 무슬림 대항해가인 정화鄭和에 대해 살펴보기로 했다.

아랍인의 동방 해상무역 중심지, 천주

천주는 일찍이 6세기에 외국과 왕래가 시작되어 당·송·원대에 해당하는 8~14세기에 번영을 누렸다. 천주항은 해상 실크로드의 출발 지점으로, 이곳을 통해 다량의 비단과 도자기 등의 중국 물자가 세계 각지로 나갔다. 당나라 시대에 천주는 광주, 양주, 교주와 더불어 중국의 4대 대외무역항이 되었고, 이후 많은 무슬림들이 들어오고 이슬람교가 전파되었다. 이후 송·원대960~1368년에 해외 교류는 더욱 증가하여 천주에 들어와 사는 외국인들의 수가 증가했으며 그중에서도 아랍과 페르시아 무슬림 상인들이 많았다. 13세기 말 천주에 들른 이탈리아인 마르코 폴로는 『동방견문록』에서 이집트의

::그림1 천주이슬람문화전시관 전경

알렉산드리아항과 더불어 천주항을 세계 최대의 무역항으로 꼽았고, 14세기 중엽 천주항에 도착한 아랍인 대여행가 이븐 바투타도 자신의 여행기에서 천주를 세계 대항大港 중의 하나로 기술했을 정도이니 당시 천주의 규모가 어떠했는지 충분히 짐작할 수 있다.

이렇듯 중세기에 동방 해상무역의 중심이 된 천주항에는 다양한 문화를 가진 외국인들이 들어왔다. 지금도 천주에는 14세기 이전의 이슬람교, 힌두교, 마니교, 기독교, 유대교, 불교, 도교, 유교 등의 역사 유적과 사료들이 많이 남아 있다. 천주의 외국인들 가운데 아랍, 페르시아 무슬림 상인들의 영향력이 가장 커서 그들의 경제 활동은 때로 천주의 성쇠에 직접 작용할 정도였다. 무슬림 상인들 중에는 중국인들과 교류하면서 아예 중국에 정착하기도 했는데 그들

::그림2 천주이슬람문화전시관 입구에 있는 무슬림 대여행가 이븐 바투타의 동상

은 중국 여성과 결혼하고 자손을 번성시켜, 이른바 '회족回族' 집단을 형성하였다.

이슬람교가 언제 처음 천주에 유입되었는가에 대해서는 천주 지역에 전해지는 회족의 전설과 그와 관련된 유적이 있다. 전설에 따르면 당 무덕武德 연간618~626년에 네 명의 무슬림 선현이 중국에 왔고, 그중 둘은 각각 광주와 양주를 거처로 삼았다. 그리고 나머지 둘은 천주에 살면서 중국인들의 존경을 받았고, 죽은 후 천주 동쪽 근교의 영산靈山에 묻혔으며, 그들의 묘는 '성묘聖墓'로 칭해졌다. 이 유적은 이슬람이 중국에 최초로 전파된 것과 직접적인 관계가 있으며, 천주에서 발견된 다른 이슬람 문물과 비교해볼 때 천주에서 가장 오래된 것으로 알려졌다.

::그림3 천주 무슬림 공동묘지 내에 있는 두 선현의 묘

당대인 8, 9세기에 천주의 해외 교통은 크게 발달했다. 당 왕조도 무슬림 상인의 무역 활동을 중시하여 당 문종 이앙李昂은 광주와 천주 일대 및 양주의 무슬림 상인을 보호했으며, 상업의 자유를 보장하고 세금을 경감하라는 명을 내렸다. 천주항의 국제적인 영향력은 날로 확대되었다. 특히 9세기 말 황소의 난으로 광주항이 혼란에 빠져 중국과 아랍 간 무역의 중심이 천주항으로 이동하면서 천주의 번영은 속도를 더했다.

송대인 10~13세기 중엽, 천주항은 해외 교통의 최전성기를 맞이했다. 천주에 와서 무역하고 정착하는 아랍 무슬림의 수가 급증했고, 이슬람 건축과 묘지 등 이슬람 문화가 꽃을 피웠다. 이 시기에 천주는 '자이퉁刺桐'이란 이름으로 해외에 널리 알려졌다. 고증에 따르면 9~10세기 천주에는 성 안팎으로 자동나무刺桐樹, 엄나무를 두루 심어 '자동성'으로 불렸다고 한다. 아랍인은 그 중국식 발음을 따서 천주를 '자이퉁'으로 불렀다. 이는 올리브나무를 가리키는 아랍어 단어 '자이툰zaytun'과 유사하며, 실제로 아랍인은 이 단어로 천주를 표기했다. 아마도 아랍인은 천주를 '자이퉁'으로 칭하면서 그들에게 평화의 의미를 지닌 아랍어 단어 자이툰을 떠올렸을 것이다. 이후 라틴어, 독일어, 영어는 모두 천주를 '자이톤Zayton'으로 칭하고 있는데 이는 아랍어에서 음역된 것이다. 이 어휘에서 아랍 무슬림이 천주와 서구 무역에서 담당한 역할과 더불어 아랍과 천주 간 문명 교류의 일면을 엿볼 수 있다.

송대에 천주에는 외국과의 해상 교역이 많았고 그중 아랍 무슬림의 상업 활동이 가장 활발했다. 그들이 싣고 온 화물은 주로 향료, 약재였다. 아랍인과의 무역에서 조정은 세수입이 생겨났으며, 또한 일부 아랍 상인들은 성벽 수리나 전선戰船 건조 등의 공익사업에도 재정적 지원을 할 정도로 중국 사회에 참여했다. 경제무역 활동이 증가함에 따라 많은 무슬림들이 천주에 들어와 살면서 그들의 종교 생활을 위해 이슬람 사원인 모스크들이 지어졌다. 뒤에서 소

::그림4 천주부문묘(府文廟)에 있는 아랍인 포수경의 모형

개할 웅장한 규모의 아스합Aṣḥāb 모스크청정사는 1009~1010년에 창건되었다. 기록에 따르면 12세기 천주에는 모스크 내에 번학蕃學이라는 일종의 학교가 세워져 아랍어와 이슬람 교의를 가르쳤다. 이와 동시에 규모가 큰 무슬림 공동묘지도 개발되었다. 송대에 천주성 밖에는 무슬림 거주 구역이 있었다. 13세기의 저명한 아랍인 무슬림 포수경蒲壽庚 가족의 장원이 운록촌에 있는데, 마을 사람들이 아랍의 향화香花를 즐겨 심었다 하여 운록을 '화향花鄕'이라 부르기도 했다. "운록에선 꽃을 심어 땔나무와 쌀로 바꾸네"라는 민요가 지금도 회자되고 있다.

포수경은 원래 광주의 거상으로, 대량의 해선을 보유한 부자였다.

그는 천주로 온 후 해적 소탕에서 공을 세워 조정으로부터 '천주시박사제거泉州市舶司提擧[1]'라는 해관海關 관장급 요직에 임명되어 아랍인으로 명망을 누렸다. 그는 재임기간에 천주의 번영을 위해 큰 공헌을 했다. 특히 13세기 말 중국 대륙은 송·원 교체의 혼란기였는데, 당시 천주의 실권을 쥐고 있던 포수경은 역사의 조류에 순응하여 송을 버리고 원에 투항하였다. 그리하여 천주는 전란의 재앙을 면할 수 있었다. 원 왕조는 포수경을 기용해서 해외무역을 지속하게 했다. 이리하여 천주항은 13~14세기 동방의 최대 항구가 되었다. 이때 천주에 정착한 무슬림들 중에는 배를 타고 들어온 상인과 여행객 외에, 몽골군을 따라 이동해온 무슬림 군인과 각종 기능을 지닌 장인들이 있었다. 원 왕조는 신분을 4등급으로 나누었는데 무슬림은 몽골인 다음에 속하는 위치로 많은 특권을 누렸다. 이리하여 원대에 천주는 무슬림의 수, 이슬람 문화, 건축예술 수준, 종교 활동 등에서 역사상 최전성기에 도달했다.

　원 왕조의 파멸에 이어 명조의 군대가 천주를 소탕하는 바람에 천주항은 황폐화될 정도로 타격을 입었다. 대부분의 무슬림이 떠나고 아랍 지역과의 무역이 중단되었으며, 이로 인해 천주는 점차 쇠락했다. 중국에 남아 있던 소수의 아랍 무슬림 후예들도 천주를 떠났으며, 이름을 숨기고 산간벽지로 이주했다. 그들의 모스크, 공동묘지, 건축도 쇠퇴했고, 흩어진 비석은 명초 성벽이 확장될 때 건축 재료로 사용되었다. 최근 수십 년간 천주의 고성곽 유적에서 다량의 이슬람 비각이 발견되었던 것은 이런 연유에서다. 이처럼 14세기 말

::**그림5** 명대 1407년 무슬림 보호를 위해 내린 칙유(勅諭) 비각이다. 청정사 안뜰에 보존되어 있다.

기에 천주의 이슬람 문화는 고난을 겪었다.

15세기에 접어들자 명조 영락제는 개방정책을 채택해 천주의 이슬람교와 무슬림은 다시금 정부의 보호를 받았다. 현재 아스합 모스크 안에 보존되어 있는, 무슬림을 보호하라는 '칙유勅諭' 비각 및 영산 성묘에 수립된 '정화행향비鄭和行香碑'가 그 증거이다. 15~20세기 초 천주 이슬람교의 유적인 아스합 모스크와 영산 성묘는 수차례 중수되고, 종교 활동도 지속되었지만 아랍 이슬람 지역과 단절되어 이슬람교 활동은 더 이상 발전하지 못하였다.

천주에서 본 대형 모스크 청정사

이슬람과 맺은 천주의 이러한 역사적 배경을 말해주는 가장 대표적인 유적은 '청정사'로 알려진 아스합 모스크이다. 광주의 대표적 모스크가 '회성사懷聖寺'라면 그에 대비되는 천주의 모스크는 바로 '청정사'라고 말할 수 있다. 광주의 회성사가 중국식 가옥 구조로 지어진 반면, 천주의 청정사는 서남아시아 지역의 건축 양식처럼 석재로 지어져 그 육중한 멋을 풍긴다. 더구나 천주 근방에는 석재 산지로 유명한 곳이 많아 이러한 모스크를 지을 여건이 충분했다.

천주에는 당나라 시대인 753년 첫 모스크가 지어졌고, 송·원대에 이르러 예닐곱 개의 모스크가 있었다고 한다. 북송대인 1009년 아랍 무슬림들에 의해 지어진 청정사도 그중 하나로, 약 1,000년의 긴 세월 동안 많은 건물이 파손되기는 했지만 현재까지 보존되어왔다. 그 후 1310년 페르시아 지역 출신의 한 무슬림이 청정사를 중수했다고 하는데, 이에 관한 기록이 벽면에 5미터 남짓의 화강암에 아랍어로 새겨져 있다. 오랜 풍광으로 제대로 읽을 수는 없었지만 일부 선명한 단어와 자료를 참고하여 글의 내용을 알아보았다. "……아스합 모스크라 칭하며, 이슬람력 400년^{1009~1010년}에 건설되었다. 300년 후에 시라즈의 저명한 핫지_{순례를 한} 무슬림가 높은 돔형 지붕을 건설하였으며, 복도를 넓히고 고귀한 사원 문을 중수하고 창문을 새로 바꾸었으며, 이슬람력 710년^{1310~1311년}에 준공하였으니,……" 이렇게 큰 규모로 아랍·페르시아 양식의 온전한 석조 모스크를 세운

::**그림6** 청정사 모형. 전형적인 모스크 구조물인 돔과 미너렛, 예배실 등이 보인다.

::**그림7** 정문 좌측에서 바라본 청정사

것은 아마도 경건한 신자로서 그가 이슬람교에 대한 깊은 신앙심과 더불어 자신의 머나먼 고향에 대한 간절한 그리움에서 우러난 결과는 아니었을까 하는 생각이 들었다. 이 모스크의 아랍어 이름인 '아스합'은 예언자 무함마드의 동료들, 곧 무함마드가 박해를 받는 가운데 알라의 사도로 활동하던 초기 시절, 이슬람 신앙을 믿고 그를 지지해준 사람들을 말한다. 이슬람 역사에서 매우 높은 위상을 갖는 '아스합'의 용어를 딴 청정사는 그만큼 숭고한 의미를 담고 있다.

모스크 내에 전시된 모형 건축을 보니 청정사의 윤곽이 한눈에 들어왔다. 입구에 해당하는 웅장한 규모의 문루門樓, 그 오른쪽에 지금은 없지만 돔과 미너렛첨탑이 있는 2층 건물이 자리하고, 왼쪽에는 대예배실이 있으며, 그 뒤로 중국식 건물인 명선당明善堂이 위치하고, 모스크 중앙에는 정원과 통로가 보인다. 무엇보다 현재에는 돔과 미너렛이 없어서 이슬람 사원의 웅장함이 반감된 점이 있어 아쉬움이 남는다.

우리를 맞아주는 청정사 문루의 초록빛과 아치형의 대문은 무엇보다 이슬람 건축의 묘미를 잘 간직하고

::그림8 청정사 입구의 문루. 아치 주위는 초록색이라 이색적이다.

있다는 느낌이 들었다. 대문 편액에는 "알라께서 증언하사 그분 외에는 신이 없으며, 천사들과 학자들도 전지전능하신 그분 외에는 신이 없음을 확증하노라. 알라의 종교는 이슬람뿐이다"라는 코란 구절(3장, 17~18절)이 아랍어로 새겨져 있다.

　이슬람 교리의 핵심은 유일신 신앙으로 이는 "알라 외에 신은 없다"라는 신앙 증언에 함축되어 있다. 편액의 글도 바로 그 점을 강조한다. 이슬람 신앙의 첫걸음은 유일신 알라를 믿는 것임을, 무슬림이 아니어도 모스크 경내로 들어가는 사람은 그 점을 생각해야 함을 공표한 것이다. 또 한 가지 중요한 점은 이 문루의 벽이나 내부 돔에 만들어진 크고 작은 아치 모양의 수를 헤아리면 총 99개에 달

::그림9 문루 뒤쪽 벽. 벽 중간 부분에 청정사 중수에 관한 기록이 아랍어로 새겨져 있다.

한다는 것이다. 99는 알라의 다양한 이름들을 모두 헤아린 숫자이
다. 알라는 '자비로운 분', '전지한 분', '전능한 분', '용서하는 분'
등 인자한 면을 비롯해 '강한 분', '진노하는 분' 등 사악한 죄에 대
해 징벌하는 엄격한 면을 가진 것으로 알려져 있다. 이처럼 문루에
서부터 우리는 이슬람의 본질을 접한다. 곧 이 대문은 이슬람으로
들어가는 길이며, 우주의 신비를 관장하는 신을 숭배하여 구원을 얻
기 위한 길이다.

  문루로 들어가 왼쪽에 보이는 넓은 장소가 '봉천단奉天壇'으로, 무
슬림들이 모여서 예배를 드리는 대예배실이다. 예전에는 이곳에 열
두 개의 둥근 기둥과 중앙에 돔 지붕이 있었다고 하는데, 세월 속에
건물이 무너져 지금은 몇 개의 돌기둥들과 주춧돌만 남아 있어 쓸쓸

::그림10 대예배실인 청정사 봉천단

::**그림11** 이슬람 신앙 고백이 쓰여진 청정사 명선당의 편액

한 느낌을 준다. 그 옛날 무슬림들이 이곳에서 예배를 드리거나 코란
을 읽고 예배 후 담소를 나누는 모습이 눈앞에 그려지기도 한다. 무엇
보다 이곳이 진정 이슬람교 예배실임을 느끼게 하는 부분은 서쪽 벽
이다. 서벽에는 벽감의 형태로, 무슬림들의 예배 시 메카 방향을 알려
주는 여섯 개의 미흐랍이 있으며 그 벽면에는 코란 구절이 새겨져 있
어 당시 중국인들에게 신비하고 이국적인 느낌을 주었을 것이다.

　봉천단과 더불어 눈길을 끄는 건물은 '명선당明善堂'이라고 하는
중국 전통식 건물이다. 원래 이곳은 모스크 운영 책임자인 이맘이
거주하는 생활공간이자 손님을 맞이하거나 담소를 나누는 휴식공간
이었다고 한다. 그러다가 대예배실이 붕괴되어 그곳에서 예배를 드
릴 수 없게 되자 명선당이 예배 장소로 쓰이게 되었다. 그 내부를 들
여다보니 소규모 예배실로서 역시 서쪽에 예배 방향인 미흐랍이 있

고, 그 옆에 설교대로 쓰이는 계단 형태의 민바르가 놓여 있다. 명선당의 정면에서 눈에 띄는 것은 편액에 적힌 '인주독일認主獨壹'이라는 한자문으로, 이는 "주主 알라는 한 분임을 인정하나이다"라고 해석된다. 청정사의 문루에 쓰여진 구절과 동일한 의미의 문장이다. 곧 무슬림의 신앙 고백문이며, 그것을 한마디로 압축해 표현한 것이다. 문루에는 아랍어로, 명선당에는 한자어로 표기되어 있어 아랍인이 창안한 이슬람이 이국의 땅 중국에 이르러 한자 문화권에 적응하며 정착되어 가는 과정을 실감할 수 있었다.

청정사는 중국 정부가 중점을 두어 보호하는 유적지에 포함되어 있으며, 중국 내 여러 종교의 건축물을 대표하는 10대 사원 중 하나이다. 중국 전역에는 3만 5,000여 개의 모스크가 있는데, 그중 청정사가 선택된 것을 보면 그 중요성이 얼마나 큰지 알 수 있다. 한마디로 청정사는 중국과 서아시아 이슬람 지역 간에 활발하게 이루어졌던 문화 교류를 보여주는 더할 나위 없는 증거이다.

천주에서 만난 무슬림, 정화

한편, 천주를 보면서 필자는 회족 출신으로 명대에 활약한 세계적 대항해가 '정화鄭和'가 이곳을 다녀갔다는 사실을 알고 궁금증이 일었다. 천주에는 앞서 소개했던 영산의 두 무슬림 선현의 성묘가 있는데, 정화가 해상 원정을 앞두고 이곳을 다녀갔다는 기록이 있다는 것이다. 필자는 그 성묘를 찾아가 정화의 자취를 확인할 수 있었다. 성묘 주위에 세워진 비에는 정화가 영락永樂 15년^{1417년} 5월 16일에 이곳에 들렀다고 적혀 있다. 그렇다면 정화는 왜 이 묘를 찾아왔던 것일까? 이 대목에서 우리는 그가 이슬람과 깊은 관련이 있음을 짐작할 수 있다.

널리 알려진 바대로 정화는 외교와 군사전문가이자 대항해가였던 인물이다. 그는 명조의 영락제 · 홍희제 · 선덕제 세 황제에 의해 파견되어, 총 200여 척의 대형 선박과 2만 8,000명의 선원으로 구성된 원양 함대를 이끌고 1405년부터 1433년까지 7차에 걸쳐 인도양을 중심으로 광활한 바다를 왕래하였다. 이로써 그는 고대 페르시아만과 아라비아해로 이어지는 해상 실크로드를 발전시켜 중국의 대외 교류를 활성화하는 데 기여하였다.

항해일지에 따르면 정화 함대는 아시아 · 아프리카 양 대륙의 고대 30여 개국을 방문해 현지인들과 경제문화 교류를 전개하였다. 정화가 방문한 국가들 중 불교권인 태국 · 미얀마 · 스리랑카 · 인도를 제외한 대부분의 나라들은 이슬람 지역에 속했다. 정화는 불교, 도교에 대한 해박한 지식을 갖추었을 뿐만 아니라 조상 대대로 이슬람교를 믿어온 회족 가문 출신의 무슬림이었다. 다양한 문화에 대한 폭넓은 식견을 갖춘 그는 타국과의 외교를 원활히 이루어냈고, 특히 무슬림으로서 아랍 지역과 교류하는 한편 동남아 지역에서 이슬람을 확산 · 발전시키는 데 기여할 수 있었다. 필자는 정화가 아랍이나 이슬람을 보다 깊이 이해했던 인물이라는 점에 주목하여 그의 서양 항해와 관련해 몇 가지를 조사해보았다.

첫째, 정화는 아랍인과 페르시아인을 비롯한 서역인을 선원으로 고용해 이슬람권 현지의 정보를 얻고 언어 소통을 하는 데 적극 활용했다. 그들은 정부사절, 종교인사, 통역사, 항해전문가 등으로 참여했다. 그들 중에는 아랍인 포수경의 조카인 포일화, 서안 이슬람교 사원의 교장인 하산, 아랍어와 페르시아어에 능통한 마환·비신·곽숭례 등이 유명하다. 특히 곽숭례는 그림에 능하여 원정에서 '정화항해도' 제작에 관여했다고 한다. 이처럼 정화는 이슬람 지역과의 외교를 위해 아랍·페르시아계 사람들을 채용하였던 바, 이는 그가 이슬람의 언어인 아랍어의 중요성과 무슬림들의 행동양식을 깊이 이해하고 있었음을 보여주는 것이다.

둘째, 그는 중세 아랍 무슬림들이 이룩한 과학 분야의 업적을 항

::그림12 무슬림 공동묘지의 두 선현의 묘 주변에 세워진 정화행향비(鄭和行香碑)

해에 활용하였다. 정화는 별자리 지식을 응용한 항해술인 색성술索
星術을 자신의 서양 항해에 이용했는데, 그것은 중국 고대 천문항해
술과 당시 선진 기술인 아랍 천문항해술을 결합한 것이었다. 오랜
원양 항해 역사를 가진 아랍인들의 발달한 천문항해술은 해상 교류
를 통해 당나라 이래로 중국에 들어왔을 것이다. 또한 정화는 보다
완성도 높은 색성도索星圖를 갖추기 위해 원나라 정부가 소장했던 항
로, 천문항해 관련 서적을 참고했던 것으로 보인다. 정화가 아랍의
천문항해술을 기반으로 발전된 색성술을 활용했음은 그가 당시 세계
최고 수준의 이슬람 문명권에 큰 관심을 갖고 있었음을 말해준다.

  셋째, 정화는 문화에 대해 개방적인 자세를 견지하는 한편, 이슬
람 전파를 통한 외교를 추구하였다. 그는 무슬림이었지만 모든 종교
를 동등하게 대하고 문화 존중의 자세를 지녔던 것으로 알려져 있
다. 그는 당시 도교 범주에 속하는 것으로 민간에 널리 확산되어 있
던 마조媽祖 신앙²의 관례에 따라, 항해 전에 여신 마조를 모시는 사
당인 천비궁天妃宮에 가서 향불을 올리면서 항해의 무사 안전을 빌었
다. 또한 인도나 스리랑카 등 불교 지역을 들를 때 비각을 세우고 보
시를 하는 등 불교에 대한 예를 표했으며, 동남아 지역에서는 자신
의 종교인 이슬람교를 전파하였다. 동남아의 자바·말라카·수마트
라 등 인도네시아의 이슬람 지역에서는 정화에 관한 많은 미담이 전
해지고 있으며, 그의 아명 '삼보三保'를 붙인 삼보롱三保壟·삼보정三
保井·삼보묘三保廟 등의 유적이 남아 있다. 다른 여러 지역에서도 정
화의 방문과 관련된 많은 전설과 역사 기록 및 모스크 등의 유적을

::그림13 천주박물관에 전시된 정화의 항해도 및 선박 모형

찾아볼 수 있다.

넷째, 정화는 일찍이 4 · 5 · 7차 세 차례의 항해를 통해 페르시아 만 입구의 호르무즈항이나 아라비아반도의 이슬람 지역에 도달했다 는 기록이 있다. 호르무즈는 아시아 · 유럽 · 아프리카 3대륙의 중앙 지대이고 해상 요충지로서 당시 세계무역의 중심지 중 하나였다. 이 아랍 지역에 정화가 도달했음은 그가 그곳에 적지 않은 관심과 비중 을 두었음을 보여준다. 대표적인 사례는 7차 항해[1431~1433년]로, 아라 비아반도 남단의 아덴항에 도착한 정화는 무슬림 수행원인 마환과 비신 등을 이슬람교의 성지인 메카로 파견해 카바 신전을 그려오게 하여 중국 황제에게 헌상하기도 했다.

이상에서 정화가 천주에 들른 이유를 어느 정도 짐작할 수 있다.

::**그림14** 천주이슬람문화전시관에 전시된 정화의 항해도 및 선박 모형

즉 무슬림 가문에서 태어나고 성장하여 이슬람과 태생적으로 깊은 인연을 가진 정화는 늘 이슬람 신앙에 의지했다. 그가 천주 영산의 두 무슬림 선현의 성묘에서 제를 지냈던 것도 출항을 앞두고 항해의 안전과 이슬람 나라들과의 순조로운 교역을 신에게 기원하기 위해서였을 것이다. 뿐만 아니라 정화는 당시 천주에 서역인들과 아랍인들이 많이 살고 있었기에, 그들 중에서 서양 항로에 익숙하고 항해술이 뛰어난 사람들을 모집하였다고 한다. 이렇듯 천주는 무슬림 정화에게 정신적 안식처이자 항해를 위한 전문 인력의 공급지였다.

추억 가득한 천주와 이슬람의 만남

이슬람이 화려하게 꽃피웠던 천주. 그러나 지금은 그 역사적 자취만 곳곳에 남아 있는 천주를 보면서 필자는 머나먼 타지에 유입된 이슬람의 명멸과 부침을 실감했다. 그것은 먼 옛날 사막의 아랍 유목민 무리가 가축을 몰고 이동하던 삶을 연상시킨다. 아랍 유목민은 초지와 물을 찾아다니다가 적당한 곳에 한동안 머문다. 이어 다른 유목민 무리도 그곳에 도착해 머물고, 그러는 동안 젊은 남녀는 서로 만나 사랑을 나누기도 한다. 그러다 다른 곳으로 이동할 시기가 오면 각 무리는 천막 터의 흔적만 남긴 채 각자의 길을 가고 사귀던 남녀는 이별의 순간을 맞는다.

필자에게 천주는 이러한 아랍 유목민의 삶을 떠올리게 했다. 자동나무로 한껏 치장한 천주는 중국 역사에서 700년간 이슬람이라는 멋진 외국 문화를 만나 교유했다. 그 만남은 마치 우리네 유한한 삶과 같아 영원히 지속되지 못했다. 그러나 그렇게 만났기에 천주는 색다른 경험을 했고, 거기에서 회족 문화라는 독특한 중국식 이슬람 문화를 생산할 수 있었던 것은 아닐까. 다양한 색채의 조각들이 조화를 이루며 구성된 모자이크처럼 여러 민족 문화의 총체로서 중국 문화를 이루는 데 이슬람도 그 한 부분을 메워주고 장식해주었다. 망망대해를 건너 이역에서 새로운 문물을 갖고 온 귀한 손님인 이슬람을 반겨 맞아주고 오래 머물게 해준 다정한 여관집 주인 같은 곳, 천주가 바로 그런 곳이었다.

주

1 시박사(市舶司)에 관해서는 이 책의 「인도양을 건너 중국에 온 아랍 상인」을 참고할 것.
2 이에 관한 자세한 내용은 이 책의 「바닷길의 수호신, 마조」를 참고할 것.

참고문헌

• 姚繼德(2005), 「穆斯林航海家鄭和的家世與功績」, 《中国穆斯林》.
• 鄭勉之(1996), 「鄭和家世考」, 《中国穆斯林》.
• 「이슬람과 중국, 1300년간의 이해와 상호 교류(al-Islam wa al-Sin, Ma'rifah wa Tafa'ul mundhu 1300 sanah)」, al-Sharq al-Awsat, 2006년 1월 22일자.
• 신웬어우 외 저, 허일 외 편역(2005), 『중국의 대항해자 정화의 배와 항해』, 서울: 심산.
• 송경근(1998), 「중국의 이슬람」, 《한국이슬람학회논총》 제8-1집.
• Edward L. Dreyer(2006, c2007), Zheng He: China and the Oceans in the Early Ming Dynasty, 1405-1433, New York: Pearson Longman.

공자의 중국을
뒤흔든
대자유인,
이탁오

* 정재훈

'혹세무민한 미치광이!', '봉건 중국에서 가장 위대한 반항자!' 이 두 가지 평가는 모두 한 인물에 대한 것이다. 역사상 어느 한 인물에 대해 이렇게 극단적인 평가를 한 적이 있을까? 이러한 평가를 받은 주인공은 명나라 때의 사상가였던 이지李贄, 호는 탁오(卓吾), 1527~1602년이다.

극단적인 평가에 값할 만큼 격렬한 삶을 살다간 이탁오는 천주가 낳은 인물 가운데 가장 유명하다. 이탁오는 왜 이렇게 유명해졌을까? 그는 전통 중국을 만들었다고 해도 과언이 아닌 공자를 완전히 부정한 거의 최초의 인물이었다. 또 유교를 넘어 불교와 도교를 넘나들며 자유롭게 사고하였던 사상가였다. 하지만 그가 살았던 당대에는 황제의 명에 따라 그의 모든 저서가 불태워져 부정되는 등 극심한 비판을 받았다가 300여 년이 지나 극적으로 부활하였다. 비판의 늪에서 벗어나 현대 중국의 영웅으로 다시 살아돌아온 것이다.

무엇이 이탁오로 하여금 이렇게 극단적인 평가를 받게 하였던 것일까? 이탁오의 주장은 과연 양명좌파陽明左派, 그 가운데서도 극좌파로 분류될 만큼 치우친 의견이었을까? 그래서 300여 년이나 미친 소리로 매도되어 사라져버렸던 것일까? 그런데도 왜 다시금 죽었던 이탁오는 화려하게 조명을 받고 사상의 시민권을 획득하게 되었을까? 이런 의문은 이탁오의 고향인 천주를 방문하며 꼬리를 물고 이어졌다.

천주와 이탁오

　그러나 천주에서 이러한 의문에 대해 상당수 해결의 실마리를 찾
을 수 있었다. 왜냐하면 이탁오를 낳은 천주는 그를 설명하는 많은
자료를 제공해주었기 때문이다. 천주는 주지하다시피 중국 동남 해
안에 있던 항구도시로서 오랫동안 동·서·남양의 각국과 중국 사
이를 연결하는 대외통상의 최대 항구였고 문화 교류의 중심지였다.
그래서 천주에는 아랍·페르시아·인도·유럽 등지에서 온 상인과
선교사들이 빈번히 왕래하였다. 심지어 성내에는 외국인들이 머무
는 거류지인 '번방蕃邦'이 설치되어 있었고, 성의 남쪽에는 적지 않
은 아시아, 아프리카의 외국 상
인까지 살았다.

::그림1 이탁오의 초상화

　이미 천주는 송나라 때에 외국
상인의 수가 1만 명에 달했을 정
도로 개방되어 있었다. 원나라
때 유명한 마르코 폴로의 『동방
견문록』에 나타난 천주의 모습은
그 개방성을 잘 보여준다. "이 닷
새 거리를 다 가면 매우 크고 훌
륭한 도시 자이톤刺桐港, 천주에 도
착하게 된다. 이 도시에는 값비
싼 보석과 크고 좋은 진주를 비

::그림2 〈자동번성도(刺桐繁盛圖)〉. 명나라 때 번영했던 자이톤 즉 천주의 모습을 담고 있다.

롯하여 비싸고 멋진 물건들을 잔뜩 싣고 인도에서 오는 배들이 정박
하는 항구가 있다. 만지의 상인들은 이 항구에서 주변의 모든 지역
으로 간다. 수많은 상품과 보석이 이 항구로 들어오고 나가는 모습
은 보기에도 놀라울 정도인데, 그것들은 이 항구도시에서 만지 지방
전역으로 퍼져나간다. 여러분에게 말해두지만 기독교도들의 지방으
로 팔려 나갈 후추를 실은 배가 한 척 알렉산드리아나 다른 항구에
들어간다면 이 자이톤 항구에는 그런 것이 100척이나 들어온다. 이
곳은 세계에서 상품이 가장 많이 들어오는 두 개의 항구 가운데 하
나라는 사실을 여러분은 알아야 할 것이다."[1]

'자이톤宰桐'이란 이름으로 천주가 불린 것 역시 교류의 산물이었
다. 천주에 심겨진 자동나무가, 아랍인들이 '자이툰'이라 부르는 올
리브나무와 비슷했기에 그렇게 부른 것 같다. 우리나라에서 이라크
에 파견한 부대의 이름이 '자이툰'이었던 것도 이 나무와 관련이 있

다. 이븐 바투타의 여행기에서도 "천주는 세계 최대의 항구 가운데 하나이다. 아니 세계에서 유일한 최대의 항구라 해도 틀리지 않는 다. 내가 직접 본 큰 배는 100여 척이고, 작은 배들은 셀 수가 없었 다"[2]라고 기록할 정도로 이미 그 항구의 규모나 대외교역은 유명하 였다.

명대의 천주는 해금정책에도 불구하고 오히려 더 발전하였다. 즉 송나라에서 원나라에 이르는 해외교역의 전통에 더하여 명나라 조 정이 해금을 하였음에도 불구하고 세금의 수입을 늘리기 위해 해외 무역을 확대했던 것이다.

이탁오의 옛집은 바로 이 외국 상인들이 모여 사는 지금의 남문 만수로萬壽路인 성남 구내에 있었다. 지금 이 지역을 방문해보면 돌

::그림3 이지고거(李贄故居)가 보존되어 있는 골목 입구

을 깔았던 1,000년 전 거리의 모습이 이탁오의 집 근처에 그대로 보존돼 있음을 확인할 수 있다. 이탁오의 옛집 역시 보잘것없는 거리의 한 귀퉁이에 보존되어 있다. 집 안에 들어가서도 특별할 것이 전혀 없었다.

이탁오, 즉 이지는 바로 이 천주의 남문 만수로 159호에서 태어났다. 그의 아버지는 서당의 선생이었다. 그러나 족보에 따르면 이탁오는 전통적으로 상업을 하는 가정에서 태어났다고 한다. 『봉지임이종보鳳池林李宗譜』에 따르면, 시조인 임여林閭는 원나라 말에 천주에 오게 되는데, 이때 여러 나라와 무역을 하여 큰 상인이 되었으며 이슬람교도들과도 친밀하였다고 한다. 이런 경향은 그 후손대에 계승되어 후손 8세까지 적지 않은 사람들이 상업에 종사하였다. 임씨는 이후 임씨와 이씨로 성이 나뉘게 되는데, 이탁오의 조부대에 와서 상업과는 거리가 멀어지게 되었다.

아버지는 서당의 교사였으나 이탁오의 선조대 대부분이 상업, 특히 대외무역에 종사한 점은 이탁오에게 결정적으로 영향을 미친 것으로 보인다. 특히 선조들 가운데는 적지 않은 사람들이 색목인色目人 이슬람교도와 결혼한 사실은 민족적인 경계를 넘어서는 것으로, 다른 사람들이 쉽게 체험할 수 없는 경험이었다. 유교나 도교 외에 다른 종교를 쉽게 접근할 수 있었던 사실은 천주의 이러한 분위기 속에서 가능하였다.

역사적으로 외래 상인들이 많이 출입한 천주에는 이슬람교 외에도 마니교, 브라만교, 천주교, 개신교 등까지 들어와 있었다. 그래서 현

::그림4 이지고거 입구에 들어서면 바로 보이는 이탁오 흉상

재까지도 이슬람교에서 유명한 사원인 청정사, 이슬람교의 선현들의 묘인 영산 성묘, 복건성 최대의 불교 고찰인 개원사와 동서탑, 그리고 마니교의 세계적인 성전이자 유적인 초암 등이 남아 있다.

따라서 이탁오가 이러한 집안 분위기를 온몸으로 전수받은 점은 의심할 수 없는 사실이다. 이탁오의 후대를 기록한 임씨의 족보 가운데는 천주교가 중국에 들어온 사실을 기록한 것이 있을 정도로 외래 종교에 민감하게 반응하였던 증거도 있다. 이탁오가 마테오 리치를 세 차례나 만나서 사귀었던 사실도 이러한 집안 배경을 이해한다면 충분히 설명될 수 있는 것이다.

이런 환경에서 이탁오는 어떻게 자랐을까? 이탁오의 고백에 따르면 "나는 어려서부터 성격이 강하고 잘 굽히지 않아 학學을 믿지 않았고, 도道를 믿지 않았으며, 선仙과 석釋을 믿지 않았다. 그러므로 도인과 불승을 보면 미워했으며, 도학 선생을 보면 더욱 미워했다" 라고 하였다. 이탁오의 이러한 고백은 당시 중국의 주류 종교였던 도교와 불교를 싫어했음을 말하는 것이지만, 역으로 본다면 외국에 서 들어온 종교에 대한 호기심이 중국 전래의 종교에 대해 자연스럽 게 다른 생각을 가지도록 만들었던 것으로도 이해할 수 있겠다.

이탁오의 어린 시절은 매우 불행하였다. 어머니를 6~7세에 잃은 뒤에 계모 밑에서 자랐기 때문이다. 그러나 이런 사실은 이탁오에게 자립심을 키워주기도 하여 성격에 반영되기도 하였다. 이탁오는 자 신의 성격에 대해 "속으로는 불꽃이 튀지만 겉으로는 냉엄하고, 풍 채와 골격이 늠름하고 청렴 고상하였다. 성격이 몹시 급해 남의 면 전에서 상대방의 잘못을 꾸짖는 일이 많아 마음속으로 깊이 교류하 지 않은 사람들은 말도 걸려 하지 않았다"[3]라고 하였는데, 어릴 때 부터 고독과 싸우며 강해진 성격을 반영하는 것으로 보인다.

이탁오는 나이가 들면서 과거를 보게 되었다. 그러나 여느 사람들 과는 달리 과거를 출세의 문으로 여겨 집착하지는 않았다. 여기에는 그가 주류 학문에 대해 가지고 있었던 거부감도 작용했을 것이며, 무엇보다도 최초의 스승인 부친이 과거에 대해 보인 태도, 즉 글을 잘 써서 공명을 얻는 것을 바라지 않은 태도에서 깊은 영향을 받은 것으로 보인다.

이탁오는 21세에 15세인 황씨와 결혼하는데, 이후 생계를 위해 집 을 떠나서 사방으로 돌아다녔다. 이때의 행적은 정확하게 확인이 되지는 않지만 가업인 상업에 종사하였을 수도 있고, 또 사방을 다니며 민중들의 삶을 관찰할 수 있었던 것으로 보인다. 이즈음 천주 주변에서는 큰 홍수가 일어나기도 하였고, 왜구의 대규모 침입도 있는 등 사회 혼란이 극심하였다.

집으로 돌아온 이탁오로서는 현실적으로 과거를 외면할 수만은 없었으니 연로한 부친과 결혼을 앞둔 동생과 누이들이 더욱 발목을 잡았던 것이다. 이리하여 과거에 응시하여 합격하였다. 과거 합격을 계기로 관직을 나가게 된 이탁오는 29세가 되는 1555년 하남성 휘현의 교유로 발령을 받게 된다. 이때가 천주와 이별하고 본격적으로 관직생활을 시작하는 첫걸음이었다.

어린 시절, 당대의 최고 무역항인 천주에서 성장 시기를 보낸 것은 이탁오에게 어떤 의미를 지녔을까? 외국 상인들에 둘러싸여 이슬람교·천주교 외에 심지어 마니교·브라만교까지 접할 수 있었던 상황은 중국의 최대 사상적 전통이었던 유학적 사고를 상대화시킬 수 있는 매우 훌륭한 조건이었다. 유학 이외에 다른 사상이 있을 수 있다는 사고를 자연스럽게 할 수 있었던 것이다.

이렇게 교통이 발달한 지역 혹은 정보가 활발하게 유통되었던 곳에서 보수적이고 고정적인 사상이 발달하기보다는 항상 새로운 사상의 근원지가 될 가능성이 높았던 현상은 동서고금에서 보편적으로 나타난다. 우리나라의 경우에도 조선 시대에 사방으로 교통이 발달하였던 서울이 비교적 새로운 사상의 근거가 되었던 것이나 서울 가운데서도 수로로 이어진 마포에서 『토정비결土亭秘訣』을 지은 이지

함李之萬이 활동하였던 사례 등도 비슷한 예라고 할 수 있다.

새로운 사상의 형성

이탁오는 그가 관직을 그만두었던 55세 이전 약 25년 동안 북경과 남경의 중앙에서 교육 활동을 전개했으며, 외직으로 운남성 등지로도 돌아다녔다. 당시 명나라의 현실은 왕조 말기로서 부패가 진동하였고, 관료와 지식인들 역시 제대로 된 경세책經世策을 제시하지 못하고 있는 실정이었다.

이탁오는 이런 어지러운 현실을 타개하려는 노력을 그가 종사하였던 교육의 분야에서 찾으려고 하였다. 남경에서 강학을 하는 동안 이탁오는 『논어』와 『대학』의 첫 글자인 '학學'과 '대학大學'에 대해 설명하면서, 이 세 글자가 모두 증명과 체험을 거쳐야 설명이 가능한 것인데도 글자만 이해하려고 하는 세태를 통렬히 비판하였다.

이탁오의 현실에 대한 비판적 자세는 북경에서 국자감 박사로 지내며, 양명학陽明學을 접하게 됨에 따라 그 영향을 받게 되었다. 예부에 같이 근무한 이봉양李逢陽, 서용검徐用檢 등이 모두 왕양명王陽明의 제자였던 것이다. 이탁오는 왕양명의 "거리에 가득 찬 사람들이 모두 성인이며, 양지 양능이란 어리석고 평범한 부부와 성인이 다 같다"는 주장에서 자신의 평등사상을 끌어내었던 것이다. 예부에서 근무하는 5년 동안 사무로 재직하며 이와 같이 양명학을 깊이 연구하였다.

나아가 이탁오는 태주학파泰州學派의 사람들과 알게 되면서 양명학에 깊이 빠지게 되었다. 그는 남경에서 왕양명의 제자로 유명한 학자였던 왕기王畿, 1498~1583년와 나여방羅汝芳을 만났다. 이 두 학자는 이탁오가 이후 평생 동안 존경한 사람들이다. 이들을 통해 이탁오는 태주학파를 접하게 되었는데, 태주학파를 창시한 왕간의 아들 왕벽王襞, 1511~1558년과 함께 남경에서 강학하게 되었고, 그를 스승으로 섬기게 되었다.

왕간王艮, 1483~1541년은 소금과 관련된 일을 하며 평생 관직에 나가지 않았던 사람으로, 왕양명을 직접 만나 감화된 이후 서민을 상대로 한 강학에 열중하였다. 이러한 왕간은 "백성이 날마다 쓰는 데에 유익한 것이 바로 도이다"라고 하였고, 이것은 이탁오에게 큰 영향을 주었다. 왕간은 성인의 도는 백성이 날마다 쓰기에 유익한 것에서 벗어나지 않는다고 하였고, 거기서 벗어나면 이단으로 보았다. 또 성인이 세상을 다스리는 일이 집안일을 다스리는 것과 같다고 하여 성인의 일이 일상에서 벗어나지 않으며 누구나 실천할 수 있음을 강조하였다.

그러나 이탁오는 태주학파에게서 깊은 영향을 받기도 하였지만 태주학파의 주장을 넘어서기도 하였다. 즉 왕간과 그의 제자들은 공자를 존경하여 그에서 벗어나지 않았다. 왕간은 유학의 도통을 이었다고 자부하였는데, 백성의 일용이 곧 도라고 주장하였지만 이 역시 유학의 큰 틀에서 벗어난 것은 아니었다. 그에 비해 이탁오는 공자마저 부정하였으니 이것은 큰 차이점이었다.

그래서인지 명말의 황종희黃宗羲는 이탁오를 『태주학안泰州學案』에
서 제외하여 유학자의 범위를 벗어난 것으로 보았다. 곧 이단으로
규정하여 이탁오를 명나라 유학자의 대열에서 완전하게 제외시켰던
것이다. 이탁오에게 이렇게 공자의 유학마저 뛰어넘을 수 있게 만
든 것은 무엇이었을까? 기존의 유학의 틀에서 사고한다면 가능했을
까? 그렇지 않을 것이다. 이탁오가 자랐던 배경, 즉 천주의 자유로
운 사상적 물결을 염두에 두지 않으면 불가능할 것이다. 그 가운데
서 불교도 이탁오에게 적지 않은 영향을 미쳤다. 천주의 가장 유명
한 사찰인 개원사 역시 그의 가문에서 재정적 후원을 한 적이 있을
정도였다.

이탁오는 불교의 사상 가운데서 특히 모든 사람이 부처가 될 수
있다는 평등관을 받아들였다. "세상에 사람 바깥에 무슨 부처가 있
으며, 부처 바깥에 무슨 사람이 있을 수 있겠는가"라고 하면서 무엇
보다 인간에게 주목하여 그의 평등이 중요하지 세상의 사회적 또는
윤리적 기준은 다음이라는 점을 강조하였다. 또 이처럼 사람들이 자
유롭게 될 수 있는 근거는 참된 마음가짐을 가짐으로 가능한 것인
데, 그 기초를 진심으로 보았다.

그는 유명한 '동심설童心說'에서 "무릇 동심이란 가식이 전혀 없는
순진한 인간 최초의 본마음이다. 만약 동심을 잃어버린다면, 곧 사
람은 참된 마음을 잃어버리는 것이 된다. 참된 마음을 잃어버린다
면, 곧 우리는 참된 사람을 잃어버리는 것이다"라고 하였다. 그리고
사람들이 절대적인 권위를 부여하는 경전조차도 필요에 따라 처방

한 것임을 인정해야 한다고 주장하였다. 이탁오는 불교뿐만 아니라 더 나아가 당시의 흐름이기도 하였던 유·불·도 삼교三教의 통합 내지 합일에 깊은 관심을 가지기도 하였다.

비록 이탁오는 동남 해안의 항구에서 태어나 성장하였지만, 북경과 남경, 정치와 문물, 학문 등에서 최고의 경력을 쌓았다. 이 과정에서 이탁오는 현실의 모순을 해결할 수 있는 방편으로 양명학을 선택했고, 더 나아가서는 양명학을 넘어 유학의 틀을 벗어나 불교를 포함한 삼교를 동등하게 인식하게 되었던 것이다.

공자의 중국에서 벗어나라!

이탁오가 본격적으로 자신의 사상을 정립하게 되는 시기는 천주를 떠나서도 한참 뒤인 55세 이후이다. 그는 운남성 요안의 수령을 끝으로 관직에서 물러나 호북성의 황안에 있는 친구의 집에 머물렀다. 친구가 사망한 뒤에는 멀지 않은 마성의 '지불원芝佛院'이라는 절에 얹혀살면서 독서와 저술에만 몰두하였다.

이때부터 이탁오는 50세 이전의 자신을 남이나 따르는 주체성 없는 '한마리 개'라고 질책하고 자유의 독립을 선언하였다. 그리고 주변의 가까운 관계를 냉정하게 끊어버렸다. 머리를 깎고 관직을 내던졌으며, 자기를 도와주는 친구를 물리치고 부인을 고향으로 쫓아버렸다.

"나는 어려서 성인의 가르침이 담긴 책을 읽었지만, 그것이 무엇인지 알지 못했다. 공자를 존경했지만, 공자의 어떤 점이 존경할 만한 것인지 알지 못했다. 이는 난장이가 광대놀음을 구경하며 다른 사람들의 잘한다는 소리에 맞춰 함께 소리치는 것일 따름이다. 나이 50세가 되기 전까지 나는 참으로 한 마리 개였다. 그러므로 앞의 개가 그림자(형상)를 보고 짖으면, 나 역시 따라 짖어댔던 것이다. 그래서 만약 누가 내게 소리 내어 짖는 까닭을 물으면, 그저 나는 입을 벌리고 아연히 스스로 멋쩍게 웃기나 할 따름이었다."[4]

참으로 통렬한 자기반성이고 자기부정이 아닐 수 없었다. 이러한 자기반성을 거쳐 그의 사상이 무르익어 나온 저술들이 그의 대표작이라고 할 수 있는 『분서焚書』, 『장서藏書』이다. 『분서』는 세상에 공개되면 불태워질 것이라는 의미에서 이른 것이고, 『장서』 역시 세상에 나오지 못하고 숨길 수밖에 없을 것이라는 뜻으로 이름 붙인 것에서도 이 책의 내용을 충분히 짐작할 수 있다.

그는 자신이 쓴 『분서』의 서문에서 "이 책을 읽는다면 그들은 반드시 나를 죽이려 할 것이다. 그러므로 태워버리려는 것이다. 하나도 남기지 말고 태워버리는 것이 좋겠다"라고 하였다. 『분서』에서 이탁오는 불교의 이론을 인용하여 유학과 전통사상을 비판하였는데, 불교의 적극적인 평등사상은 그의 비판에서 중요한 동력이 된 것으로 보인다.

황종희는 『명유학안明儒學案』에서 이탁오가 명교名教에 어긋난 행동을 하는데도 많은 사람들이 공감하고 따랐던 이유에 대해 "보통 성인이 되면 세속의 모든 인간 행위가 속박을 받을 수밖에 없는데, 이탁오는 술과 노래와 여색, 그리고 객기도 성인부처이 되는 데 전혀 장애가 되지 않는다고 하니 누가 이를 좇지 않겠는가"라고 지적하여 이탁오가 사회적인 관례를 거부한 점을 정확하게 표현하였다.

이탁오의 글은 당시에 선풍적인 인기를 끌었다. 영리를 위해 그의 책을 앞다투어 출판하여, 경전 대신에 사람들이 한 권씩 끼고 다니거나 서재에 꽂아야 유행에 뒤지지 않는다고 할 만큼 대인기였다. 이런 현상은 이탁오를 탄핵하거나 비판한 이들의 글에도 나타날 정

::그림5 이지고거에 전시된, 현대에 출간된 이탁오의 저서들. 한국 출판사들의 책도 보인다.

::그림6 〈봉산탈춤〉 중 '양반춤'의 한 장면. 말뚝이의 풍자에 양반들이 성을 내고 있다.

도였다. 왜 그렇게 인기가 있었을까?

예를 들어 공자의 권위를 비웃은 다음과 같은 글에서 이탁오는 도학자를, "한 도학자가 굽이 높은 나막신과 큰 가죽신을 신고 소매를 길게 늘어뜨리고 허리에는 넓은 띠를 두르고 머리에는 '삼강三綱'과 '오상五常'의 모자를 쓰고, 몸에는 인륜이라는 겉옷을 입고, 낡은 경전에서 한두 마디씩 주워담고, 공자의 말에서 서너 마디씩 훔쳐내어 입에 담으면서 자기는 진정한 공자의 제자라고 떠들고 다녔다"[5]고 묘사하고 있다. 마치 박지원朴趾源의 『양반전兩班傳』에 묘사된 양반의 모습과 유사하였다. 이 도학자는 공자를 형님이라고 부른 사람에게 공자가 나지 않았다면 세상은 밤과 같이 어두웠을 것이라고 답했다가 그러면 공자가 태어나기 전에는 사람들이 대낮에도 촛불을 밝히고 다녔을 것이라는 대답에 할 말을 하지 못했다고 하였다. 이와 같은 방식으로 알기 쉽게 기존의 성역을 해체하고 비판하였으니 사람들에게 인기가 있을 수밖에 없었다.

또한 이탁오는 일반 백성과 평범한 부부가 성인에 비해 결코 못하지 않다고 주장하고, 또 백성의 일상어가 바로 '선善'이라고 주장하였다. 또 사회 구성에서 '하나에 이르는 도'에는 제후나 보통사람이 모두 같으며 따라서 귀천을 강조하지 말고, 귀한 자는 스스로 낮추고 천한 자는 스스로를 높여서 공동체적 구실을 분담하고 사회의 조화를 이루어야 한다는 점을 주장하였다. 이탁오는 그와 관련하여 "너희들은 '덕성'을 존중하는 사람들이 별다른 사람이라고 하지 말아라. 그들이 하는 것은 일반 민중도 할 수 있는 것이다. 사람은 다만 성품대로 하면 되는 것이지, 성인이 하는 것을 지나치게 높게 생각하지 말아야 한다. 요·순과 길거리의 사람은 같으며 성인과 보통사람도 똑같은 것이다"[6]라고 하였다.

이탁오의 최대 역작인 『장서』는 역사 인물의 평가서로서 남경에서 출간되었는데, 서문에서 그는 "이 책은 감출 책 『장서』인데, 아래위로 수천 년의 시비를 우리의 맨눈으로는 제대로 볼 수 없다. 그런 까닭에 이 책을 감추어두려고 한다. 즉 깊은 산속에 숨겨두었다가 마땅히 (이 책의 가치를 알아줄) 후세의 양웅 같은 위대한 학자를 기다리겠다는 말이다"[7]라고 하였다. 이 책의 내용은 유교에 대해 선전포고를 하듯 그 내용이 격렬하여 나중에 박해를 받는 직접적인 원인을 제공하였다.

『장서』를 통해 이탁오는 공자나 맹자, 그리고 주렴계, 장재, 소옹, 정호, 정이 등 북송의 오자나 주자 등을 신랄하게 비판하였다. 이탁오는 도학이 많은 해독과 피해를 준 거짓 학문이라고 단언하였고,

반대로 패도나 법가 등의 정치적 업적을 긍정하고 찬양하였다. 주자학에서 강조하였던 "천리를 보존하고 인욕을 멸하자"라는 주장에 대해 반대하고 사사로움私이 인간 욕망의 근본임을 강조하여, '옷 입고 밥 먹는 것이 곧 인륜의 물리'라고 규정하였다.

그의 공자 평가는 양면적 측면이 있다. 그는 "공자의 정해진 본으로 세상의 시비에 대해 상과 벌을 행하지 않으면 좋겠다"라고 하여 유교의 창시자인 공자가 제시한 기준을 부정하였다. 즉 공자를 적극적으로 비판한 면이 있다. 시비의 표준을 공자에게 두었기 때문에 공자 이후 1,100여 년 사이에 시비가 없었다고 보았던 것은 공자에 대한 비판이다. 시비 표준이 처음부터 정해진 바탕이 없고, 사람이 다른 사람을 시비하는 것 자체가 정해진 논의가 있지 않다고 본 것이다.

그러나 그의 저서 곳곳에는 공자와 공자의 시비를 정해진 표준으로 삼는 것에 반대하면서도 동시에 공자가 『춘추春秋』를 쓴 방법이나 정신이야말로 자신이 가장 추구하는 것임을 보여주는 표현이 있다. 이는 공자와 그의 학설 자체가 문제라기보다는 이를 형식화한 유교에 반대한 것이 이탁오의 문제 제기였음을 보여준다.

그의 비판은 형식과 허구의 전통에 대한 것으로 폭포수 같은 것이었다. 송곳처럼 예리하게 지식인들과 권력자들의 치부를 찌르고 폭로하였다. 이에 놀란 이들은 그를 잡아가두기도 하였다. 그러나 이탁오의 뜻을 꺾을 수는 없었다. 이탁오가 구속된 뒤 심문관이 그에게 물었다. "선생님은 왜 그렇게 그릇된 책들을 멋대로 쓰셨습니까?" 이에 대해 "죄인의 저서가 아주 많지만 모두 성현의 가르침에 합당하여 이익은 되어도 손해는 없습니다"라고 이탁오는 대답하였다고 한다.

역사적인 인물에 대해서도 이탁오는 명의 태조를 '태고 이래 최고의 황제'이며 진시황을 '옛날부터 지금까지 최고의 황제'라고 평가하였다. 이밖에 그가 적극적으로 평가한 인물들은 대개 법가에 속하는 인물이거나 그와 비슷한 평가를 받은 인물들이 대부분이었다.

이러한 이탁오의 입장에 대해 기윤은 『흠정사고전서총목欽定四庫全書總目』에서 "이지의 저서들은 모두 미친 듯이 혼란하고 그릇되게 어그러져 성인을 부정하고 법을 무시하였다. 이 책들은 오직 공자를 배격하고 별도의 평가 기준을 세워, 먼 옛날부터 전해오는 선과 악의 판단 기준을 뒤집어 바꾸지 않은 것이 없었다"[8]라고 평가하여 혹독하게 비판하였다. 이러한 평가는 그의 사상이 가지는 기존 체제에 대한 전복, 혁명적인 성격을 잘 드러낸다.

이탁오는 죽음마저도 평범한 죽음을 선택하지 않았다. 방에 누워 처자식 옆에서 죽어가는 것은 세속의 평범한 사람들이 선택하는 것이라고 하였다. 그는 대장부가 태어남에도 까닭이 있듯이 죽음에도 까닭이 있어야 한다고 하면서, 자기를 알아주는 사람이 없으니 자신의 진정한 값어치를 알아주지 못하는 사람에게 분노를 내보이면서 죽을 것이라고 하였다. 그 예언대로 그는 목을 찔러서 자결하였다. 이탁오다웠다.

이탁오의 죽음에 대해 이미 당대에서부터 찬반 양론이 격렬하게 부딪쳤다. '유교의 이단자 또는 반역자'로 정죄하기도 하였고, '그의 시비로써 기존의 시비를 대신하게 될' 정도라고 말한 극찬도 존재하였다. 그러나 이탁오가 주목한 것은 유교의 완전한 부정이 아니라 인간 존중의 본래의 유교 정신을 회복하려고 한 것이었다면 지나친 표현일까? 진정한 인간의 삶의 가치를 소중하게 여겼고, 그것에 어긋나는 관행과 관습을 거부하였던 것으로 이해하는 것은 불가능할까?

1984년 사회주의 중국은 이탁오를 '중화의 영웅 82인' 가운데 하나로 포함시켰다. 16세기에는 '미치광이'로 불렸다가 400년이 지나서는 '한 시대의 으뜸가는 스승'이 되어 중국의 영웅이 된 것이다. 뿐만 아니라 당대의 조선에도 이탁오의 영향은 적지 않게 엿보인다. 임진왜란을 전후로 한 시기에 허균許筠이 조선 사회의 모순을 통렬하게 비판하면서 지었던『홍길동전』역시 이런 이탁오의 영향과 무관하지 않았으며, 허균의 사상 역시 그에게서 영향 받은 바가 있을 것으로 추정되고 있다.

시대와 불화하였던 이탁오, 하지만 시대가 영원히 이탁오를 버리지는 않았던 셈이다. 천주에 남긴 이탁오의 흔적에서 우리는 진정한 사상적 반항아였던 이탁오를 다시 생각하게 된다.

주

1 김호동 역주(2000), 『마르코 폴로의 동방견문록』, 서울: 사계절.
2 이븐 바투타 저, 정수일 역주(2001), 『이븐 바투타 여행기*Rihlatu Ibn Batutah*』, 서울: 창작과비평사.
3 신용철 저(2006), 『이탁오』, 서울: 지식산업사.
4 이지 저, 김혜경 역(2007), 「성인의 가르침」, 『속분서』, 서울: 한길사.
5 이지 저, 김혜경 역(2004), 「유해(劉諧)를 찬양하며」, 『분서』 권3, 서울: 한길사.
6 신용철 저(2006), 위의 책에서 재인용.
7 신용철 저(2006), 위의 책에서 재인용.
8 신용철 저(2006), 위의 책에서 재인용.

바닷길의
수호신,
마조

＊김주관

중국은 그 광활한 영토만큼이나 다양한 종교를 가지고 있다. 특히 천주는 세계의 종교박물관이라 불릴 만큼 다양한 종교들이 공존했던 지역이었으며, 아직도 기독교·이슬람교·불교·마니교·도교·힌두교 등 다양한 종교와 관련된 유적이나 사원이 잘 보존되어 있는 곳이다.

천주의 거리를 걷다보면 외견상 불교 사원과 흡사한 건물이 많은데, 사람들이 향불을 피우고 절을 하는 모습을 쉽게 볼 수 있다. 우리나라에서 이러한 풍경은 번화한 시가지 내에서는 보기 힘들다. 때문에 건물의 겉모습만 보고 우리에게 익숙한 절인 줄 알고 들어가보면 불상이 놓여 있어야 할 자리에 공자의 초상이 걸려 있거나 관우의 상이 놓여 있는 경우가 적지 않다.

천주에서 공자를 모시는 문묘나 관우를 모시는 사당이 아닌 또 다른 종류의 유사한 건물이 있는데, 이것이 바로 '천후궁天后宮'이다. 천후궁의 겉모습은 마치 우리나라의 절과 유사하지만, 안에 모셔진 신체는 불상이 아니라 '마조媽祖'[1] 라 불리는 여신이다.

중국의 해안지대 도처에 무수히 존재하는 천후궁 중에서 천주에 있는 천후궁이 중요한 마조사당으로 간주되는 데는 그 이유가 있다. 우선 복건성 일대의 마조사당 가운데서 천주의 천후궁 규모가 가장 크기 때문이다. 하지만 단순히 이러한 점 때문에 천주의 천후궁이 중요한 것은 아니다. 그 규모 배면에 있는 역사적인 과정을 되짚어본다면 천주 천후궁이 간직한 내력이 그 중요성을 드러낼 것이다.

마조는 누구인가?

우리에게는 약간 생소한 마조는 중국과 대만을 비롯한 동중국해 전역에서 널리 숭배되고 있는 해양신으로, 선원이나 어부와 같은 뱃사람들을 보호하는 신으로 알려져 있다.

마조에 대해서는 여러 가지 설이 있지만 가장 널리 알려진 바에 의하면 960년 음력 3월 23일에 복건성 보전현 미주湄洲에서 태어난 것으로 추정된다. 아버지 린씨와 어머니 왕씨 사이에서 여섯 번째 아이로 태어났으며, 한 달이 지나도록 울지 않았기 때문에 '모默'라는 이름이 붙여졌다. 민남 지역의 풍습에 따라 이름 뒤에 '냥娘' 자

::그림1 천주 시내 거리의 모습

가 붙여졌으며, 따라서 마조의 이름은 '린모냥'이 되었다. 린모냥은 열 살이 넘어서면서 불교와 유교에 대한 지식을 습득하였으며, 열세 살이 되어 도교의 주술적인 기술들을 익힌 것으로 알려졌다. 이러한 능력으로 인해 린모냥은 자연 재난을 평정하고 바다에 나간 사람들을 구하는 등 뱃사람들을 도왔다고 한다. 린모냥은 스물여덟 살이 되는 987년 음력 9월 9일에 사망한 것으로 알려졌다.

마조의 신통력은 널리 알려져 있는데, 그중 하나가 자신의 아버지와 오빠들을 구한 일화이다. 하루는 마조가 어머니를 도와 옷감을 짜다가 베틀 옆에서 잠이 들었다. 그녀는 꿈속에서 폭풍을 만나 표류하는 배를 보았는데, 그 배에는 자신의 아버지와 오빠들이 타고 있었다. 바다로 뛰어든 마조는 아버지의 옷을 입에 물고 오빠들의 손을 잡고 헤엄쳐나왔다. 하지만 꿈속에서 아버지와 오빠들을 구해나오는 도중에 마조의 어머니가 그녀를 불렀고, 마조는 이에 대답하려고 입을 벌렸다. 이 때문에 마조는 입에 물었던 아버지를 놓치게 되었다. 마조의 어머니는 꿈은 믿을 게 못된다고 하였지만 오빠들이 돌아와 전한 말은 마조가 꿈속에서 본 것과 동일하였다. 이외에도 마조가 뱃사람들을 구한 일화는 여러 기록에 남아 있다.

이처럼 살아 있는 동안 마조가 보여준 신통력과 베푼 선행 때문에 그녀는 사후에 미주를 중심으로 그 인근에서 수호신으로 섬겨지는 존재가 되었다.

마조, 국가적인 추앙을 받는 존재가 되다

자신이 태어난 미주 인근에서만 수호신적인 존재로 인정받던 마조는 송대에 들어서면서 국가적인 추앙을 받는 존재로 격상된다. 마조에 대한 신앙이 국가적인 차원에서 처음으로 인가를 받게 된 것은 송대인 1122년이다. 이러한 인가의 단초가 된 것은 당시 중국의 관리들이 고려에 사신으로 가는 도중 태풍을 만났으나 마조의 도움으로 무사히 항해하였다는 사건이다. 이 일이 있은 후 마조의 지위는 점진적으로 격상된다. 이러한 마조의 지위는 중국의 역대 왕조에서 마조에게 하사한 지위에 잘 반영되어 있다.

1156년 최초로 마조에게 '영혜부인靈惠夫人'이라는 지위가 하사되

::그림2 마조 신화를 담은 그림. 천주 천후궁 내에 비치되어 있다.

었다. 이후 1192년에는 '영혜비靈惠妃'라는 칭호가 부여되었다. 원대
에는 '천비天妃'라는 칭호를 부여받았으며, 명대에도 정화의 성공적
인 항해를 도운 공로로 천비의 칭호를 유지하였다. 명대 1417년에
는 영락제가 '천상성모天上聖母'라는 지위를 부여하였으며, 청대에 이
르러 대만 정복을 도운 공로로 '천후天后'의 칭호를 하사받게 된다.
마지막으로는 청대 1839년 도광제에 의해 '천후성모天后聖母'라는 지
위를 부여받게 된다.

　마조의 지위가 격상된 것과 더불어 또 한 가지 눈여겨볼 것은 마
조 신앙의 전파에 대한 것이다. 작은 섬마을의 무녀였던 마조에 대
한, 일부 지역에서의 신앙이 국가적인 차원에서 신격화되고 중국과
동남아 해안 거의 전역에 걸쳐 광범위하게 전파된 것은 어떤 이유에
서일까? 이러한 의문에 대한 답은 우선 송대의 정치경제적인 상황

::**그림3** 대만에까지 이름을 떨친 '천상성모'

에서 찾아야 할 것이다. 이는 일차적으로 마조 신앙의 격상과 전파가 송대에서 시작된 것이기 때문이다. 송대 말엽에 이미 "마조 신앙의 향불이 천하에 퍼졌다"라고 표현한 데서 보듯이, 이 시기에 이르러 이미 마조 신앙은 광범위하게 확산되어 있음을 알 수 있다.

송대에 이르러 천주가 해상무역의 중심이 되었다는 사실은 마조 신앙의 전파와 매우 밀접한 연관을 갖는다. 진강과 낙양강이 바다와 합류하는 지점에 위치한 천주는 조공무역의 중심지였으며, 이와 더불어 사상私商에 의한 해외무역이 발달하였고, 그 결과 해상 실크로드의 기점이 되었다. 따라서 천주는 활발한 해상무역 활동과 더불어 해양 신앙이 발달할 수 있는 기본적인 토양을 갖추게 된 것이다. 이러한 사회경제적인 토양에 바로 지척에 있던 매주梅州를 중심으로 한 마조 신앙의 수용은 자연스러운 일이었을 것이다. 이로부터 천주의 상인들에 의해 마조 신앙은 급속하게 전파되어 갔다. 천주의 천후궁이 송대인 1196년에 창건되었으며, 시간적으로는 매주를 제외한 지역 가운데 가장 빠르다. 또한 그 규모면에서 복건성 근방에서 가장 크다는 점을 고려한다면 천주가 마조 신앙의 전파에 있어서 중심지로서의 역할을 하였다는 사실을 쉽게 알 수 있다.

주로 해상무역에 종사하였던 천주의 상인들은 항해를 떠나기 전에 천후궁에 들러 제사를 지냈고, 마조의 분신으로 여긴 마조상을 배에 모시고 항해를 떠났다. 이들의 해상 경로를 따라 마조에 대한 신앙을 전파함으로써 마조 신앙의 지리적인 범위를 확대하였던 것이다. 그리하여 13세기에 이르러서는 상해에서 광주에 이르는 지역

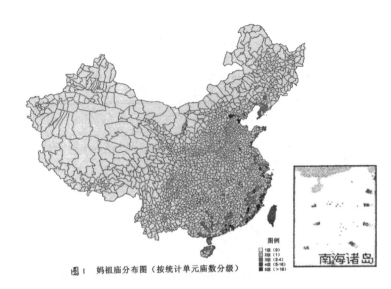

图 l 妈祖庙分布图（按统计单元庙数分级）

::그림4 마조사당의 분포도

에 마조를 기리는 사당이 31개나 세워졌다. 이로 미루어 12세기에
서 13세기에 이르는 동안 마조는 뱃사람들 사이에서 자신들의 보호
자인 해신으로서 절대적이고 지배적인 위치에 있었음을 알 수 있다.
물론 이러한 전파의 진원지는 당시 해상무역의 중심지였던 천주였으
며, 그 중심에는 바로 천후궁이 있었던 것이다.

신앙에서 정치적 이데올로기로

원대에 이르러서도 해상무역의 중심지로서 천주의 지위는 그대로
유지되었으며, 확산되어가던 마조 신앙은 운하를 통한 조운으로 천

진에까지 전파되기에 이르렀다. 그런데 마조 신앙의 전파와 관련하여 주목할 만한 점은 원대에 이르러서부터 중앙 정부가 마조 신앙의 전파에 주동적인 역할을 한다는 사실이다. 송대까지는 상인들에 의한 자연스런 전파였다면, 원대에 이르러서는 황제가 다섯 차례에 걸쳐 마조에게 작위를 하사하였으며 마조 제사에 지방 관리를 파견하고 국가제전에 기록하는 등 중앙 정부가 적극적으로 마조 신앙의 확산에 기여하게 된다는 것이다.

원대에 이르러 마조 신앙에 대한 국가적인 개입은 바야흐로 마조 신앙이 단순한 종교적인 차원을 넘어서 정치적인 혹은 이데올로기적인 차원으로 변모됨을 보여주는 것이라 할 수 있다. 이민족에 의해 세워진 원왕조는 중국 전체를 하나의 공동체로 아우를 수 있는 이데올로기적 수단이 필요했으며, 이러한 수단으로 마조 신앙이 채택된 것으로 이해될 수 있다.

해금정책을 펼쳤던 명대와 청대에서도 마조 신앙이 유지되었던 것은 바로 이러한 마조 신앙의 성격의 변화와 관련이 있다. 명대에 마조에게 칭호를 하사한 것은 두 번에 불과하지만 열네 번에 걸쳐 마조에 대한 제사를 지냈으며, 마조는 조정사절단의 호신부로 간주되어 외교사절단과 함께 지속적으로 전파되었던 것이다.

청대에 이르러 마조 신앙은 절정에 이르게 된다. 황실은 열네 번에 걸쳐 마조에게 작위를 하사하였으며, 마조는 단순한 해양신으로서의 위치가 아니라 '호국보민'과 '구세구민'의 신으로 추앙받기에 이른다. 대만에 있는 500여 개의 마조궁은 모두 청대에 건립된 것으

::그림5 천주 천후궁의 대전

::그림6 마조의 생일을 기념하는 야간 행사

::그림7 천후궁의 전국중점문물보호단위 표지석

로, 본토에서 건너간 이민자들에 의해 전파되었던 것이다.[2] 이러한 과정을 거치면서 마조 신앙은 단순히 종교적인 차원을 넘어 중국인들의 정체성을 확인시키고 문화적인 유대감을 형성하여 중국인으로서의 동질감을 형성하는 수단으로 변모되기에 이르렀다.

이처럼 장구한 마조 신앙의 전파에 있어 그 시발점이 되었던 것이 천주의 천후궁이었으며, 이러한 이유로 천후궁은 중국에서 가장 널리 알려진 마조 사당 중의 하나로 자리매김하게 된 것이다.

천주의 천후궁은 현존하는 천후궁 중에서 가장 크고 오래되었으며 가장

높은 지위를 갖는 것으로 알
려져 있다. 천후궁은 연중 본
토와 동남아시아의 여러 지역
으로부터 온 순례객들로 붐비
며, 가장 큰 행사인 음력 3월
23일 마조의 생일에는 수많
은 사람들로 북적인다. 천주
내에서도 천후궁은 여전히 중
요한 사당으로 간주되어 많은
어부들은 오늘날에도 여전히
출항하기 전에 천후궁에 들러
제물을 바친다.

::그림8 천후궁 대전에 있는 천후의 신상

앞서 언급한 바와 같이 천후궁은 송대인 1196년에 창건되어 명대
인 1415년에 증축되었고, 현재의 건물은 청대 초기에 재건된 것이
다. 마조가 천후의 칭호를 하사받으면서 천후궁이라는 명칭을 사용
하게 되었다. 1988년 이래로 전국중점문물보호단위로 지정되어 관
리되고 있다. 이처럼 천주의 천후궁은 가장 초기에 지어진 마조사당
중의 하나이며, 또한 마조사당으로는 최초로 전국중점문물보호단위
로 지정된 건물이다.

영파, 마조 신앙을 수용하다

천주의 천후궁이 마조 신앙의 전파에 있어 근원지에 해당된다면, 마조 신앙의 확산과 관련하여서는 절강성 영파에 있는 경안회관慶安會館을 들 수 있다. 영파 역시 일찍이 중요한 해양도시로 발달하였던 곳이다. 당대에서부터 중요한 무역항이었던 영파는 양주·광주와 함께 당대 3대 무역항이었으며, 그 후로도 그 지위를 지속적으로 유지하게 된다. 송대에는 광주·천주와 함께 3대 무역항 중의 하나로 해양도시로서의 지위를 유지하였고, 이러한 지정학적 중요성은 영파가 남경조약으로 문을 열게 된 최초 5개 개항장 중의 하나라는 사실에서도 알 수 있다.

이처럼 중요한 해양도시로서의 지위를 오랫동안 누려온 영파에 천후궁이 있다는 것은 당연한 일이다. 경안회관으로 불리는 영파의 천후궁은 청대인 1852년에 건조된 것으로 천주 천후궁과 비교하여 약 700여 년의 시차를 갖는다. 이는 마조 신앙이 꾸준히 해안 지역을 중심으로 확대되어 왔음을 보여주는 사례로 이해될 수 있다. 다른 지역의 천후궁과는 달리 경안회관은 마조를 기리는 천후궁과, 무역상들과 부두 노동자들의 모임 장소인 회관의 기능이 복합되어 있는 것이 그 특징이다. 이러한 이유로 장방형의 형태를 갖는 건물은 이중의 기능을 각각 수행하는 공간으로 나뉘어져 있다.

정문을 들어서면 의례를 위한 문이 있고, 그 다음에 앞쪽 무대가 있으며, 이를 지나면 마조가 모셔져 있는 사당이 나타난다. 그 사당을 통과하면 뒤쪽에 무대가 있으며, 그곳을 지나면 공연을 관람할 수 있게 건물들이 배치되어 있다.

앞쪽의 무대는 마조에게 제물을 바치는 곳이다. 현재 있는 무대는 1960년대에 파손되었던 것을 2001년에 신축한 것이다. 뒤쪽의 무대는 경안회관을 드나드는 무역상들과 노동자를 위한 축제나 공연을 하던 곳이다. 현재 있는 이 무대 역시 파손되었다가 2001년 신축되었다.

::그림9 경안회관 입구

경안회관은 나무로 조각한 1,000여 개의 장식과 벽돌과 석재로 만든 200여 개의 조각 장식들로 꾸며져 있어 영파의 전통적인 공예 기술을 볼 수 있을 뿐만 아니라 근대 중국 건축에 있어 건물 장식에 관한 대표적인 작품으로 평가받는다.

경안회관은 절강성 내에서 가장 큰 천후궁으로 중국 8대 천후궁과 7대 회관에 포함될 만큼 중요한 시설로 평가받는다. 2001년 6월 전국중점문물보호단위로

::그림10 경안회관의 전국중점문물보호단위 표지석

지정되어 관리되고 있으며, 현재는 전국수가해사민속박물관^{全国首家海事}民俗博物馆과 마조문화전시관으로 사용되고 있다.

한반도에서 마조는?

마조의 전파와 관련하여 생각해보아야 할 것은 마조 신앙이 전파되기 시작했던 송대 이후로 중국은 한국, 일본과 교류가 있었음에도 불구하고 우리나라에는 마조 신앙이 그리 알려져 있지 않다는 것이다. 그 이유는 무엇일까? 고려나 조선을 거치면서 한국과 중국은 지속적으로 교류해왔음에도 불구하고 한국에 마조 신앙이 없는 것은 어떤 연유에서일까?

보다 심층적인 연구가 필요하겠지만, 이는 어쩌면 화교가 한국에 뿌리를 내리지 못한 이유와 동일할 수도 있을 것이리라. 또 어쩌면 마조 신앙이 단순한 종교의 차원을 넘어서면서부터 마조 신앙을 받아들이기에는 우리의 정체성이 중국인의 그것과는 달랐기 때문일 수도 있을 것이다.

어찌되었든 정치적인 이데올로기로 변모한 마조 신앙은 오늘날에도 여전히 중국인들의 문화적 정체성을 유지하는 수단으로 기능하고 있으며, 현재의 세계화 과정 속에서도 어쩌면 중국인의 정체성을 더욱 강화하는 역할을 하게 될 것으로 여겨진다.

1 마조(媽祖)라는 명칭은 민남방언에서 조모(祖母)를 의미하는 '媽(ma)'와 증조모(曾祖
母)를 의미하는 '祖(zho)'의 합성어이다. 처음에는 '고낭(姑娘)'에 '媽'가 덧붙여져 '고
낭마(姑娘媽)'가 되었으며, 이것이 축약되어 '낭마(娘媽)'로 사용되다가 여기에 다시
'祖'가 첨가되어 '낭마조(娘媽祖)'로 변화하였고, 이 단어가 다시 축약되어 '마조'가 된
것으로 파악된다. 마조라는 이름이 언제부터 사용되었는지는 정확히 알 수 없으나, 그
이름이 문헌에 최초로 등장한 것은 청대 강희 24년(1685)에 간행된 대만의 한 지방지
인 《대만부지(臺灣府志)》에 언급된 것이다.

2 믿거나 말거나 한 이야기이지만, 대만의 마조상은 얼굴이 검다고 한다. 이는 본토에서
마조상을 배에 싣고 대만으로 이동하는 데 석 달이 걸렸으며, 그 사이 마조상의 얼굴이
향에 그을려 검게 되었다고 한다.

참고문헌

• Hugh Clark(2006), "The Religious Culture of Southern Fujian, 750-1450", *Asia Major*
19(1-2), pp. 211~240.

• James L. Watson(1985), "Standardizing the Gods: the promotion of Tien
Hou("Empress of Heaven") along the south China coast, 960-1960", In *Popular
Culture in Late Imperial China*, David Johnson & Andrew J. Nathan & Evelyn S.
Rawski eds, Berkeley: University of California Press, pp. 292~324.

IV

영파
寧波

바다의 항구,
영파

※ 김월회

1975년 7월의 어느 날, 어부가 걸어올린 그물에 청자 여섯 점이 들어 있었다. 세계적으로도 이만큼 성공적인 경우는 드물었다는 평판을 들은[1] 신안 해저유물선 발굴사업이 배태되는 순간이었다. 이후 1984년까지 열한 차례에 걸쳐 발굴 조사를 수행한 결과 고려청자 7점과 중국 도자기 2만여 점, 28톤이 넘는 약 800만여 개의 중국 동전, 금속 제품과 원료 1,000여 점 등 어마어마한 유물이 쏟아져나왔다.

　　우리나라뿐 아니라 일본과 중국 등에서도 신안 해저유물선에 대한 관심이 폭증된 것은 지극히 자연스러웠다. 특히 이 배의 국적이 어디고, 언제 어디를 출발하여 어디로 가고 있었는지에 대한 논의는 더욱 뜨거웠다.

　　일단 국적은 중국으로 의견이 모아졌다. 이 배에 주로 중국 자기와 동전이 대량으로 실려 있었고, 1,000점에 가까운 자단목과 나무상자로 포장된 후추 등 중국의 남양南洋에서 나는 물산이 많았기 때문이다.

성큼 다가온 영파

신안 해저유물선이 어디서 출발했는지에 대한 견해도 서서히 일치되어 갔다. 계속된 인양작업에서 '경원로慶元路'라는 지명이 적힌 화물 꼬리표가 나와, 화물을 적재한 곳이 '경원' 곧 지금의 중국 절강성浙江省 영파였을 것으로 추정되었다.

언제 출항했는가에 대한 열띤 토론도 차츰 진정되어 갔다. 1982년 조사에서는 364점이나 되는 다량의 목간이 인양되었는데, 그중에 '지치至治 3년1323년'이라는 시점이 기입된 목간 여덟 점이 나왔기 때문이다.

겸하여 어디로 가고자 했는지를 가늠케 해주는 목간도 다수 발견되어 이 배의 최종 목표지가 일본 규슈의 후쿠오카였음이 밝혀졌

::**그림1** 신안 해저유물선의 발굴 현장. 영파 경안회관 내 해저유물 진열관에 게시된 사진

다.[2] '보물선'이란 이름에 더없이 걸맞았던 신안 해저유물선을 둘러싼 논의는 이렇게 일단락되었고, 700년 가까운 세월 동안 해저에 잠들어 있던 수많은 유물이 다시 '이승'으로 귀환했다.

그런데 그다지 주목받지는 못했지만, 신안 해저유물선이 우리에게 안겨준 것은 단지 '보물'뿐만은 아니었다. 어쩌면 그것들보다 더 값질지도 모를, 그러나 까맣게 잊고 지내던 역사적 사실 한 가지를 우리에게 환기시켜줬다. 바로 중국의 영파 일대와 우리의 서해안, 일본 규슈가 서로 유기적으로 연동된 단일한 해양 세계였다는 점, 육지를 기준으로 중국과 한국, 일본의 영해로 삼분됐던 환環황해권 해역이 실은 하나의 생활터전이었다는 점이 그것이다. 이념 등의 문제로 그 존재가 망각됐던 중국의 영파가 실은 일본의 규슈만큼이나 가까운 이웃이었음이 재차 확인됐다. 황해를 둘러싸고 백제 시절부터, 또 통일신라 때엔 더욱 더 긴밀하게 하나의 삶터를 이루었던 영파는 그렇게 우리에게 다가왔다.

하늘이 베풀어준 나들목

영파는 북으로 산동의 청주와 제남에 이르고, 남으로 광동의 광주와 교주를 아우르는 중국 동남부의 요항(要港)이다.[3]

이른바 '환황해권' 해역의 중심 항구, 명대 이전에는 '명주明州'라고 불렸던 중국의 대표적인 무역항 영파. 그곳에 가면 우리는 도시를 감싸돌며 흐르는 세 줄기 강을 만난다. 여요강과 봉화강 그리고 이 둘이 합쳐져 흐르는 용강이 그것이다.

예로부터 사람들은 영파의 서북쪽에서 흘러드는 여요강과 서남쪽에서 흘러드는 봉화강이 만나 새로운 강줄기로 변이되는 어귀를 '세 줄기 강의 어귀' 곧 '삼강구三江口'라고 불렀다. 오랜 옛날부터 내지의 사람과 물자가 강줄기를 따라 이곳에 모여들었다가 바닷길을 통해 만리타향으로 전해졌고, 그 길을 역으로 따라온 외지의 사람과 물자가 이곳을 거쳐 다시 중국 내지로 퍼져나갔다. 이곳서 강을 따라 내지로 향하면 중국 문화의 본향이자 대륙 경제의 보고인 '강남江南'이 부채처럼 펼쳐져 있고, 강을 따라 바다로 향하면 한반도와 일본, 유구琉球 등지를 아우르는 환황해권 해역이 둘러쳐 있다. 강남이

::그림2 영파 삼강구의 전경

강들을 따라 해양으로 전개되고, 중국이 바다를 통해 타국과 연결되는 어귀, 그곳은 영파를 '고대 중국의 3대 무역항'[4] 으로 빚어낸 자궁이었다.

영파가 고대 중국의 핵심 무역항이 된 데에는 하늘의 도움이 컸다. 경제적 · 문화적으로 빼어난 배후 지역이 있고, 그곳에서 발원한 강이 바다로 이어졌다고 하여 다 중요한 무역항이 된 것은 아니었다. 하늘은 장강 삼각주 일대에서 모래와 진흙이 쌓이지 않아 범선이 자유롭게 드나들 수 있는 곳으로 영파 하나만을 허락하였다. 게다가 인근의 큰 강인 전당강錢塘江이 바다와 만나는 항주만杭州灣도 바닥이 얕아, 큰 배가 드나들려면 많은 비용을 들여 정기적으로 준설을 해야 했다. 반면에 영파를 감싸 흐르는 용강은 평균 수심이 5~8미터, 강폭은 400미터나 되어서 아무런 준설 없이도 바닥이 뾰족한 대형 원양선이 출입할 수 있었다. 또한 영파에서 화물을 작은 배에 옮겨 실은 후 삼강구를 거쳐 여요강을 거슬러 올라 절동浙東 운하 등을 이용하면 절강의 중심지인 소흥紹興을 거쳐 성도인 항주에 도착할 수도 있었다. 연도에서 여러 차례 싣고 내리기를 해야 하지만, 대운하 루트를 해로로 연결하는 안전한 길이었다.[5]

나아가 하늘은, 영파가 단지 뭍을 바다와 이어주는 '바다로의 출구' 노릇만 하는 것에 만족하지 않은 듯했다. 물론 영파는 가까이는 강남을, 멀게는 화중華中과 화북華北의 광대한 대륙을 등지고 있는 형세인지라, 중국이라는 대륙과 동중국해의 접점에 불과한 것처럼 보이기도 한다. 그러나 바다는 그저 자연의 한 구성인자가 아니라 개인과 사회가 일상을 펼쳐내는 생활의 장이요, 삶의 터전이었다는 사실을 감안하면 동중국해의 본령은 황해를 둘러싼 연안과 뭍, 섬들이 긴밀하게 상호작용을 해왔던 삶터로서의 환황해권 해역이었다. 영파는 그 해역의 중추적인 고을 가운데 하나로, 위로는 환발해권 해역과 아래로는 남중국해를 아우르는 '남양 해역'[6]을 매개할 수 있는 곳에 자리하고 있다. 이 해역에서는 예로부터 계절풍과 해류를 잘 타면 영파와 한반도 남부 서해안, 일본의 규슈 사이를 힘 안 들이고 오갈 수 있었다. 사람들이 발견하기 전부터 거기에 그렇게 있었던 천연의 바닷길이 환황해 교역권 형성의 태반이었다. 게다가 발해만으로 이어지는 중국 동북부 해안은 내주萊州만의 일부를 빼놓고는 비교적 일직선에 가까운 바위벽으로 되어 있어 큰 항구가 들어서기에 적합하지 않았다. 지리적으로도 영파가 이 일대 해역의 중심 항구가 될 수밖에 없도록 하늘이 일찍부터 손을 써둔 셈이었다.

황해와 발해의 낮은 수심도 영파를 해상 교역의 거점으로 키워줬다. 요동에서 산동을 거쳐 상해로 이어지는 얕은 바다는 100톤 전후의, 바닥이 평평한 소형의 평저선이 멀리 희미한 육지를 보면서 항해하는 해역이다. 반면에 남양은 화남, 대만, 동남아시아에 걸친 깊은 바다여서 200톤에서 500톤 사이의 대형 첨저선이, 다시 말해 바닥이 뾰족하여 대양의 항해에 적합한 정크선이라야 순항할 수 있는 해역이다.[7] 따라서 신안 해저유물선에서 발견된 후추와 같은 남양의 물산이 동아시아 일대로 전해지기 위해선 남양 해역에서 출발한 첨저선이 영파나 그 부근에 일단 정박한 후 화물을 평저선으로 옮겨

실어야만 했다. 곧 영파는 내륙과 바다의 접점뿐만이 아니라 해역과 해역을 잇는 허브로,[8] '뭍(중국대륙)-강(용강)-바다(황해)'로 이어지는 네트워크와 '바다(발해)-바다(황해)-바다(남양)'로 연결되는 네트워크가 이곳을 매개로 연동되었던 것이다.

세 줄기 강이 만나는 어귀인 삼강구, 바로 그곳에서 빚어진 영파는 이렇듯 '세 해역이 이어지는 어귀'인 '삼해구三海口'이기도 했다. 그래서 영파는 남양 해역까지 이어진 해상 실크로드를 끌어와 동북아의 해역에 잇댈 수 있었다. 남양 해역과 잇닿아 있는 화남 지역에는 당대에 들어 페르시아·아랍·동남아시아로부터 온 해상 상인의 진출이 아연 활기를 띠었다. 이는, 멀게는 유럽으로부터, 좀 더 가깝게는 아랍부터 시작되어 인도양과 남중국해를 거쳐 광주와 천주까지 이어졌던 해상 실크로드가 중국으로 이어졌음을, 그럼으로써 중국에서 해양 시대가 본격적으로 개막됐음을 알리는 신호탄이었다.[9]

이 흐름은 송대로 고스란히 이어져 해상 실크로드를 통한 교역이 더욱 활성화되었다.[10] 수출입 선박의 왕래가 늘었고, 빈번하게 오가던 외국인 가운데는 아예 장기 체류하는 경우도 생겼다. 이에 송 조정은 선박과 인력, 물자의 체계적 관리를 위해 광주(971년)와 항주(999년), 영파(999년)에 각각 '시박사'란 전문 관청을 두고 이를 '삼사三司'라고 통칭하였다.[11] 곧 남양 해역의 거점인 광주와 환황해권 해역의 거점인 영파가 남송의 수도 항주를 중심으로 연계되는 '범해양 관리 시스템'을 구축하였는데, 이는 영파가 해상 실크로드를 동북아의 해역에 이어줌으로써 바닷길을 매개로 연동되던 세계 무역망의 중요한 거점으로 우뚝 섰음에 대한 제도적 차원의 대응이었던 셈이다.

바다를 닮은 삶터

'내륙에서 바다로 나가는 출구'만으로 보였던 영파는 이처럼 발해와 황해, 남중국해, 동남아의 해역을 연동시켜 더욱 다각적이고 광역적인 해양 세계를 구축하는[12] 데 크게 이바지했고, 광주 또는 천주에서 마감될 수도 있었던 해상 실크로드를 동중국해까지 끌어올려 환황해권 해역과 연동시킨 '동아시아 지중해'의 허브였다. 그저 이 뭍의 끝에서 저 뭍의 끝을 이어주는 '육지의 끝점'이 아니라, 유장한 해안을 자신의 끝선으로 삼아 해역과 해역을 이어주는 '바다의 도시'였다.

영파와 함께 고대 중국의 3대 무역항이었던 천주와 광주도 바다의 도시였다. 이들은 환황해권 해역의 목포와 후쿠오카, 이들을 남양과 연동시켜 더욱 다각적이고 광역적인 해양 세계를 만드는 데 큰 역할을 했던 유구의 나하^{那霞}, 다시 남양을 인도양과 연동시켰던 마카오와 말라카, 후에 그 역할을 대신한 홍콩과 싱가포르, 그리고 베트남의 호이안, 인도네시아의 아체 등과 더불어 동아시아 지중해를 구성하는 해상 거점이었다. 여기서 동아시아 지중해는 일반적으로 사할린섬과 아시아 대륙 사이의 타타르해협과 인도네시아와 말레이반도 사이의 말라카해협을 각각 북단과 남단으로 하여, 그 사이에 있는

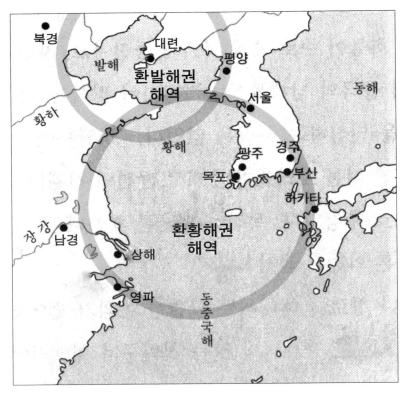

::**그림3** 황해를 둘러싼 해역의 모습

환오오츠크권 해역·환동해권 해역·환황해권 해역·남양 해역·
벵골만과 자바해로 이루어진 인도네시아 일대의 해역 등으로 이뤄
진 해양 세계를 가리킨다.[13]

　예로부터 이 일대를 중심으로 전개되었던 아시아 무역은 우리가
당연시하는 것처럼 국가를 단위로 이루어졌다기보다는 위와 같은
해역을 단위로 이뤄졌다.[14] 이 점은 지금까지도 동아시아 지중해에

서의 무역은 국경의 안과 밖의 교역이라기보다는 해역 간 무역의 연쇄라는 데서도 분명하게 입증된다.

영파는 그렇게 구축되었던 '바다의 아시아'의 도시들 가운데의 '빛나는 고을' 명주明州[15]였다. 다수의 연해沿海와 환해環海, 연해連海, 잇달아 있는 해역과 해역로 구성된 해양 세계가 일반적으로 그러하듯이, 이들 항구들은 육지와 달리 다원성과 다양성, 포괄성 등이 상수常數인 세계를 이루고 있었다.[16] 마치 '바다가 작은 흐름부터 큰 줄기에 이르기까지 온갖 강물을 다 받아들이듯', 영파는 개인이나 도시할 것 없이 정신부터 생활방식, 삶터의 조성에 이르기까지 개방적이고 포용적이며 통합적인 매력을 두드러지게 발산하여 왔다.[17] 강남의 수향水鄕이 항구와 만나 '바다의 도시'가 된 곳, 그곳에 가면 '어향魚香'과 '미향米香'이 진동한다는 옛말처럼, 영파에선 육지의 숨결과 바다의 숨결이 함께 번영하였고, 농경 문화와 상무商貿 문화가 서로를 진작시켜주었다. 또한 유학자와 상인이 상호보완적으로 결합되어 유상儒商 문화를 꽃피웠으니, '문치교화의 고장文治敎化之鄕'이란 미칭과 '상인들의 본향商賈之鄕'이란 칭송의 공존은 그저 듣기 좋으라고 한 소리는 결코 아니었다.

전근대 시기만 그러했던 것이 아니었다. 전통적 생활공간의 중심지인 고루鼓樓에 근대 문명의 상징인 시계탑이 결합된 데서 극명하게 목도되듯, 아편전쟁의 결과로 서구에 의해 강제 개항됐을 때 (1844년)조차 영파는 서구의 문물을 낯설어하지 않았다. 그곳의 상인 비윤지費倫志와 성식관盛植官은 중국 최초로 근대식 윤선을 수입하여 상해와 영파 간 항로를 상업적으로 운항하였으며, 양방楊坊은 강제 개항 전 광주에서 관官을 대신하여 대외무역을 처리했던 매판買辦의 근대적 양태를 처음으로 선보였다. 중국 최초의 근대적 매판이었던 셈이다. 또한 중국 최초의 서양식 여학교와 남학교가 설립되었고, 중국 최초의 여성 유학생 김아매金雅妹가 배출되었으며, 상해의 《육합총담六合叢談》보다 3년 앞서 근대적 중국어 신문《중외신보中外新報》가 발간되었다. 관용적이고도 개방적이었던 영파의 숨결이 빚어낸 문명 교류의 남다른 성과였다. '문화가 상통하는 곳'이라는 오랜

::그림4 영파의 고루

명성에 걸맞게, 영파는 이질적인 것들과 다원적으로 살아가는 데에 둘째가라면 서러워할 내공을 품고 있었음이다.

높고 강했던 고을

도서는 고금을 망라하였고, 항구는 천하로 통해 있다(书藏古今, 港通天下).[18]

동서고금의 역사가 입증해주듯이 문화적으로 높고 강한 자만이 외부에 그 자신을 열 수 있고 이를 지속해갈 수 있다. 내실이 없고 역량이 부족한 자는 문호를 걸어 잠그고, 안으로 속으로 마냥 움츠려든다. 문화는 마치 물과 같아서 높은 곳에서 낮은 곳으로 흐르며, 공력이 강한 데서 약한 곳으로 스며들기 때문이다.

그래서 영파는 바다를 닮아 포용적이고 다원적이며, 개방적이며 융합적일 수 있었다. 문화적으로 영파는 그만큼 높고 강했기 때문이다. 이는 영파가 부근의 여요, 소흥, 항주와 경제적·문화적으로 일체를 이루고 있었기 때문에 가능했다. 당대를 거치면서 중원의 문화적·경제적 중심이 강남으로 옮겨졌고, 남송의 수도가 영파의 이웃인 임안_{지금의 항주}에 들어서게 되자, '절동'이라 불리던 영파 일대가 본격적으로 개발되었다.

그러자 사명학파·요강학파·절동학파 같은 이 지역 고유의 지방색을 띠는 학파가 연이어 등장했다. 이들은 단지 그 일대에서만 행세했던 존재감 미미한 학파들이 아니었다. 해서楷書의 일인자로 꼽히는 당대의 우세남虞世南이나 양명학을 창시한 명대의 왕양명王陽明, 청대를 대표하는 황종희黃宗羲와 만사동萬斯同, 전조망全祖望 등은 단지 영파 일대에만 이름이 알려졌던 인물이 아니라, 전 중원에서 명망이 자자했던 '전국구'급 인물이었다. 이들은 나고 자란 고장에 내재된 문화상의 다원과 관용을 발판으로 지역을 넘어선 인재로 발돋움할 수 있었다.

물론 자기 고장의 특색을 갖춘 학파를 보유했던 지역은 역대로 중원 그 넓은 천지에 널려 있었다고 해도 과언이 아니다. 그러나 그 가운데 명성과 영향력이 전 중원에 미쳤던 지역은 그다지 많지 않았으며, 절동 지역처럼 몇 개의 학파가 연이어 등장하면서 중원 전체에 그 명성을 떨친 경우는 더더욱 얼마 되지 않았다. 마치 중원 이곳저곳에 장서각이 곧잘 세워졌지만, 영파의 천일각天一閣[19]처럼 수차례 전란의 참화마저 극복해내며 오늘날까지 창건 당시의 모습 그대로 전해지는 장서각이 없는 것처럼 말이다. 또 전근대 시기에 이어 근대 시기에도 장병린章炳麟 · 노신魯迅 · 채원배蔡元培 같은 굵직한 사상가를 대거 배출한 지역은 극소수였던 것처럼, 절동의 문화는 오랜 세월 동안 지속적으로 높고도 강했다.

높다고 하여 도도하고, 강하다고 하여 독존적이었다면 오랜 세월에 걸쳐 그 높이와 강함을 유지할 수 없었을 것이다. 그러나 '바다의 도시'답게 영파는 융합과 변이에 능숙하였다. 영파는 명대 내내 총 598명의 진사를 배출하여 당시 중원 전체의 300여 부와 주 가운데 제10위의 성적을 올렸을 정도로[20] 성리학이 성행했던 반면에 중

상주의重商主義적 성향을 띠어 사문난적으로까지 몰렸던 왕안석王安石이나, '마음이 곧 천리心卽理'를 주장하며 신분과 예법의 경계를 넘나들었던 왕양명의 학설도 널리 지지되었다. 상반되는 두 가지 학풍이 공존하며 성행하고 있었음이다. 영파를 대표하는 인물인 황종희의 경우도 마찬가지였다. 천일각에 드나들며 학문의 기초를 닦았던 그는 말년엔 백운장白雲莊에 머물며 후학들과 담론하고 학문을 강론했다. 여기까지는 전통적 사인士人과 별반 다를 바 없어 보인다.

그러나 황종희는 학문에 덧씌워졌던 여러 경계를 자유롭게 넘나든 인물이었다. 명말청초의 혼란기에 책을 기반으로 머리로 사유하기를 거부하고, 반청反淸 무장투쟁에 투신하는 등 '몸'으로 학문을

::그림5 영파의 천일각 입구

닦았고, 사학史學을 토대로 청대 박학樸學, 고증학의 다른 이름의 기틀을 다졌으며, 경세의 경험을 기반으로 의리義理를 촘촘하게 펼쳐냈다. 유학자이지만 상업을 중시하여 '유생이면서 상인'인 '유상' 문화가 영파서 개화하는 데 일조했으며, 예수회 선교사들이 번역·소개한 서양의 과학을 탐독하여 그들의 우주관과 방법론에 대하여 철학적 탐색을 진행했다.[21] 그의 실사구시와 경세 지향적인 정신 앞에서 '몸事功/머리思辨', '고증/의리', '유생/상인', '화하華夏/이적夷狄'과 같은 제반 경계와 나눔은, 넘어서는 안 되는 또 넘을 수 없는 장벽이 아니라 필요에 따라 자유로이 넘나들 수 있는 또 그래야 하는 키 낮은 문턱

::그림6 황종희가 강학했던 백운장

에 불과했다. 그가 『명이대방록明夷待訪錄』 같은 시대와 문명을 앞서간 저술을 지어 훗날 '중국의 루소'라는 평가를 받게 된 것은 '특출한' 사건이 아니라, 융합과 변이에 능숙했던 영파의 기질이 빚어낸 '있을 법한' 사건이었다.

영파는 이렇게 하여 자신의 높고 강한 문화를 유지할 수 있었다. 하여

천일각이 자금성 내 문연각文淵閣[22]의 원형으로 채택되어 중원의 중심인 황궁으로 스며들었듯이, 영파 앞바다의 보타산普陀山[23]이 중국화된 불교를 바다 너머로 전파하여 동북아 불교의 주요 성지가 되었듯이, 영파의 높고 강한 문화는 강을 따라 내륙으로 또 바다를 타고 이국으로 흘러들었다. 천일각에 층층이 쌓인 서적처럼 영파는 문화적 내공을 도탑게 집적하고 있었기에, 이를 바탕으로 '온 천하와 통하는 항구港通天下'로 발돋움할 수 있었다.

'바다 대국'을 향한 중국의 행보

2008년 5월 1일, 항주만의 바다를 가로질러 상해와 영파를 최단거리로 잇는 '항주만대교杭州灣跨海大橋'가 완공되었다. 그럼으로써 상해에서 영파까지의 이동 시간은 종전 4시간에서 2시간으로 단축되었다. 근대 이후 중국 최대의 대외무역항으로 성장한 상해와 전근대시기 동아시아 지중해의 주요 거점이었던 영파를 하나의 권역으로 묶자는 중국의 거대한 구상이 첫 과실을 맺은 셈이었다.

이는 우리에게는 '불편한 진실'이다. 상해는 단지 상해만이 아니고, 영파도 단지 영파만이 아니기 때문이다. 상해는, 크게는 'G2'급으로 성장한 중국의 경제를 선도하는 핵심 역량이자, 작게는 장강삼각주와 역대로 강남의 한 축이었던 강소성과 일체를 이루고 있는 대국 중국의 용안龍眼이다. 영파 또한 '뭍(대륙)-강(용강)-바다(황해)'

로 전개되는 네트워크와 '바다(발해)-바다(황해)-바다(남양)'로 연쇄
되어 있는 광대한 네트워크의 허브이다. 이 둘이 하나의 권역으로
묶임으로써, 과거 환황해권 해역의 어엿한 일원이었던 우리는 규모
나 역량 면에서 더욱 약세를 띨 수밖에 없게 되었다.

뿐만 아니다. 21세기로 전환되는 즈음에 홍콩과 마카오가 중국에
연이어 반환되었다. 이들은 서구 열강이 본격적으로 아시아로 진출
할 무렵부터 인도양과 중국의 동남 연해안, 자바해 일대의 해역을
긴밀하게 연동시키는 역할을 수행했던 허브 항들이었다. 이로써 중
국은 남양 해역의 패자가 되기 위한 교두보를 구축하였다. 남양 해
역의 중요한 거점인 대만과도 목하 통일 작업이 착착 진척되고 있
다. 경제적인 면에서만 보자면 대만과 대륙의 경제는 이미 일체화

::그림7 영파와 상해를 잇는 항주만대교

됐다는 평가도 가능할 정도이다. 대만이 중국의 한 성으로 귀속되든 아니면 영연방처럼 중국과 대만이 '중화연방'을 구축하든 간에 중국은 이미 대만과 그 부속열도로 가름되는 동아시아 지중해의 동쪽 경계를 실질적으로 장악한 채로, 근자에는 일본·베트남과 각각 조어도釣魚島, 센카쿠열도와 남사군도南沙群島, 스프래틀리군도의 영유권을 놓고 다투고 있다. 동중국해와 남중국해의 제해권과 교역권을 움켜쥐기 위해 매우 치밀하고도 치열하게 움직이고 있음이다.

중국의 이러한 움직임은 한반도를 둘러싼 해역에서도 분명하게 감지된다. 환발해권 해역과 환동해권 해역에서 중국의 최근 행보는 심상치 않다. 2009년 8월 1일 요녕성이 지방정부 차원에서 추진하던 '요녕 연해 경제벨트 개발 계획'과 흑룡강성이 추진하던 '장길도長吉圖[24] 선도구 개발사업'이 2011년에 들어 국무원 차원의 국가급 계획으로 승격되었다.[25] 이에 발맞춰 북한은 신의주 부근의 황금평을 중국 기업에 임대하였고, 두만강 유역의 나진·선봉 경제특구와 중국의 훈춘 사이에 철도를 부설하기로 합의하였다. 이로써 중국은 환발해권 해역의 제해 능력이 신장되었고, 환동해권 해역으로 직접적으로 진출할 수 있는 교두보를 확보하였다. 남양 해역의 광주 경제개발구에서 환황해권 해역의 상해 경제개발구로 이어지던 중국의 경제개발 계획이 환발해권 해역과 환동해권 해역으로 확장되어, 드디어 동아시아 지중해를 '면面'[26]으로써 장악할 수 있는 기반을 마련하게 된 셈이다.

이로써 한반도는 해양 대국을 도모하는 중국과 이를 견제하려는 일본 사이에 갇히는 꼴이 되었지만, 아무튼 영파의 가치는 급상승되었다. 아니, 영파 하나만으로는 그 역할을 감당할 수 없다고 판단되었기에 상해와 하나로 묶는 작업이 동시에 수행됐을 가능성이 높다. 청대 이래로 꾹꾹 다져왔던 중앙유라시아 대륙에서의 '유일 대국' 중국이라는 욕망과 광활한 동아시아 지중해에서의 '유일한 해양 대국' 중국이라는 욕망을 동시에 실현하기 위해서는, 뭍과 강으로 구성된 육지의 네트워크와 연해沿海와 환해環海와 연해連海로 구성된 바다의 네트워크를 동시에 점하고 있는 영파의 역할이 역대 그 어느 때보다 중요해졌기 때문이다. 영파는 어느덧 21세기에 들어 당대처럼 중국 최고의 '바다의 항구'로 비상하고 있다.

::그림8 오늘날 영파 첨단 제품 수출항의 모습. 현재 영파항은 물자의 이동량(물동량)을 기준으로 상해와 광주에 이어 세 번째 규모이다.

다시 삼강구에 서서

 유서 깊은 도시를 보러간다는 것은 지금의 도시 경관을 보러가는 것만은 아니다. 그보다는 그 안에 간직되어 있는 과거와 앞으로 다가올 미래를 만나러 가는 것이다. 유적과 유산에서 켜켜이 쌓인 문화적 두께를 발굴하러 가는 것이고, 그들이 풍기는 인문의 숨결에 공명하러 가는 것이며, 이를 통해 그곳의 현재를 가늠해보고 미래를 그려보러 가는 것이다.

 영파는 그래서 더없이 풍요로운 고장이다. 삼강구와 주변의 외탄이, 고려사관과 시박사 옛터가, 커다란 시계를 지고 있는 고루와 천주교 성당이, 천후궁天后宮과 포개져 있는 경안회관慶安會館과 영파방寧波幇[27]의 요람 전업회관錢業會館이, 또 천일각과 백운장이 자신과 대화를 나누러온 이들에게 영파의 과거와 오늘을 또 미래에 대한 얘기를 넉넉하게 풀어놓기 때문이다. "절강성 사람 가운데 외국과 교통하고자 하는 이들은 모두 영파로부터 바다로 나갔다浙人通番, 皆自寧波出洋"[28]는 말처럼 영파에는 배후의 강남이 또 대륙 중국이 끊임없이 흘러들었으며, "온 세계를 두루 다니는 것보다는 영파의 강변을 다니는 것이 낫다走遍天下, 不及寧波江厦"는 민간의 속담처럼 세계도 영파로 끊임없이 흘러들었다.

 마치 노자가 예찬한 바다처럼, 영파는 그들을 맞아들이며 자신을 변이시켰고, 그들을 품었다 내보내며 자신을 변주해갔다. 이 변이와 생성의 메카니즘 속에 영파는 늘 만물이 도달하는 종착점이자 만

물이 비롯되는 새로운 시발점일 수 있었다. 그렇게 천수백 년의 성상을 품어온 '바다의 항구' 영파, 그 한복판을 용강의 물결은 오늘도 도도하게 흐른다. 그렇게 중국은 바다와, 바다는 또 다른 바다와 유장하게 이어지고 있다.

주

1 모리모토 아사코(森本朝子), 「아시아 해저 고고학」(오모토 케이이치 외 편(2005), 『바다의 아시아 5-국경을 넘는 네트워크』, 파주: 다리미디어), 129쪽.

2 신안 해저유물선에 대한 이상의 서술은 모리모토 아사코, 위의 글을 참조하였다.

3 「北至靑齊, 南至交廣, 東南之要會」; 何新易, 「影響近代中國東南五口的變動因所」, 《經濟學情報》 2000年 第5期, 61쪽에서 재인용.

4 영파 외에 복건성의 천주와 광동성의 광주가 고대 중국의 3대 무역항으로 꼽힌다. 이두 항구도시는 송대 이래로 남중국해 일대 및 아랍과의 교역 중추였고, 18세기 이래로는 이른바 '지리상의 발견'을 선도한 서구와의 교역 중심지였다.

5 시바 요시노부(斯波義信) 저, 임대희 · 신태갑 공역(2008), 『중국도시사』, 서울: 서경문화사, 189~190쪽.

6 '남양 해역'은, 절강성 남부 · 복건 · 광동 연해안과 이와 마주보고 있는 대만과 더 남쪽의 필리핀, 인도네시아, 말레이시아 등으로 느슨하게 둘러싸여 있는 해역 일대를 지칭하기 위해 필자가 편의상으로 붙인 이름이다.

7 시바 요시노부, 위의 책, 190쪽.

8 홍석준, 「동아시아 해양 네트워크의 형성과 변화」, 《해양정책연구》 제20권 1호, 9쪽.

9 시바 요시노부, 위의 책, 189쪽.
   양승윤 외 저(2003), 『바다의 실크로드』, 서울: 청아출판사, 55~56쪽.

10 이동윤, 「송대 해상무역의 제 문제」, 《동양사학연구》 제17집, 7쪽.

11 하마시타 다케시(濱下武志)(2003), 「동양에서 본 바다의 아시아사」, 『바다의 아시아 1-
12 바다의 패러다임』, 파주: 다리미디어, 138~139쪽.
   '동아시아 지중해'는 현재 비유컨대 '임상실험' 중인 개념이다. 하여 그 유용성과 엄밀
13 성에 대한 옹호와 논박이 진행 중에 있다. 이와 관련해서는 다음의 글을 참조할 것. –
   권덕영(2011), 「'동아지중해'론과 고대 황해의 지중해적 성격」, 《지중해지역연구》 제13권 제2호; 윤명철(2006), 「동아시아 해양공간에 관한 재인식과 활용–동아지중해 모델을 중심으로」, 《동아시아고대학》 제14집; 이철호(2001), 「지역의 재등장과 새로운 아시아: 동아시아 지역화 논의와 새로운 국제공간으로서의 지역에 대한 성찰」, 《국제정치논총》 제41집 제4호 등.

14 양기웅, 「동아시아 협력과 지역 경제권의 역사(1850~1995)」(양기웅 편저(1999), 『동아시아 협력의 역사 · 이론 · 전략』, 서울: 도서출판 소화), 22쪽.

15 명주(明州)는 영파의 옛 이름이다. 당 현종(玄宗) 때인 733년, 지금의 절강성 소흥(紹

興)과 여요(餘姚), 영파 일대를 아울렀던 월주(越州)가 둘로 나뉘었을 때, 영파 일대를 주변에 사명산(四明山)이라는 산이 있어 그렇게 불렸다. 곧 '명주'는 '사명산 가까이에 있는 고을'이라는 뜻이다. 여기서는 '명주'라는 글자 그대로의 뜻에 착안하여 이를 수사학적으로 활용하였다.

16 하마시타 다케시, 위의 책, 140쪽.

17 車瑞, 「城市記憶: 寧波城市文化的重鑄」, 《三江論壇》 2011年 第5期, 44쪽.

18 21세기 들어 등장한 영파 선전 표어 가운데 가장 널리 활용되고 있는 문구다.

19 영파 출신 범흠(范欽)이 1566년에 완공한, 현존하는 가장 오래된 장서각이다. 또한 말라테스티아나(Malatestiana) 도서관(1452년 이탈리아 북부 체세나(Cesena) 지역에 말라테스타 가문이 세운 르네상스 시대 최초의 도서관), 메디치 가문 도서관(1473년 메디치 가문이 산마르코 수도원에 건립)과 함께 현존하는 3대 '가문 도서관' 가운데 하나이기도 하다.

20 시바 요시노부, 위의 책, 193쪽.

21 쉬딩바오 저, 양휘웅 역(2009), 『황종희 평전』, 파주: 돌베개, 63쪽.

22 문연각은 자금성 안에 있는 『사고전서(四庫全書)』 수장고이다. 『사고전서』는 만주족의 청이 이를 기반으로 중원 통치의 기틀을 다지고자 기획했던 청대 제일의 국책사업이었다. 곧 『사고전서』에는 청조의 중원 통치의 요체가 담겨 있는 셈인데, 그래서 청조는 『사고전서』를 중원의 요처 7곳을 골라 여기에만 수장하였다. 문연각을 비롯하여 황하 이북의 심양(瀋陽)의 문소각(文溯閣), 열하(熱河)의 문진각(文津閣), 북경 원명원(圓明園)의 문원각(文源閣)과 장강 이남의 양주(揚州)의 문회각(文匯閣), 진강(鎭江)의 문종각(文宗閣), 항주의 문란각(文瀾閣)이 그것이다. 이들은 모두 천일각을 원형으로 삼아 건축됐다.

23 영파와 마주보고 있는 주산열도(舟山列島)에 있는 보타산은 관세음보살이 중생을 교화한 도량으로, 산서성의 오대산(五台山)과 더불어 중국 불교의 양대 성지로 유명하다.

24 '장길도(長吉圖, 창지투)'는 중국 길림성의 장춘(長春, 창춘)시와 길림(吉林, 지린)시 일대와 두만강(중국 측에서는 '도문강(圖們江, 투먼장)'이라고 표기) 이북 지역을 가리킨다.

25 「'황금평 개발'은 북·중 양국의 국가급 프로젝트」, 《시사in》 제199호, 2011. 7. 15.

26 개혁개방 이후 중국이 취한 경제개발 패턴은 이른바 '점(點)-선(線)-면(面) 개발 방식'으로 개괄될 수 있다. 곧 연해지대의 거점도시를 육성한 후 이들을 선으로 연결하여 개발벨트를 형성하고, 이를 주변 지역으로 확산시켜가는 방식이 그것이다.

27 영파방은 중국 국내외의 경제계에서 크게 활약하며 중요한 역할을 수행해온 영파 출신

상인들의 네트워크를 가리키는 말이다.

28 許勤彪 主編(2005), 『寧波歷史文化二十六講』, 寧波: 寧波出版社, 61쪽.

영파의
고려사관을
찾아서

* 정재훈

한-중 교류의 중심지 명주, 영파

영파를 포함한 강남 지역은 송대부터 개발된 이후 중국에서도 손꼽히는 곡창지대이며, 동시에 문화와 예술이 발달한 곳이다. 최근에는 경제 발전으로 인해 중국에서도 가장 살기 좋은 지역으로 알려져 있다. 총길이가 36킬로미터에 달하는 세계에서 가장 긴 해상대교인 항주만대교를 통해 이곳을 방문하면 여느 중국의 도시와는 달리 깨끗한 거리, 정리된 시가지의 모습을 확인할 수 있다.

하지만 영파는 이미 송대부터 1,000여 년 동안 중국 문화의 진원지이기도 하였다. 따라서 과거 한반도에서도 늘 관심 있게 지켜보는 대상이었다. 비록 송대에 고려와 교류한 이후 원대에 이르러 수도가 북경으로 이전해감으로써 거의 방문할 수 없는 지역이 되기도 하였지만 영파는 한반도와의 연결고리가 끊어지지 않았다.

::그림1 영파 시내에 위치한 고려사관의 유지(遺地)임을 보여주는 표지석

현재 영파에는 한반도와의 교류를 상징적으로 보여주는 '고려사관高麗使館'이 시내의 한복판인 진명로鎭明路의 보규항寶奎巷에 자리잡고 있다. 고려사관 안에는 고려와 송나라의 명주 사이에 있었던 교류와 관련된

자료로 채워진 '명주와 고려 교류사 전시'가 진열되어 있다. 2006년 LG건설이 월호 주변 공원을 개발하면서 현재의 모습으로 복원된 이곳은 원래 송나라 때인 1117년 고려와의 관계를 돈독히 하기 위해 건립되었다. 즉 고려에서 온 사신과 무역상을 접대하는 것이 주된 용도였다. 이 시기는 요나라가 고려와 송나라 사이의 교통을 방해함에 따라 주로 사용되던 북방 해로 대신 남방 해로가 활발하게 이용되던 때였다.

왜 영파, 곧 당시 명주는 고려와의 교통에서 중심이 되었을까? 영파에서 든 첫 번째 의문이다. 이것은 지역적·지리적 특징과 연결지어 설명할 수 있다. 왜냐하면 이 지역은 한반도와 긴밀하게 연결될 수 있는 자연적인 여건을 지니고 있기 때문이다. 이 지역의 연안을 지나는 남쪽의 조수가 북상하여 한반도의 서남쪽으로 밀려왔고, 북쪽의 한류寒流는 한반도의 남쪽을 경유하여 이곳으로 흘러들어갔다.[1]

이 때문에 해로가 개척되기 이전에도 자연스럽게 한국과 중국 사이에는 접촉이 이루어질 수 있었다. 예를 들면 남당南唐 연간943~957년에 고려의 북이 바다를 통해 중국으로 흘러들어간 경우가 있었고, 또 후량後梁 융덕隆德 3년923년에 신라의 승려가 그림을 가져오다가 풍랑에 배가 파괴되어 그림 상자만이 황해도 해주 부근에 표류해온 경우도 있었다.

최근에는 1996년과 1997년 두 차례에 걸쳐 뗏목으로 절강성 영파 앞바다인 주산열도舟山列島에서 인천까지 항해를 시도하여, 1997년 6~7월에 24일간의 항해에 성공하기도 하였다. 이 지역의 조류

와 더불어 봄부터 여름까지 절강성에서 한반도로 부는 계절풍을 이용하여 항해가 가능함을 증명한 것이다.[2]

이러한 자연지리적 이점 때문에 실제 한반도와 중국 사이의 교류는 4~5세기 이후 해로를 통해 이루어졌다. 해로의 개통 이후에는 대체로 남방 해로와 북방 해로, 두 가지 노선이 있었다. 북방 항로는 고대로부터 당나라까지 주로 이용하였는데, 중국 산동반도의 등주登州로 가는 항로였다. 조선 시대에도 육로로 가는 사행길이 막혔을 때는 이 해로를 이용하기도 하였다.

남방 해로는 송나라 때 거란이 세운 요나라가 출현함에 따라 주로 이용되었는데, 중국 동해안의 명주·온주·천주·광주로 통하는 데 이용되었다. 한반도에서는 서남쪽 흑산도에서 출발하여 바다를 건

::그림2 복원되어 2006년 6월 15일에 문을 연 고려사관의 전경

너 현재의 절강성 보타현을 거쳐 영파에 이르렀던 것이다.

절강성의 명주는 남방 해로 가운데서도 가장 중심적인 항구였다. 명주와 활발하게 교류가 이루어졌던 고려 시대에는 송나라에서 나침반이 발명되어 항해술이 발달하였기에 양국 사이에 많은 교류가 이루어졌다. 고려의 선박이 명주에 많이 갔을 뿐만 아니라 송나라 사람들 역시 고려로 적지 않게 내항하였다. 서긍徐兢이 지은 『선화봉사고려도경宣和奉使高麗圖經』은 이러한 고려와 송나라 사이의 항해의 흔적을 잘 보여주는 증거 자료다.

신라방과 장보고

그러나 이미 신라 때부터 이 지역과의 교류가 활발하였던 것은 당나라를 순례하였던 일본 승려 엔닌圓仁의 『입당구법순례행기入唐求法巡禮行記』에 구체적으로 묘사되어 있다. 이 여행기는 당나라를 순례하였던 기록이지만 여기에 등장하는 인물의 반 이상은 당나라나 일본 사람이 아니라 신라 사람들이었다.

당나라 때에는 엔닌의 기록처럼 많은 신라 사람들이 산동반도 연해안과 회수, 대운하 주변, 그리고 장강 하류 및 남중국의 연해안에 마을을 이루고 살았다. 이들은 오랜 시간 동안 우여곡절을 거치면서 정착한 사람들이었다. 그들 중에는 고구려와 백제와의 전쟁을 겪으면서 전쟁 포로가 되어 강제로 끌려온 사람들도 있었고, 굶주림을 피하거나 해적에 나포되어 팔려온 사람들도 있었다. 여기에 무엇보다 삼국의 해외 발전기에 진출해온 무역 상인 · 유학생 · 구법승 · 군인 · 선원 · 농민 등도 있었다. 이들은 모두 시기와 출신 국가나 지역이 다름에도 불구하고 하나의 정착민으로 형성되어 '신라인'이라는 정체성 속에서 각자의 생업을 이어가고 있었다.

신라의 경우 7세기 중엽 중앙 집권 체제를 형성하였지만, 점차 진골 귀족들의 도전과 정치적 혼란을 겪으며 무너지기 시작하였다. 9세기에는 더욱 혼란이 심해져서 호족들이 지방에 할거하게 되었고, 지방 지배는 더 어지러워졌다. 그 사이에 일반 민중들은 오히려 통제에서 벗어나 바다를 건너 진출하여 교역 활동을 활발하게 펼치게 되었다. 그래서 신라-당-일본을 오가면서 우리 역사상 찾아보기 어려울 정도로 활발한 해상무역 활동이 일어나게 되었다. 장보고는 그러한 사람들 중에서도 대표적인 인물이었다.

신라인들은 이렇게 동아시아 3국 간 교역에 종사하였을 뿐만 아니라 이 시기 이루어진 동서 교역에 참여하기도 하였다. 이 당시 아라비아와 페르시아의 상인들은 바닷길을 통해 광주와 양주까지 왕래하고 있었다. 따라서 신라인 무역업자들은 이들과 자연스럽게 교류할 수 있었다. 아라비아와 페르시아의 상인들이 지중해나 중동의 연안에서 수행하였던 역할을 신라인들이 중국과 신라, 일본 사이에서 수행하였던 것이다.

이러한 해상 활동과 교역 활동을 수행하는 데 바로 중국의 동남 연해안과 대운하 주변에 살았던 신라인들이 큰 뒷받침이 되었다. 신라인들은 산동반도의 연해안에서 대운하의 주변, 그리고 회하·장강 하구·양주·초주^{지금의 회안}·명주^{지금의 영파}·천주·복주·광주 등에 이르는 지역에 주로 분포되어 있었다.

그중 회하와 장강 하류 지역의 신라인들은 초주·연수 등의 도회지에 모여 살았고, 도시의 한 구역에 집중적으로 거주해 자치구역을 형성하였다. 이 구역을 '신라방^{新羅坊}'이라 하며, 이를 중심으로 인근의 신라인들을 다스렸다. 신라방에는 책임자로 총관^{總管}이 있었고, 그 아래에 전지관^{全知官}이 실무를 담당한 듯하며, 역어^{譯語}가 있어 교섭 업무를 주관하였다.

한편 도시가 아닌 시골에 형성된 신라인들의 촌락들을 총괄하는 자치적 행정기관으로 '구당신라소^{勾當新羅所}'가 있었고, 일정한 지역 내의 신라인 사회를 관할하였다. 그중 산동성 문증현의 신라소가 유명하였다. 신라소의 장인 압아^{押衙}와 신라방의 총관은 대등한 위계였으며, 당나라의 지방관의 통제 하에서 업무를 수행하였다.

이 시기 영파 지역은 명주 정해현의 망해진이 멀리 신라에서 온 선박들이 도착하고 머물렀던 항구였다. 또 명주 창국현의 매잠산은 신라와 발해, 일본 등의 선박이 바람을 기다리던 곳이다. 송대의 문신인 서긍 역시 명주 정해현을 출발하여 매잠을 지나서 흑산도를 거쳐 고려에 도착하였다.[3]

이렇게 명주는 당말의 시기에 강남 연안에서 신라와의 교류에 중심적인 역할을 하였는데, 이는 이후 오대나 송대에도 마찬가지였다. 그래서 명주에 여러 나라와의 무역을 관장하는 '시박사'가 설치되었던 것이다. 당시 외국인들은 명주의 동도문 일대를 중심으로 활동하였다. 특히 신라 상인들은 진명로 일대에서, 페르시아인波斯人들은 동도문 안에 많이 거주하여 페르시아 거리를 형성하기도 하였다. 즉 고려사관이 있던 진명로는 이미 당나라 때부터 신라 사람이 거주하였던 지역이었다.

그래서인지 영파 앞바다에 있던 주산열도의 보타산의 관음신앙과 관련되어 흥미로운 기록이 『고려도경』에 소개되어 있다.

> 옛날 신라 상인이 오대산에 가서 그 관음상을 만들어 배에 싣고 신라로 돌아가려 했다. 출항하자 곧 좌초하여 배가 나아가지 못함에 그 관음상을 암초에 안치했다. 상원의 스님 종악宗岳이 그 관음상을 전각으로 모셨다. 이 뒤로 바다를 왕래하는 사람은 반드시 가서 참배하여 복을 비니 감응하지 않음이 없었다.

신라 상인들이 조성한 관음보살이 지금 유명한 보타산 관음신앙의 원조였음을 증명하는 내용이다. 지금도 신라의 무역 상인들이 배를 타고 가다가 좌초한 바위가 '신라초'라고 불리고 있다. 영파, 즉 이때의 명주를 둘러싼 신라인들의 자취는 이외에도 예를 들 수가 없을 정도로 많았다.

신라인들은 이 해로를 오가며 선진 종교와 무역품을 수입하였다. 이 당시 유행하였던 선종 불교와 청자 월주요越州窯가 바로 그 수입품이었다. 신라인들은 서북풍이 부는 10월에서 다음해 2월에 명주

쪽으로 가서 서남풍이 부는 3월에서 8월 사이에 귀국하였다. 장보고는 바로 이런 바람을 이용하여 신라인들을 태우고 무역을 하였던 것이다.

고려 때의 교류

하대 신라 때 활발했던 명주를 중심으로 한 한-중 교류는 고려 때에도 그대로 이어졌다. 다만 10세기 초반 동아시아는 새로운 질서를 맞게 되면서 약간의 변화가 있었다. 중국 대륙은 당의 멸망 이후에 오대·십국을 거쳐 송나라가 통일하기까지 혼란스런 상황이었다. 이 와중에 거란이 통일국가를 이루었고, 발해를 무너뜨린 후에 중원으로 진출하였다. 송과 거란의 대립이 있었고, 거란에 이어 12세기 초 금나라가 등장하여 송과 대립하였다. 고려는 대륙의 이러한 정세에 맞추어 송·요나라와 각각 적절한 관계를 맺어나갔다.

종래 중국 중심의 일원적인 질서가 지배적이었다가 동아시아는 상호 균형을 모색하는 새로운 다원적 국제 체제가 형성되었다. 이러한 국제 질서는 고려와 송·요·금·일본 등의 국가들 사이에서 활발한 교류와 대외무역이 이루어지는 배경이 되었다. 여러 국가들 가운데서 고려는 요나 금의 책봉을 받고 그 연호도 사용하였지만 이들 나라와는 그리 무역이 활발하지 못했다.

그에 비해 고려는 송나라와는 책봉 관계를 맺었고, 요나라에 의

::그림3 송대 명주와 고려 교류의 역사 기록. 고려사관 내 전시실의 여러 벽면을 가득 채우고 있다.

해 책봉 관계가 정지된 이후에도 비교적 양국의 교류는 줄어들지 않고 활발하게 교역을 이어나갔다. 그래서 송나라 상인들이 고려에 입국하여 교역을 행하였다. 고려에서 송나라에 사신을 파견한 횟수가 60회 안팎이고, 송에서 고려로 사신을 보낸 횟수가 30여 회였던 것에 비해 고려에 입국한 송나라 상인의 횟수가 130회에 이르는 것은 그만큼 두 나라 사이에 경제적 관계가 긴밀했음을 보여주는 사례이다.[4]

그렇다면 고려에서 송나라로의 교역은 어떠하였을까. 앞서 소개한 대로 중국으로 가는 길은 육로 외에 항로의 경우에는 중국의 연해안을 따라가는 북방 해로와 한반도의 서해를 가로지르는 남방 해로가 있었다. 그 가운데 남방 해로는 한반도의 서해안을 출발하여 산동반도에 도착하는 해로와 명주에 도착하는 해로가 있었다. 북방 해로가 비교적 안전하여 고대부터 이용되었지만 10세기 이후 거란의 세력이 왕성해지면서 이 해로보다는 황해를 횡단하는 해로가 자주 이용되었다. 명주로 직접 갔던 해로 역시 이러한 변화에 따라 자주 이용되었는데, 이 항로 역시 이미 신라대부터 이용되어왔던 해로였다.

거란의 간섭을 피하여 명주를 통해 송에게 교류를 요청한 때는 고려 문종 28년1074년이었다. 송나라 역시 고려의 요청이 있기도 하였지만 거란 때문에 중국 연안의 북부 지역에 대해서는 제대로 제해권을 행사할 수 없어서 고려의 이러한 요청을 수락하였던 것이다. 송나라가 내주에 있었던 동해신을 제사하는 사당을 1078년에 명주의 정해현으로 옮긴 것 역시 명주가 새로운 제해권의 중심지로 부상한 것을 보여주는 사례이다.

더불어 명주에는 시박사가 설치999년되었다. 시박사는 주요 항구에 설치하여 무역 업무나 선박의 입출항과 관세 업무를 관장하는 기관이었다. 명주에는 송나라 초기에 시박사가 설치된 이래 한 번도 폐지되지 않고 줄곧 유지되었다. 북송 시기, 특히 대외무역이 번성했던 시기에 명주는 시박사가 일찍이 설치되었던 광주항과 함께 '명광明廣'이라고 불릴 만큼 중요시되었다.

곧 명주는 송나라의 대對 고려 접촉의 가장 중요한 창구가 되었으며 동시에 무역항으로 기능하게 되었다. 심지어 송나라와 고려의 관계가 금나라에 의해 일시적으로 단절되었을 때는 이곳의 지방 정부

당국이 송나라의 중앙 정부를 대신하여 고려의 예빈성과 접촉하여 서로 첩문牒文을 보내어 양국 간의 현안을 해결하기도 하였다.

명주에 고려사관이 설치된 것은 이러한 고려와 송의 긴밀한 교류 속에서 이루어진 일이다. 고려사관이 처음 세워진 1117년 역시 고려와 송 사이에 외교적·경제적 교류가 활발했던 시기였다. 그래서 고려의 사신단이 머무는 숙소를 건립한 것이고, 사신단을 접대하여 향연을 베푸는 장소로 항제정航濟亭을 건립하기도 하였다. 또한 명주의 조선관에서는 고려에 파견되는 송의 사신단을 수송하는 선박을 건조하기도 하였고, 이곳에 위치한 신묘들은 항해의 안전을 비는 곳이기도 했다.[5]

그래서 고려인들이 이곳을 지나간 사례를 확인할 수 있다. 고려의 승려인 의통義通은 광종 18년968년에 이곳에 와서 불법을 전파하여 명성을 크게 떨치기도 하였고, 승려 의천義天 역시 중국에 올 때는 북방 해로를 이용했으나 구법 활동을 마치고 귀국할 때는 명주에서 출발하였던 것이다.

명주의 중요성은 원나라 때에도 마찬가지였다. 명주는 고려-원 연합군이 일본 정벌을 위해 출발할 때 기지가 되었을 뿐만 아니라 전쟁에 소용되는 각종 군수 물자들이 이곳에서 고려의 합포로 옮겨져 비축되기도 하였다. 또한 고려의 생산물이 대량으로 명주로 수송되어서 강남의 각지로 보급되기도 하였다. 이러한 위치 때문에 원말 강남의 군웅이었던 방국진方國珍 역시 이곳을 장악하여 고려와 정치적으로 긴밀히 연결하며 무역 활동을 하기도 하였다.

오래 존속하지 않았던 고려사관

  지금 고려사관을 방문해보면 그다지 크지 않은 곳에 전시관이 건립되어 있다. 그러나 처음 이곳에 고려사관을 건립하였을 때는 고려의 사행단만이 아니라 상인이나 유학생도 묵었던 것으로 보이며, 이들을 접대하기 위해서는 적지 않은 시설이 필요했을 것이므로 그 규모가 상당하였을 것이다. 단기간이라 하더라도 생활을 위한 객실, 주방, 식당, 병원 등의 시설뿐만 아니라 사행관이라는 공적 업무의 수행을 뒷받침하는 공용의 사무실, 접대실, 회의실 등이 필수적이었을 것이다. 실제로 『송사宋史』를 살펴보면 인종 때 고려사관에 293명이 들기도 하여, 약 300명에 달하는 인원이 고려사관 내에서 생활하

::그림4 고려사관 내 고려청. 송대 명주와 고려 사이 교류의 역사를 보여주는 전시관이다.

였던 것을 짐작해볼 수 있다.

그런데 고려사관의 존속기간은 13년에 불과하였다. 1117년에 건립되어 남송 고종 4년[1130년]에 금나라가 침입하였을 때 화재로 인해 소실되었다. 남송 초에 명주성을 중건하였는데, 이때 고려사관의 터에는 도주무都酒務라는 관서가 1135년에 건립되었다. 도주무는 술을 빚어서 명주의 관청이나 민간의 수요에 응하였던 곳이다. 이로부터 나오는 수입이 적지 않아 지방의 주현으로서는 중요한 재정 수입원에 해당하였는데, 원래 다른 곳에 있던 도주무를 이곳 유지에 옮겨 지은 것이다.

이곳에 설치된 도주무는 약 45년간 이어지다가 남송 효종 7년[1180년]에 황제가 사호史浩에게 이 땅을 내려주게 됨에 따라 개인의 주택지가 되었다. 사호는 여기에 보규정사寶奎精舍를 지었다. '보규寶奎'라고 이름한 이유는 이곳에 송나라 고종과 효종 두 황제의 어서御書와 묵보墨寶를 소장하였기 때문이다. 예부터 황제의 친필이나 어서를 '규문奎文'이나 '규묵奎墨', '규장奎章'으로 일컬었던 것에서 유래한 말이다. 보규정사는 명나라 때에는 다시 '보규묘寶奎廟'로 변하였다. 현재 고려사관이 보규항에 있게 된 것은 이에서 유래하였다.[6]

고려 시대 이후로는 이 지역과 한반도와는 크게 관련이 없게 된다. 명나라 초기에 남경에 도읍하였을 때 일시적이나마 남경으로 사행이 가기도 하였지만 명주와는 거리가 있었다. 다만 조선 성종 때 제주도에 경차관으로 갔다가 표류하게 되었던 최부崔溥가 도착한 곳역시 영파의 바닷가였던 것을 보면 바닷길로는 한반도와 끊을 수 없는 연관이 있었음을 알 수 있다.

인천과 가까운 대안인 중국의 산동성 청도에는 근래에 눈에 띄는 변화가 있었다. 1988년 100여 명에 불과했던 청도 주재 조선족의 인구가 20여 년이 지난 2011년 현재 13만여 명으로, 산동성 전체로는 20만 명으로 늘어난 것이다.

1992년 한국과 중국의 수교가 이루어진 후에 양국 사이에는 속도를 측정할 수 없을 만큼 빠르게 활발한 교류가 이루어졌다. 그 결과 지금은 한국의 무역상대국 중 가장 큰 비중을 차지하는 나라가 중국이 될 정도로 절대적으로 중요한 교류와 무역의 대상 국가가 되었다. 이러한 변화는 중국 내에 있는 조선족에게까지 적지 않은 영향을 미쳤다. 주로 중국의 동북 지역에 모여 살던 조선족들은 한국과 중국

::그림5 고려사관 옆에 있는 수칙비로서 강물의 수위를 재서 농업에 도움을 주었다.

사이에 뱃길이 열리면서 다투어 이 지역으로 모이게 된 것이다.

한중 수교 이후 중국에 진출한 한국의 기업들은 인천항과 바다를 사이에 두고 마주한 청도에 자리를 잡았다. 이에 따라 한국기업들은 말이 통하는 조선족들을 앞다투어 고용하였다. 조선족들은 한국기업을 통해, 그리고 한국을 오가며 적지 않게 경제적 안정을 이루면서 기후까지 따뜻한 청도를 비롯한 산동성에 머물게 된 것이다.

그 때문인지 지금도 산동성과 절강성 등 중국의 동해안에는 한국과 관련된 기업이 적지 않고, 새로운 '신라방'으로서 한국 관련 거류지가 확대되어 한중 교류의 중요한 고리가 되는지도 모르겠다. 영파의 고려사관은 비록 오래 존속되지는 않았지만 그런 점에서 우리가 놓치면 안 될 한중 교류의 중요 지점임에는 틀림없다.

주

1 張東翼,「宋代의 明州 地方志에 수록된 高麗關係記事 硏究」,《歷史敎育論集》22, 3~4
쪽 참조.
2 이 뗏목 항해에 대해서는 다음의 기록을 참조할 수 있다. 조영록 편(1997),「3. 황해 뗏
목 학술탐사와 그 의의」,『한중문화교류와 남방해로』, 국학자료원.
3 김문경(1997),「張保皐 시대의 해상 활동과 교역」,『한중문화교류와 남방해로』, 국학
자료원, 140쪽 참조.
4 金渭雄,「高麗와 宋의 海上交易路와 交易港」,《中國史硏究》28, 104~106쪽 참조.
5 張東翼, 앞 논문, 4~5쪽 참조.
6 方祖猷,「宋明州高麗史館遺址再論」,《東國史學》37, 678~679쪽 참조.

재테크의 달인
영파방의
근대 상해
공략기

*김민정

근대 중국에서 지방색과 관련하여 널리 유행하던 속설 가운데 "영파인이 없으면 장이 서지 못한다無寧不成市"는 말이 있다. 이 한마디는 당시 경제 활동에서 영파寧波 상인이 차지하던 위상과 영향력을 압축적으로 보여준다. 일찍이 손문도 "영파 상인의 역량과 영향력은 중국에서 으뜸"이라는 칭찬을 아끼지 않았다.[1] 300년이 넘는 전통을 자랑하는 약국 북경 동인당同仁堂을 창시한 이도, 신중국의 지도자들이 즐겨 입어 '국민복장'이 된 중산복中山服을 손문에게 처음 만들어준 재봉사도 영파인이었다.

　　중국의 10대 상방商幫에 꼽히는 영파방寧波幫[2]은 다른 전통 상방이 시대의 변화에 보조를 맞추지 못하고 역사의 뒤안길로 쓸쓸히 사라질 때, 변신에 변신을 거듭하며 근대적 자본가로 성장했다. 그들이 전국적으로 위세를 떨칠 수 있었던 것은 아편전쟁 이후 화려한 국제도시로 성장한 상해上海의 금융과 상공업을 장악하였기 때문이다. 근대 상해의 상공업은 중국 으뜸이었고, 상해를 손에 넣는 자가 곧 전 중국의 경제를 지배했다. 상해를 구름판 삼아 전 중국, 전 세계로 뻗어나간 영파방. 그들은 영파에서 성장하여 상해에서 성공했다.

영파인에 각인된 장사꾼 DNA

영파방에겐 아주 오래전부터 장사꾼 DNA가 지리적·문화적으로 각인된 듯하다. 진秦나라 때 이름이 '무역貿'과 '고을縣'을 합친 '무현鄭'였던 것만 보아도 영파에 흐르는 교역의 역사가 얼마나 깊은지 짐작할 수 있다. 영파는 바다와 통하고 용강甬江, 여요강余姚江, 봉화강奉化江 세 강이 합류하는 수상 교통의 요지이다. 연안 해운과 내륙 수운의 중추였던 영파는 전통적인 물류의 중심이었고, 해산물·소금·면화·견사繭絲·마·대나무 같은 물산이 풍부했다. 반면 산이 많고 토지에 염분이 많아 경작할 수 있는 땅은 적고 인구가 조밀했다. 그리하여 영파인은 일찍부터 외지로 나가 장사에 뛰어들었다. 그들은 사선沙船이라고 불리는 바닥이 평평한 나무 돛배를 타고 남북 각지를 누비며 상거래를 했다.

명주明州로 불렸던 당대의 영파는 신라·일본·동남아 각국의 사신과 상인들이 모이는 국제 무역항이었다. 신라의 해상왕 장보고가 흑산도를 거치는 새로운 항로를 개척하여 대당무역의 거점으로 삼았던 곳이 바로 영파다. 영파의 해외무역은 송대에 절정에 달했다. 거란, 여진 등 북방 유목 민족에 의해 요동遼東반도에서 압록강에 이르는 육로가 차단되었던 탓에, 송과 고려는 주로 명주항을 통해 문물을 교류했다. 북송 시기 명주는 고려와 일본은 물론, 저 멀리 아랍·페르시아 상인들까지 드나드는 중국 3대 무역항이었다.

영파는 국제 무역항인 동시에 북중국과 남중국 물류의 중심이었

::그림1 약방, 포목점, 전장(錢莊), 신발가게, 남부 지방의 특산물을 취급하는 남화점(南貨店) 등 다양한 업종의 가게들이 밀집한 근대 영파의 거리 모습이다[영파 전업회관(錢業會館) 담장 내벽에 새겨진 그림].

다. 용강 입구를 통해 영파 내항으로 들어온 물산은 운하와 내륙 하천을 통해 개봉·항주·북경 등의 정치 중심으로 운송되었다.[3] 북송 조정은 아예 이곳에 조운용 선박을 제작하는 관영 조선소를 설치하기도 했다.

　　남송대에 이르자 복건·광동의 상인들이 경원부慶元府[4]로 모여들어 상업선단을 형성하기 시작했다. 남송 소희紹熙 2년1191년 복건 선주 심법순沈法询이 지금의 영파 강하가江厦街에 영파 최초의 상업선단 회관이자 마조媽祖사당인 천비궁天妃宫을 세우고 복건 선단의 연합을 꾀했다. 이는 영파 상업선단 회관의 원형이었으나, 아쉽게도 1949

년 국민당 군에 의해 폭파되어 지금은 자취를 찾아볼 수 없다.

과거 중국의 상업 유통망은 동부 연해안에서 복건, 광동에 이르는 남방계 노선과 동부 연해안에서 요동에 이르는 북방계 노선으로 양분되어 있었다. 몽골의 원이 전국을 통일함에 따라 북방계 노선이 회복되었고, 산동·강소 상인들도 속속 영파로 모여들었다. 남북의 상인들은 영파항의 지리적 이점을 활용하여 지방색이 강한 상업선단을 형성했다. 이들은 영파 '남호南號'와 '북호北號'로 불리며 이후로도 700여 년간 연해무역과 내륙 유통에서 크게 활약했다.

남방무역에 종사했던 '남호'는 주로 복건·광동 출신 상인들이었고, 북방무역을 담당했던 '북호'는 산동·강소 출신이 많았다. 남호 선단은 복건과 광동 일대에서 목재·철·비단·향료 등을 실어왔고, 영파에서 명반明礬·황주黃酒·면직물·대나무 등을 날랐다. 북호 선

::그림2 북호 선단의 경안회관

::그림3 남호 선단의 안란회관

단은 강소·산동·하북河北·요동반도의 서북부 등지를 오가며 콩·콩깻묵·콩기름·당면·땅콩·고량주 등을 사오고 차·황주·일용품을 되팔았다. 이들은 외지인이었지만 오랜 기간 영파에 거주하면서

영파인으로 흡수되고 토착화했다.

현재 영파 용강가에는 전성기에 세워진 선단 회관 두 채가 오롯
이 보존되어 있다. 천후궁天后宮이라고도 불리는 경안회관慶安會館이
그것이다. 정확히 말해서 경안회관은 북호 선단 건물이고, 옆에 붙
어 있는 건물은 남호 선단의 안란회관安瀾會館이다.[5] 남·북호 선단은
서로 운행하는 노선은 달랐지만, 공동의 수호신인 마조를 신봉하며
동종업계의 단결을 도모했다. 명청 시기 영파 출신 거상은 대부분
남·북호 선단의 네트워크를 이용해 치부한 사람들이었다.

항주만을 건너 상해로!

항주만을 사이로 마주보고 있는 영파와 상해는 배를 타면 쉽고 빠
르게 오갈 수 있었다. 청 건륭·가경 연간1736~1820년에 이미 꽤 많은
영파인이 상해의 가능성을 알아보고 고향을 떠나 그리로 이주했다.

아편전쟁으로 인한 상해의 개방은 더 많은 영파인을 상해로 흡수
하는 계기가 되었다. 아편전쟁 이후 상해(1843년 11월 17일)와 영파
(1844년 1월 1일)가 차례로 개방되었지만 외국 상인과 투자가들은
상해를 선호했다. 당시 상해는 조그만 어촌에 불과했지만 지리적 조
건과 수로 교통은 결코 영파에 뒤지지 않았다. 상해는 장강長江이 바
다로 통하는 길목에 위치하고, 황포강黃浦江과 소주하蘇州河가 'ㅓ'자
형으로 도시를 관통한다. 서쪽으로는 중국 4대 담수호에 속하는 태

호太湖에서 거미줄처럼 뻗어나온 물줄기가 흐르는 비옥한 땅이 광활하게 펼쳐져 있었다. 이는 상해가 장차 중국 동부 연안의 가장 중요한 관문으로 자리 잡는 데 조금도 손색이 없는 조건이었다.

영파의 강하가 일대는 남송대부터 상업선단이 형성되기 시작하여, 청 가경 연간1796~1820년 이래 남·북호 상품의 집산지이자 돛배의 부두로서 전성기를 맞이하고 있었다. 당시 영파는 성 안팎으로 이미 고정된 상권이 형성되어 있었고, 전적으로 신용과 전장錢莊의 장표莊票에 의거하는 독특한 교역 방식을 사용했다. 또한 상품의 수요와 판로가 판이했다. 이는 외국 상인이 끼어들 여지가 그만큼 좁았음을 의미한다. 이는 관리와 상인이 돈으로 끈끈하게 유착된 광주의 시장 체계와는 또 다른 어려움을 주었다. 게다가 상해는 5개 개

::그림4 영파 외국인 거류지의 천주당

항장 가운데 가장 먼저 조계지가 형성되었던 반면, 영파에는 유독 조계지가 형성되지 않았다. 단지 강북안江北岸에 행정권이 없는 외국인 거류지가 조성되었을 뿐이다. 이와 같은 이유로 인해 외국인으로서는 진입 장벽이 높은 영파보다 처녀지나 다름없던 상해에서 조계를 중심으로 새로운 시장 질서를 세우는 편이 매력적이었을 것이다.

개항 이후 외국 상선들이 물밀 듯 몰려들면서 상해의 수출입 무역은 급속하게 성장했다. 상해가 외국인 투자가들의 낙원으로 부상하면서 중국 대외무역의 중심이 광주에서 상해로 이동했다. 1850년대 초반부터 상해의 수출입 총액은 당시 중국 최대의 통상항구였던 광주를 압도하기 시작했다. 장강 유역과 인근 연해 지역의 토산품은 이제 상해를 통해 수출되었다. 과거 절강에서 멀리 광주까지 운반하여 수출했던 견사와 차는 수로를 따라 상해로 집산했다. 영파에 근거를 두고 대외무역에 종사했던 영파인들이 상해로 이주함에 따라 영파의 상업도 점차 상해로 이동했다. 그 기세가 얼마나 대단했던지, 1830년대 상해의 외지인은 광동인이 가장 많고 영파인이 그 다음이었는데, 1850년대 후반에는 영파인이 40만 명에 달하여 광동인을 제치고 1위를 차지했다. 이는 당시 상해시 전체 인구의 6분의 1에 해당하는 숫자였다. 1930년대에는 상해에 거주하는 영파인의 수가 100만 명이 넘었으며 상해시 전체 인구의 5분의 1을 차지했다. 상해는 점차 영파인의 판이 되어갔다.

영파방, 광동방을 제치고 상해를 접수하다!

개항 초기 영파 상방은 광동 상방보다 열세에 있었다. 당시 광동 상인들은 대외무역에 있어서 독보적인 존재였다. 그들은 서양인에 대해 잘 알았고 외국어에 능통했으며 시장 상황에 훤했고 각급 상업 조직과 연계를 맺고 있었다. 초기 상해 외국 양행의 매판, 거간꾼, 통역에서 요리사, 하인에 이르기까지 중국 피고용인은 대부분이 광동인이었다. 매판을 맡으면 외국 영사의 비호를 받았고 막대한 부를 축적할 수 있었다. 영파방은 생업의 중심을 상해로 옮긴후, 즉시 이윤이 많이 남는 대외무역의 새로운 시장 경쟁에 뛰어들어 각종 수출입 상품을 다루었다. 그들은 연고가 상해에 인접해 있다는 지정학적 우위를 십분 활용하여 광동방을 따라잡았다.

1860년대 이후 중국의 주요 수출 품목은 견사와 비단이 차를 앞지르게 되었다. 절강은 견사의 주요 산지였다. 견사무역에 오랜 노하우를 지니고 있던 영파 상인은 일찍이 장강 일대와 절강 북부에 상업망을 구축하고 있어서 수매와 판매에 아주 유리한 조건을 지니고 있었다. 제2차 아편전쟁으로 장강의 수로가 개방되자, 그동안 한구漢口 등지로 무역을 확장하고자 애썼던 서양 상인들이 몰려들었다.

견사 수출이 증가함에 따라 영파의 견사 상인들이 상당수 양행의 매판으로 고용되거나 서양 상인의 중개인이 되었다. 대표적인 인물이 은현 출신의 양방楊坊이다. 그가 이화양행怡和洋行의 매판으로 고용되었을 때 제안한 '소주 시스템蘇州體制'은 서양 상인들에게 크게

::**그림5** 양방은 태평군의 진압을 맡은 외국인 용병 대장 워드(Frederick Townsend Ward)의 장인이기도 하다.

::**그림6** 영파 출신 상해 상공업계의 거두였던 우흡경의 가족사진(1929년 촬영). 앞줄 맨 오른쪽이 우흡경.

환영받았다. '소주 시스템'이란 상해에서 양행의 아편을 가지고 소주의 산지로 가서 견사와 직접 바꿔오는 방식을 말한다. 그는 이런 식으로 이화양행의 아편을 팔고 중국의 차와 견사를 수매해주었다. 은괴를 멀리까지 옮기려면 도적들의 살해 위협을 감수해야 하고, 운반과 호위병을 고용하는 데 드는 비용도 만만치 않다. 그런데 돈 한 푼 안 들이고 아편까지 팔 수 있으니 일석이조가 아니겠는가. 그는 서양 고용인에게 광동인보다 훨씬 낫다는 호평을 받았고, 그의 뒤를 이어 수많은 영파 상인이 견사, 서양 옷감 등의 중계무역에 뛰어들었다. 영파 상인이 견사 감별사와 중개인으로서의 능력을 인정받으며 성장하는 사이, 차 수출 업무를 위주로 하던 광동 상인은 인도 차

와의 경쟁에서 밀리며 대외무역에
서의 우위를 상실했다.

영파 상인은 견사무역에서 선전했
을 뿐만 아니라 금속 · 염료 · 면포
· 설탕 · 기계 · 잡화 등 외국 수입
품을 취급함에 있어서도 뛰어난 경
영 능력을 보였다. 상해의 양행에서
매판을 맡는 영파인의 수가 증가했
으며, 양행의 총매판과 중국 피고용
인이 광동인에서 영파인으로 대체
되는 경우가 심심치 않게 발생했다.
1860~70년대 상해의 매판은 절반

::그림7 중국의 근대 민족기업가 유홍생. '석탄
대왕', '성냥대왕' 등 많은 별명을 지니고 있다.

이 광동인이었으나, 1880~90년대가 되면 상해의 매판은 주로 영파
상인들이 도맡게 된다.[6] 동시에 금융 · 항운 · 공업 및 각종 상업이
발전함에 따라 영파방 중에서도 여러 업종을 겸하며 거액의 재산을
축적하고 사회적인 명망을 누리는 기업가와 가족집단이 생겨났다.[7]
그러나 몇몇 거물들의 등장만으로 영파방이 근대 상해에서 가장 막
강한 집단으로 일어설 수 있었던 것은 아니다.

근대 영파방 탄생의 신호탄, 사명공소의 성립

초기의 선구자들이 상해로 건너왔을 때는 광동·복건·안휘 등지에서 온 상인들이 먼저 터를 잡고 있었다. 그들은 수적으로도 우세했고, 본적과 업종에 따라 광조회관廣肇會館·천장회관泉漳會館·상선회관商船會館 등의 단체를 결성하여 세를 과시했다. 외지생활을 하다 보면 외로움도 타고 설움도 당하기 일쑤다. 상인들은 텃세를 피하고 재산을 안전하게 지키기 위해 지역별로 동향회를 조직하여 상부상조했다. 특히 중국같이 방언의 분화가 심한 곳에서는 고향 사투리가 모종의 안식과 배타적인 집단의식을 심어주었을 것이다. 영파 상인과 수공업자들도 이에 질세라 업종별로 소규모 동업조합을 결성하여 경쟁했다. 그러나 모든 업종을 망라하며 영파인의 힘을 하나로 결집시키기엔 역부족이었다. 그러던 중 영파 상방의 역사에서 획기적인 일이 일어났다. 바로 '사명공소四明公所'라는 동향단체의 설립이었다.

청 가경 2년1797년 상해의 영파인을 강력하게 단결시킬 목적으로 상해의 영파 출신 진신縉紳들이 '한 푼 모으기一文願捐' 운동을 발기했다. 하루에 1문文씩 아낀 돈을 1년 동안 모아 기부하자는 내용이었다. 1문씩 1년을 모았을 때 쌓이는 360문을 한 계좌一願로 하여 상해에 거주하는 영파인들에게 형편껏 기부하도록 했다. 이듬해 이렇게 모인 돈으로 북문 밖 지금의 인민로에 약 100평 정도의 토지를 구입했다. 가경 8년1803년 어느 정도 회관의 규모가 갖추어지자 고향에 있는 사명산四明山의 이름을 따서 '사명공소'라 명명했다. 사명공소가 출범하자 당시 상해에 있던 각종 영파인 단체가 모두 공소의 단체회원으로 가입했다. 무릇 상해에 있는 영파인이라면 위로는 신사紳士에서 아래로는 막일꾼까지 누구나 공소의 회원으로 가입할 수 있었다. 다만 그 주체 세력은 상인이었고, 가장 권세 있고 명망 높은 거상이 공소의 지휘권을 쥐었다. 사명공소의 성립으로 인해 상해의 영파인들은 단단한 구심점을 갖게 되었고, 비로소 '영파방' 탄생의 초석이 마련되었다.

초창기의 공소는 동향 간의 친목을 도모하고 동향인의 복리후생과 구휼을 위한 자선 공익의 색채가 강했다. 공소에서는 죽은 자에게 관을 제공하고 가족이 찾으러 올 때까지 임시로 맡아주었으며, 연고가 없는 이를 위해 의총義塚을 세워주었다. 가난한 동향인이 죽으면 그 가족에게 관을 지급하여 장사부터 치르게 하고, 언제든 형편이 될 때 갚도록 하되 독촉하거나 이자를 받지 않았다. 그 외에도 병자를 진찰하고 약을 제공했으며, 의숙義塾을 세우고, 빈민을 구제하고, 분쟁을 해결하고, 업종별 규약을 집행했다.

개항 후 상해가 발전하고 번영함에 따라 자연스레 사명공소의 역할에도 변화가 생겼다. 공소의 주도권을 쥐고 있던 거상들은 새로운 시장 경쟁에서 도태되지 않기 위해 동향 간의 네트워크를 적극 활용했다. 그들은 회원들에게 강한 소속감과 상호부조의 단결 정신을 고취시키고, 상해의 영파인들이 경영하는 각종 사업을 지원하며 동향인의 권익 수호에 힘썼다. 동종업자들은 공소에 모여 시장 정보를 교환하고 시세를 연구하며, 공동의 발전을 기했다. 공소는 자금 융

::**그림8** 영파 인민로와 회해동로(淮海東路)의 교차지점에 있는 사명공소의 옛 모습. 현재는 패루만 남아 있다.

통과 상품 판촉에도 관여하였으며, 고향 사람들에게 일자리를 소개하고, 고향 청소년의 취업을 알선해주기도 했다. 이로써 사명공소는 상해 정착을 원하는 고향의 영파인들이 반드시 거치게 되는 중요한 창구가 되었다. 공소의 소개를 통해 더욱 많은 영파인이 상해로 몰려들었고, 사명공소의 규모와 영향력도 나날이 커졌다. 19세기 말 사명공소는 당시 상해에 있던 수많은 지방 동향단체 가운데 가장 큰 규모를 자랑했다. 그 영향력은 영파방의 범위를 넘어서 근대 상해 사회 각계에 두루 미쳤다. 영파방은 사명공소에 예속된 동향 동업조합을 통해 상해시의 관련 동업조합에 압력을 가하여 자신들의 뜻을 관철시켰다.

두 차례의 '사명공소 투쟁'은 사명
공소의 영향력과 영파방의 강한 단
결력을 보여주는 상징적인 사건이
다. 1863년 사명공소가 프랑스 조계
로 편입되면서 조계 당국은 사명공
소의 토지와 자산을 호시탐탐 넘보
았다. 그러던 중 동치 3년[1874년]과 광
서 24년[1894년] 두 번이나 사명공소를
무단으로 점거하고 유혈 사태를 일
으켰다.

특히 두 번째 투쟁에서는 프랑스
정찰함의 해군육전대가 사명공소를
강제로 점령하고 부근에 모여 있던

::그림9 백도로(白渡路)에 있는 사명공소 경
계석. 사명공소 옛터로부터 직선거리 1킬로미
터 이상 떨어진 이곳에 경계석이 있다는 것은
당시 사명공소의 세력 범위가 꽤 넓었음을 보
여준다.

군중을 향해 발포하여 두 명이 죽고 여럿이 부상을 당하는 일이 발
생했다. 사건 당일 사명공소 이사회는 회원들에게 전단을 돌려 영
업 정지를 호소했다. 그러자 먼저 영파인 상점이 문을 닫았고, 이어
서 프랑스 조계지 내의 모든 중국 점포가 영업을 중단했다. 나중에
는 프랑스인과 프랑스 기관에 고용된 모든 영파인이 파업을 선언했
고, 다시 다른 외국인들에게로 확대되었다. 일상생활에 직접적인 지
장을 받게 되자 다른 국가들이 중재에 나섰다. 프랑스는 결국 사명
공소에서 군대를 철수시킬 수밖에 없었다. 이 사건은 발단부터 종결
까지 장장 6개월이 걸렸는데, 사명공소는 대규모 철시와 파업을 전

개하며 조직력을 과시했다. 이 투쟁은 영파방의 이해관계에 국한된 것이 아니고 중국인의 반제국주의 정서를 자극하며 상해 각계 민중의 지지를 받았다.

20세기에 들어서면서 사회경제의 급속한 발전과 갈수록 격렬해지는 경쟁 속에 동향단체의 사무도 날로 복잡해졌다. 전통적인 향우회가 변화하는 시대의 조류에 신속하게 대응하기엔 한계가 있었다. 이에 1911년 영파여호동향회寧波旅滬同鄕會가 사명공소에서 창립식을 거행했다. 이로부터 영파여호동향회는 사명공소를 대신해서 재在상해 영파인의 공동 이익 도모를 목표로 하는 동향 자치기구로서 기능했다. 이후 사명공소는 장례와 의료사업을 주로 전담하면서 상징적인 구심점으로 남았다.

재테크의 달인, 근대적 자본가로의 변신

영파방이 근대 상해의 새로운 시장 경쟁에서 우위를 차지하고 세력을 확장할 수 있었던 것은 동향 간의 단결력과 함께 전장의 자금력이 뒷받침되었던 덕분이다. 영파의 전장업은 명청 시대에 이미 상당한 수준으로 발달했으며, 근대 상해 영파방의 주요 자금 공급원이 되었다. 영파의 전장은 '과장過帳'이라는 독특한 제도를 시행했다. 전장은 현금이 직접 오가는 과정을 생략하여 장부에 액수를 달아놓는 것으로 대신하고, 개인의 신용을 담보로 '장표'라는 일종의 어음

::그림10 영파 전선가(戰船街)에 있는 전장업자들의 동업회관인 전업회관. 회관 내부에는 영파화폐박물관이 조성되어, 선사 시대 조개화폐부터 항일전쟁 시기 중국 공산당이 절동(浙東) 지역에서 발행한 항폐(抗幣)까지 화폐의 역사를 한눈에 볼 수 있다.

을 발행했다. 이는 상해 지역에서 계절성이 강한 면화·찻잎·견사를 대량으로 수매할 때 큰 효력을 발휘했다. 수매가 왕성한 성수기에 거액의 자금이 유동하다보면 일시적으로 돈이 마르는 현상이 나타나곤 했는데, 이때 전장이 발행하는 장표가 완충 작용을 했다. 견사와 차 등의 주요 수출품이 내지에서 상해로 다량 넘어올 때 영세한 상인들은 그 물량을 전부 감당할 수 없었다. 이때 부족한 금액은 우선 전장에서 신용으로 대부받고 수출 거래가 마무리 된 후에 발생한 이익으로 상환했다.

::그림11 영파 전업회관 내부

이와 같은 '과장' 제도는 상업 거래를 편리하게 하여 경제 발전을 촉진시켰다. 영파방이 거액의 현금을 상해에 투자할 수 있었던 까닭은 고향의 전장에서 시행한 과장 제도에 힘입은 바 크다. 영파에서는 상거래뿐만 아니라 개인 간의 금전 거래에서도 현금 대신 과장을 사용할 때가 많아, '과장 부두'라고 불릴 정도였다.

영파방의 전장 이외에도 청말의 중요한 전통 금융기구로 산서 상방의 '표호票號'가 있었다. 전장이 연해 지역의 수출입 무역에 중요한 역할을 했다면, 표호는 내륙 지역의 송금 업무를 주로 맡았다. 표호는 주고객이 청 정부였기 때문에 자금력에 있어서는 전장을 훨씬 앞질렀다. 그러나 표호의 자본은 상공업에 투자되지 않았고 청 정부의 재정을 뒷받침할 뿐이었다. 청 정부와 긴밀하게 결탁되었던 산서 상방과 표호는 그 봉건성과 보수성으로 인해 청조의 몰락과 함께 쇠락의 길로 들어섰다.

영파방은 상해에도 전장을 열었다. 상해의 10대 전장자본가 가족 집단 가운데 절반 이상이 영파방이었을 정도로 우세한 자본력을 자랑했다. 근대적 상공업의 등장은 새로운 경제 체제를 요구했고 전장은 이에 발맞추어 변모해갔으나, 업무 대상이나 경영 방식에 있어서 한계에 봉착했다. 상해의 영파방은 자본 운용의 원리를 간파하고, 신식 은행에 투자했다.

1897년 청말의 관료자본가 성선회盛宣懷에 의해 최초의 중국 은행인 중국통상은행中國通商銀行이 상해에 창설되었을 때, 당시 사명공소의 실권자들이었던 엄신후嚴信厚, 섭징충葉澄衷, 주보삼朱葆三 등이 투자에 참여하고 이사직을 맡았다. 전후하여 중국통상은행의 중국인 사장에 임명된 이들도 모두 영파방 인사였다. 1908년에는 순수 영파방만의 자본으로 사명은행四明銀行을 설립했다. 제1차 세계대전의 발발 이후 중국에서의 서구 열강 세력이 한때 느슨해진 틈을 타 영

::그림12 계산에 열중하고 있는 전장 주인의 모습. 영파 전업회관의 뜰에 전시된 실물 크기 모형이다.

::그림13, 14 영파 전업회관 내부에 복원해놓은 전장의 옛 모습

파방은 1년 사이에만 10여 곳의 은행을 창립했고, 기존의 신식 상업은행을 인수했다. 20세기 초 상해는 뉴욕, 런던과 더불어 전 세계의 자본이 몰리는 국제적인 금융 시장이었으므로, 상해 금융계를 장악한 영파방은 '강

::그림15 동종업자들의 회합과 교역을 위한 장소였던 만큼 전업회관에도 공연을 위한 희대(戲臺)가 설치되어 있다.

절江浙 재벌'로 도약하여 중국의 전 재계를 평정했다. 영파방이 근간이 된 '강절 재벌'은 동향 장개석[8]의 비호 아래 국민당과의 유착 관계를 유지하며 위세를 누렸다.

그러나 중화민국 중기 이후 잦은 전쟁과 사회주의 혁명의 정치적 격변을 겪으면서 영파방도 한때 빛을 잃는 듯했다. 수많은 영파방들이 저마다의 사연을 안고 상해에서 홍콩, 마카오, 그리고 대만을 거쳐 오스트레일리아, 미주, 유럽으로 건너갔다. 해외로 뻗어나간 영파방은 특유의 저력으로 멋지게 부활했다. 선박왕 동호운董浩雲과 또 다른 선박왕 포옥강包玉剛, 미국 화교 10대 재벌 응행구應行久, 대만의 은행가이자 응창기배 바둑의 창시자 응창기應昌期…… 우리의 귀에도 익숙한 이 이름은 세계 각국의 경제에 큰 영향력을 행사하는 영파방의 후예들이다.

주

1 1916년 8월 24일 〈영파 각계 환영회 석상 연설(在宁波各界欢迎会上的演说)〉에서 한 말이다.
2 용상(甬商)이라고도 불리는 영파 상방은 절강(浙江) 영파부(寧波府) 관할의 은현(鄞縣)·봉화(奉化)·자계(慈溪)·진해(鎭海)·정해(定海)·상산(象山) 등 6개 현 출신을 통칭한다. 이들은 외지에서 상업 활동을 하면서 혈연과 지연으로 똘똘 뭉친 배타적·폐쇄적 이익 집단이다.
3 개봉과 항주는 각각 북송과 남송의 수도, 북경은 원·명·청의 수도이다.
4 명주는 남송 경원(慶元) 원년(1195)에 경원부(慶元府)로 승격되었다.
5 남호회관은 청 도광(道光) 6년(1826)에 세워졌다. '신의 보우하심에 기대어 파란을 잠재운다(仰賴神佑，安定波瀾)'는 뜻에서 '안란(安瀾)'이라는 이름이 붙었다. 북호회관은 청 함풍(咸豊) 3년(1853)에 완공되었으며, '바다에 풍랑이 일지 않으니, 경사로다 잔잔한 파도여(海不揚波，慶兮安瀾)'라는 뜻을 담아 '경안(慶安)'이라 하였다.
6 양방(楊坊), 주보삼(朱葆三), 우흡경(虞洽卿), 유홍생(劉鴻生) 등은 영파 출신으로 막강한 권세와 부를 누린 매판이었다.
7 진해(鎭海) 방씨 집안의 방성재(方性齋)·방초백(方椒伯)·방액선(方液仙), 이씨 집안의 이야정(李也亭)·이운서(李雲書), 섭씨 집안의 섭징충(葉澄衷), 자계(慈溪) 엄씨 집안의 엄신후(嚴信厚) 등은 주보삼, 우흡경, 유홍생 등과 함께 당시 영파방의 대표적 인물들이다.
8 장개석의 고향은 절강성(浙江省) 봉화현(奉化縣)이다.

참고문헌

• 黄逸平(1994),「近代宁波帮与上海经济」,《学术月刊》1994年 第5期.
• 蔡继福(1994),「宁波帮与上海工商业」,《上海大学学报(社会科学版)》1994年 第3期.
• 曹峻(1995),「近代上海宁波帮的经济与组织」,《上海师范大学学报(哲学社会科学版)》1995年 第4期.
• 周静芬(1997),「上海开埠是宁波帮近代化的机遇」,《浙江师大学报(社会科学版)》1997年 第4期.
• 孙善根·李英(2000),「四明公所与近代上海"宁波帮"」,《中共宁波市委党校学报》第22

卷 第6期, 2000年 12月.

- 龙刚 · 万媛媛(2004),「"宁波帮"再度创业上海滩」,《中共杭州市委党校学报》2004年
  第6期.
- 陈依元(2006),「历史上的区域开放与宁波商帮崛起」,《宁波职业技术学院学报》2006
  年 第6期.
- 陈梅龙 · 沈月红(2007),「宁波商帮与晋商、徽商、粤商比较析论」,《宁波大学学报(人文
  科学版)》2007年 第5期.

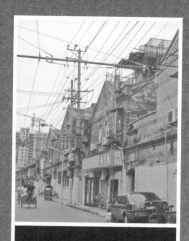

V

상해
上海

프랑스
조계 지역의
소리 문화를
찾아서

김수연

유성기의 진화와 소리의 '에크리튀르'

상해 형산로衡山路의 원래 이름은 패당로貝當路, Pétain Avenue이다. 그 거리명은 프랑스군 총사령관의 인명에서 따온 것으로, 이곳이 당시 프랑스 조계 지역이었던 것과 관계가 깊다. 1922년 지금의 형산로로 개칭되었는데,[1] 이 형산로 남단으로 걸어가다보면 서가회 공원 녹지 위에 자리한 3층짜리 아담한 붉은 벽돌 양옥집이 눈에 들어온다. 여기가 바로 그 유명한 동방백대東方百代, Pathé Orient 회사의 음반 제작소가 있던 역사적인 장소이다. 이는 1908년 프랑스 파테의 상해 판매 대리상으로 설립된 회사로, 미국 콜롬비아 유성기회사나 영국 자본의 음반회사가 상해에 진출하여 서로 각축을 벌이던 시장에 뛰어들어 중국 음반의 역사를 새로이 쓴 주축이기도 하다.

현재 프랑스식 레스토랑으로 운영되는 건물 안으로 들어가면 내부가 거의 다 바뀌었고, 2층 구석에 초창기의 낡은 원통형 유성기 한 대만이 유일하게 남아 있다. 마치 고풍스런 분위기를 자아내며 100년 남짓 되는 세월의 흔적을 대변해주고 있는 듯하다.

당시 상해 남경로 중심가의 상점들은 이와 유사한 유성기를 가게 앞에

::그림1 백대공사(百代公司) 옛 주소지를 알리는 문패

::그림2 백대공사 옛 건물

::그림3 현재 운영 중인 파테 레스토랑의 내부.

설치하여 감미로운 선율로 고객을 유인하는 상술을 썼다. 거리마다 넘쳐나는 소리와 멜로디는 도시의 일상을 변화시키고 예전에 볼 수 없었던 도시의 진풍경을 연출하였다. 번화가에 우후죽순처럼 생겨난 카페와 재즈 바, 백화점, 무도장은 유성기와 음반의 소리 문화를 발산하는 공간이었다. 유성기가 중국에 처음 상륙한 것은 1890년으로, 《비영각화보飛影閣畵報》는 당시 한 외국인이 유성기를 들여와 상해에 선보인 정황을 보도하면서 이 원통형 유성기를 '기성기記聲器'라고 지칭한 바 있다.

::그림4 《양우화보》 1929년 34기에 실린 유성기의 진화 단계

그러나 1897년에 영국 자본의 모트리Mourtrie 회사가 미국에서 정식으로 유성기를 수입하였고, 판매 광고에서 '포노그래프Phonograph'란 원명을 '유성기'로 번역하면서 이 칭호가 중국에서 보편적으로 통용되었다.[2] 1877년 에디슨에 의해 발명된 이 소리 녹음재생 장치는 영어 문자 그대로 사진이 시각으로 포착한 것

을 청각 차원에서도 실현하려는 기획으로, 이른바 '소리의 에크리튀르écriture'라 할 수 있다. 레코드는 일종의 해독을 필요로 하는 '상형문자의 흔적'이며, 소리의 시각화 장치의 기본은 구술의 기록과 재생에 있었다.[3]

1929년 34기 《양우화보良友畫報》의 과학란에 실린 그림4를 보면, 유성기 진화의 50년 역사가 잘 나타나 있다. 여기에는 초창기 에디슨의 원통형 유성기부터 베를리너의 원반디스크형 유성기로의 전환과 그 후 개량된 1920년대 말 최신형 레코드까지 순차적으로 사진을 배열하면서 각 특징을 간략히 설명하고 있다. 그 진화 과정에서 베를리너의 원반형 유성기의 등장은 1900년대 이후 '소리의 에크리튀르' 생산의 대량복제 시대를 열었고 음반의 대량소비 현상을 낳았다. 화보에서 왼쪽 하단에 제시한 1928년형 디스크 레코드는 음악 12곡을 연속적으로 들려줄 수 있는 장점이 있다고 설명하는데, 이는 당시로서 대단한 기술적 진보였다.

이 화보에 등장하는 유성기 광고는 모두 이 최신 모델을 선전하고 있으며, 이로부터 상해 중상류층 가정에 이미 보급되기 시작했음을 알 수 있다. 유성기가 점차 가정의 실내공간을 차지하고 가정오락의 선도적인 형식으로 자리매김한 시점은 대략 1920년대 말부터인데, 상해의 각종 신문과 잡지에 유성기나 음반과 관련된 생활 기사들이 빈번히 등장하는 때가 이 무렵이다. 눈에 띄는 점은 이들 기사와 광고 속에서 유성기의 용도가 새로운 유형의 가족적 이상과 결부되어 있다는 것이다.

::그림5 《양우화보》 1935년 101기

유성기와 음반은 당시 신여성, 신가정이란 모토와 연결되어 이상적인 생활양식의 전형을 제시하며, 이를 서양과 '모던'의 이름을 빌려 합리화시켰다. 전통적인 가족관이 와해되고 사생활과 핵가족 중심적인 생활양식을 둘러싼 새로운 가족 담론이 논의될 즈음, 그 중심에 놓였던 신여성은 그 자체로 핵가족의 독립된 삶과 행복한 가정생활을 표방한다. 예컨대 그림5를 보면 '핵가족학 제1과小家庭學 第一課'란 표제 하에 핵가족의 주부인 신여성의 하루 일과를 두 페이지에 걸쳐 보여주는데, 꽃꽂이·독서·쇼핑과 함께 음악이 한 항목으로 끼어있는 점이 특이하다. 핵가족적 맥락 속에서 음악의 사적 소비는 분명히 유성기의 등장과 더불어 나타난 새로운 현상임에 틀림없다. 유성기 앞에서 음반을 트는 신여성의 모습에서 신교육을 받은 여성과 서양 음악이 근대성의 의미론적 자장 안에서 서로 자연스럽게 결부될 수 있음을 발견한다.

'모던' 남녀로 구성된 신가정에 음악이 있어야 한다는 서양식 관념이 일반적인 중국인들에게 얼마나 생소한 이상이었을지 짐작할수 있지만, 1920년대 말에 이르면 적어도 신교육을 받은 일부 계층에게는 그리 낯설지만은 않다. 유성기가 화목한 가정의 필수품이 되고 음악과 행복한 가정의 결합이란 콘셉트는 당시 전형화된 유성기와 음반 광고들에서도 분명히 드러난다. 그림6의 음반 광고는 현대적 분위기의 거실 중앙에 자리 잡은 유성기 주위에 파이프를 문 중년 남성과 짧은 단발의 신여성 부부가 앉아 음악감상을 하고 있는화면 구성을 통해 안락한 가정의 행복을 전달한다. 이 한 컷의 메시지는 중상류층을 겨냥하여 그들의 물질적인 문화적 과시 욕구를 대변함과 동시에 서민들에게도 그들이 꿈꾸던 이상적인 가정상을 심어주고 있다.

그러나 당시 상해 대다수 가정에서는 여전히 유성기와 음반이 사치 품목이었다. 그 시절 하층 서민들이 음반을 감상하고자 하는 수요에 부응하여 유성기를 둘러메고 거리 골목을 누비며 한 곡마다 동

::그림6 1928년 《양우화보》에 실린 독일 오데온(Odeon) 음반 광고

전을 받고 음반을 틀어주는 신종 직업이 생겨난 현상은 또 다른 도시 일상의 진풍경이라 할 만하다. 동방백대 회사의 창업주인 프랑스 사람 라방사Labansat가 처음 상해에 와서 바로 이 직업으로 창업자금을 축적하게 된 배경을 알면 자못 흥미롭기까지 하다. 이렇듯 비록 사회 계층별로 음반이 소비되는 방식은 달라도 중국의 일반 가정에까지 빠르게 확산되면서 음반 시장의 규모는 점차 커져갔고, 이에 따라 근대의 주요 속성인 대량생산과 대량소비 체제에 기반한 오락과 문화산업으로 발전되어갔다.

외국 자본과 음반산업

당시 중국에서 직접 음반 제작을 할 수 있는 회사는 '백대'를 비롯하여 '승리勝利', '대중화大中華', 이 세 회사밖에 없었고 다른 회사들은 모두 국외에 외주 제작을 맡기는 상황이었다.[4] 이 세 회사는 프랑스 자본 이외에 영미 자본과 일본 자본이 투여된 기업들로, 이들이 발행한 음반이 중국 시장의 대부분을 점거할 정도로 중국 음반업의 주도권을 틀어쥐고 있었다. 이들 외국 자본이 벌어들인 막대한 이윤은 모두 식민모국으로 회수되었으니, 중국의 음반 시장 자체가 당시 전 지구적인 제국의 큰 시장 판도에 귀속되어 있는 일각에 불과한 형국이었다.

1937년 《신화화보新華畵報》에 실린 〈주인의 소리〉란 제목의 그림7

을 보면 하단부의 유성기
앞에 앉아 있는 개의 형상
이 있다. 그것은 바로 미
국 자본의 '승리' 음반회
사 상표인데, 상단에 그
개가 호기심에 찬 중국인
으로 치환되어 있고 그를
곁에서 바라보는 외국인
의 비아냥을 불러오는 광
경이 담겨 있다. 여기서
유성기는 '중국의 식민주
인의 소리'를 상징하고 그
소리에 복종하는 개를 중

::그림7 1937년 《신화화보》에 실린 〈주인의 소리(主人之聲)〉

국인과 등치시킴으로써 암암리에 유성기 문화에 내포되어 있는 '식
민근대성'을 표출시킨다.[5]

1920년대 말 규모가 커진 음반 시장에서 더 이상 이전에 있던 노
래가 음반을 통해 확산되는 식이 아니라, 음반을 취입하기 위한 목
적으로 새롭게 작곡된 노래가 유행하며 상해 사람들은 점차 음반의
소비에 익숙해져갔다. 1920년대 말 출현한 '유행가'라는 완전히 새
로운 종류의 오락용 음악이 음반산업과 유성기라는 미디어를 매개
로 생산 유통되기 시작하였다.

백대 회사는 초창기에 경극이나 지방희곡 음반 제작에 주력하던

데서 대중적인 창작 가곡으로 방향을 선회하였다. 선두 주자인 여금휘黎錦暉는 백대 음반회사와 손잡고 1927년 중국 유행가의 시초라 할 수 있는 〈이슬비毛毛雨〉를 작곡하여 대중적인 인기를 모은 후에 〈여동생 난 널 사랑해妹妹我愛你〉, 〈도화강桃花江〉, 〈쾌속열차特別快車〉 등의 '시대곡'으로 불리는 수많은 대중가요를 연이어 히트시켰다. 진가신陳歌辛이 작곡한 〈장미 장미 난 널 사랑해玫瑰玫瑰我愛你〉가 1940년대 전국을 휩쓸었고 미국에서 〈Rose Rose I Love You〉라는 영문 제목으로 번역되어 크게 유행할 정도였다. 여금광黎錦光이 작곡한 〈분꽃夜來香〉의 경우 중국 전역에서 인기를 끌었을 뿐 아니라 해외까지 전해져 세계 각국에서 발간한 레코드판이 80종류 이상에 달하였다.[6]

이로써 1930~40년대는 대중스타들이 탄생하던 시대로, 여금휘가 다수의 가수 겸 영화배우들을 배출하여 이른바 스타 시스템을 처음으로 중국의 대중음악계에 도입했던 때이기도 하다. 그가 창설했던 명월가무단明月歌舞團의 단원 명단이 거의 1930~40년대 상해 연예계 스타들의 계보를 형성한다고 해도 과언이 아니다. 그가 발굴하여 키워낸 스타군단 가운데 왕인미王人美와 려리리黎莉莉·여명휘黎明暉·주선周璇·백홍白虹 등이 비교적 인기를 끌었고, 특히 왕인미가 자신이 주연한 영화 〈어광곡漁光曲〉의 주제가를 직접 불러 히트시키면서 영화에 음악을 삽입하는 붐을 조성하였다. 이는 중국 영화가 무성영화에서 유성영화로 전환되는 시점과 맞물린다.

미디어 간의 융합과 복합문화 창출

소리의 복제 기술은 중국에서도 이제 다양해진 영상, 비주얼한 소스들과 결합하여 더욱 풍부한 문화적 상상력을 연출하고 대중오락을 기반으로 한 영화산업의 유성 시대를 본격적으로 열었다. 결국 1930년대 들어 상해 영화계와 백대 음반회사는 긴밀한 관계를 유지할 수밖에 없었다. 백대 회사는 유성영화의 녹음 합성 작업을 대량으로 맡았을 뿐 아니라 영화 삽입곡의 음반 제작 우선권도 확보하였다. 당시 중국 국산 영화의 최대 위협은 외국 영화의 수입, 특히 할리우드 영화의 시장 잠식이었다. 그에 대한 대책으로 중국 영화의 특색을 갖추기 위해 다수의 삽입곡을 넣었는데, 주연 여배우가 부른 곡들이 예상보다 더 많이 관중들의 사랑을 받았다.

여명휘와 같은 뮤지컬 단원 출신들이 속속 영화계에 데뷔하고서도 가수 생애를 지속했고, 원래 가수 출신이 아닌 영화배우들도 대중적 인기에 힘입어 음반을 내는 일이 잦아졌다. 진연연陳燕燕, 서래徐來 외에 영화계의 황후로 불리던 호접胡蝶도 자신이 주연한 영화 〈자매화姐妹花〉의 삽입곡을 불러 이 대열에 합류하였다. 백대 회사는 한창 인기 있던 당대 여배우들의 음반을 기획하고 영화 삽입곡을 음반으로 별도 발매하여, 영화관 안의 판매처에서 관람하고 나온 관객들을 대상으로 한 적극적인 마케팅 전략을 펼쳤다. 이처럼 음반소비와 영화소비가 서로 추동하는 관계에 놓임에 따라 유성영화와 음반업의 결합은 상해에서 더욱 광활한 오락산업 시장을 키울 수 있었고, 대중문화의 발전된 공간을 형성할 수 있었다.

　유성영화의 등장 이후 음악과 활동사진의 결합은 더욱 긴밀해질 수밖에 없었다. 1929년 상해에 처음 미국의 유성영화 〈비행장군飛行將軍〉이 상영된 후로 외국 유성영화들이 대거 수입되기 시작하였다. 중국의 최초 유성영화는 1931년 명성明星 회사가 제작한 〈여가수 홍모란歌女紅牡丹〉이다. 다만 기술 부족으로 촬영부터 하고 나서 배우가 입모양에 맞춰 음반에 녹음하는 방법이라서 상영 시에 필름과 음반을 동시에 돌리는 식이었고, 대화소리만 있을 뿐 주위 음향 효과가 전혀 없다는 한계가 있었다. 같은 해 상영한 〈노래공연장 봄빛歌場春色〉이 비로소 현재와 같이 필름 위에 직접 소리를 녹음하는 방식을 도입한 최초의 중국 유성영화라 할 수 있다.[7]

　만화영화 또한 미키 마우스를 비롯한 미국의 디즈니 만화영화가 전 세계를 강타하면서, 만뢰명萬籟鳴 · 만고섬萬古蟾 · 만초진萬超塵 · 만척환萬滌寰 형제가 연구에 골몰한 끝에 중국 최초의 유성 만화영화 〈낙타가 춤추다駱駝獻舞〉를 제작하였다. 특히 이 만화영화의 세부적인 더빙 작업이 《양우화보》1935년 102기에 자세히 소개되었다. 이처럼 1930년대 중반 만화영화 부문까지 유성영화가 무성영화를 밀어내고 영화의 사운드 트랙, '소리의 에크리튀르' 제작에 대한 관심을 고조시켰다.

　1935년 드디어 남경에 중앙 유성영화 촬영장이 들어섰다. 웅대한 규모는 물론 최신 촬영장비와 녹음시설을 갖춘 촬영장 건립은 유성영화 제작에 박차를 가하는 계기가 되었다. 이 소식은 1935년과

1936년《양우화보》에 집중 보도되어 점차 규모화되고 산업화되는 영화의 달라진 위상을 전하고 있다.

1930년대에 이르면 음반업이 흥성기에 도달하면서 이처럼 다양한 문화 소스와 결합하여 무궁한 콘텐츠를 만들어내는 데 기여하였다. 물론 동시기에 무선방송의 흥기로 라디오 청취가 유성기와 음반의 소비를 제약하는 측면도 있었지만, 전반적으로 음반산업은 꾸준히 발전하는 편이었다.

1923년 중국 라디오 방송국 개국 이래,[8] 음반은 더 이상 유성기의 부속품이 아니었다. 친숙한 멜로디는 라디오 방송의 전파를 타고 언제 어디서든 상해 사람들의 귓가에 전해졌다. 특히 초창기 제작비 절감의 목적과 음악 위주의 단조로운 프로그램 편성으로 음반은 라디오 방송의 총아로 거듭날 수 있었다. 서양의 고전 음악부터 중국의 전통곡, 대중적인 유행가요, 재즈를 비롯한 다양한 장르의 음악이 라디오를 통해 소개되었고, 설창說唱의 일종인 탄사彈詞와 전통희곡, 경극 등을 수록한 레코드도 자주 틀어 청취자들의 인기를 끌었다. 이러한 다양한 장르의 음반 수록곡에는 왈츠 · 재즈 · 폭스 트로트 같은 댄스곡도 포함되어, 1930년대 재즈와 사교댄스가 범람하던 상해의 문화 현상에 일조하였다.

사교댄스 문화와 음반 시장의 확대

조계 지역 중심가를 따라 무도장이 기하급수적으로 늘어났고, 악단의 연주나 유성기 음반에 몸을 맡긴 사람들이 흐느적거리는 춤을 추기 시작했다. 화려한 무도장 홀에서 사교댄스를 추는 이들은 에로틱한 분위기를 발산하며 나른한 오후의 여흥에 빠져들었고 감각적인 재즈의 선율을 즐겼다. 비록 사교댄스는 서양인이 중국에 들여온 수입물이지만, 상해 사람들은 사교댄스를 일종의 모던 스타일로 간주하고 첨단 유행물로 좇았다. 무도장은 도회 생활의 속도감과 긴장감으로 지친 상해 사람들이 누적된 피로감과 강박증, 우울증을 해소하는 공간이었다. 무도장에 울려퍼지는 음반과 연주 소리는 식민 자본의 매커니즘에 길들여진 욕망을 배출하는 공간을 창출하였다.

엄밀히 말하면 무도장이 장기간 존재하고 번성할 수 있었던 것은 상해 조계 지역의 복잡한 문화적 혼혈과 민족적 · 계층적 · 성적 갈등의 착종 속에서 하나의 정신적인 틈새 공간을 제공했기 때문이다. 1946년까지 상해의 크고 작은 무도장은 100여 곳에 달했고 정식으로 등록된 무희들만도 3,000여 명이 넘었다고 한다.[9] 이러한 정황들로 미루어볼 때 사교댄스는 이미 상해의 일상 속으로 들어와 조계지의 독특한 생활양식으로 자리 잡았고, 이른바 대중적인 댄스 문화를 형성했을 것이라 짐작할 수 있다.

그림8의 만화는 우리가 무도장에서 춤추는 것을 알면 부모님이 걱정하실 거라는 남자친구의 말에, 자기 엄마도 저쪽에서 춤추고 있

다고 여자친구가 대수롭지 않게 대꾸하는 두 연인의 대화를 통해 바로 이러한 상해의 무도장 풍경과 일상화된 댄스 문화를 풍자하고 있다. 당시 상업적인 무도장 밖에서도 상해 부녀협회를 비롯한 각 단체에서 주최하는 자선 무도회나 개인적인 댄스파티가 빈번하게 열릴 정도로, 사교댄스는 이미 상해인들의 중상류층 문화 코드를 대변한다.

上海

他: "我想，伱們的母亲如果看见我们在这样地方跳舞，必定要加以反对的。"

她: "那——妈也在那儿跳舞啊。"

::그림8 상해 무도장 풍경을 그린 만화

　실제로 자기 집처럼 무도장을 들락거렸던 유납구劉吶鷗 와 목시영穆時英 은 상해의 퇴폐적인 댄스 문화를 집중적으로 그린 작가로 꼽힌다. 목시영의 경우 무희와 동거를 시작하면서 「크레이븐 A CRAVEN 'A'」, 「상해의 폭스 트로트上海的狐步舞」, 「흑모란黑牡丹」 등의 주요 배경을 무도장으로 하거나 무희의 삶을 주로 그린 작품을 집필하였다. 유납구의 단편소설 「유희游戱」는 첫 장면부터 알코올과 향수, 땀으로 뒤범벅된 무도장의 분위기를 '마법의 궁'으로 비유하며 그 '마력'에 빠져든 남녀의 춤사위에 대한 묘사로 시작한다. 무대 중앙의 악단이 연주하는 '재즈의 요정 같은 색소폰'의 선율은 현대 문명의 도심 한복판에 원시적인 기억을 불러오는 마술적 힘의 원천으로 간주된다.[10]

사실상 조계지에 빽빽이 들어선 무도장과 카페, 술집에 만연한 상해 불야성의 밤문화를 지배했던 것은 재즈 음악의 유행이었다. 중국에서 재즈의 출현 자체가 할리우드 영화와 각종 서구 음반물의 문화적 침투에 따라 섞여들어온 상업적 교류의 직접적 산물이었다. 당시 상해에 유행하던 재즈는 '성숙한 음악 유형'이라기보다 다국적 식민 대도시에서 음악과 종족, 언어의 혼합으로 이루어진 문화적 '복합체'에 가까웠다.[11] 댄스홀의 악단은 대부분 미국 · 러시아 · 필리핀 · 유대인 등의 이방인들로 구성되었고, 이들이 연주하는 무도장의 재즈 선율은 식민 대도시의 속도와 극도의 피로감, 문화적 혼혈의 분위기를 그대로 전달했다.

식민성이 짙게 배어 있는 재즈 문화와 제국의 자본이 빠르게 침투한 음반 시장은 현대 특유의 음악 생산과 소비의 복합체가 어떻게 유동적인 자본주의 시장, 테크놀로지 기계 문명과 긴밀하게 연결되었는지를 보여준다.

서구의 재즈와 중국의 민간가요가 결합되어 탄생한 이른바 중국화된 재즈 음악은 무도장과 나이트클럽뿐 아니라 심지어 일반 중산층 가정의 응접실에서도 유성기나 라디오를 통해 흘러나왔다. 무도장에서 악단의 연주에 맞춰 부르던 인기곡이 유성영화에 삽입되거나 음반으로 발매되는 등 다양한 방식으로 '소리의 에크리튀르'는 반복적으로 재생산되었다. 요컨대 음반업과 라디오 방송국, 유성영화란 신흥 미디어들의 긴밀한 결합을 중심으로 유성기 문화와 댄스 문화까지 포함된 광범위한 네트워크를 조성하여 소리의 복제 문화 시스템을 구축해나갔다. 그 시스템의 작동 하에 1930년대 상해는 명실상부한 중국 음반업의 주축이자 라디오 방송의 거점으로, 그리고 영화산업의 핵심기지로 부상하였다.

식민성의 그늘에 가린 올드 상해의 빛바랜 번영과 '동방의 파리'에 대한 어렴풋한 회상의 끈을, 오늘 우린 아마 형산로 거리의 백대 음반회사 옛 건물에서 찾을 수 있을 것이다. 잘 다듬어진 녹지 공원 위에 우뚝 솟은 아담하고 깔끔한 붉은 양옥, 테라스 밖으로 배열된 테이블 사이로 프랑스 요리와 와인 향을 즐기는 상해의 젊은이들, 그리고 늦은 밤까지 재즈 바에서 은은한 불빛과 함께 새어나오는 감미로운 선율…… 마치 세월의 간격을 뛰어넘어 그 옛날 프랑스 조계 지역의 일상적인 풍경을 그대로 연출하는 듯하다.

현재 프랑스식 레스토랑 출입구 옆에는 그 옛날 백대 회사가 음반을 제작할 때 사용하던 독일산 입체음향 녹음·재생 장치 한 대가 덩그러니 방치되어 있다. 이 기계만이 현존하는 상해 음반 역사의 산 증거이자 기념물로서, 휘황했던 한 시대의 발자취를 기억하고 올드 상해에 대한 강한 향수를 불러일으키고 있다. 아직도 귓가에는 한 시대를 창궐했던 백대 음반의 친숙한 멜로디가 맴돌며 여운을 남기는 듯, 그 자리에서 쉽게 발걸음을 뗄 수 없었다. 그 자리를 떠나며 지금도 노래방에서 가장 많이 애창되는 중국 가요 〈분꽃〉의

"내 그대 위해 노래 부르리我爲你歌唱"라는 한 소절을 떠올리며 홀로 흥얼거려본다. "예라이샹~, 워웨이니거창, 예라이샹~ 워웨이니쓰 량……."

주

※ 2009 중국 현장 답사를 바탕으로, 졸고 「소리 미디어와 근대 시공간」(《중국현대문학》 44호, 2008)의 일부 내용을 수정·보충한 글임을 밝힌다.

1 袁念琪(2004), 『十字街頭』, 學林出版社, 87~88쪽.

2 徐羽中(2005), 『二十世紀上半葉中國唱片初探』, 福建師範大學 碩士學位論文, 2~3쪽.

3 요시미 슌야 저, 송태욱 역(2005), 『소리의 자본주의』, 이매진, 104쪽.

4 '대중화(大中華)' 회사가 음반 제작 역량이 있는 중국인의 유일한 기업체라 하지만, 이 역시 일본 자본에 기대어 세워진 점을 무시할 수 없다. '백대(百代)', '승리(勝利)', '대 중화' 이 세 회사가 1940년대까지 모두 합쳐 8,000여 종류의 음반을 출판하였고 제작 수량은 수백만 장에 달하였다(葛濤, 「聲音記錄下的社會變遷－20世紀初葉至1937年的 上海唱片業」, 《史林》2004年 6期).

5 安德魯·瓊斯(2004), 『留聲中國: 摩登音樂文化的形成』, 臺灣商務印書館, 101쪽.

6 羅霄笑(2005), 『中國流行音樂商業化的萌芽』, 中國藝術研究院 碩士學位論文, 10~11 쪽.

7 李一鳴(2005), 「中國第一部有聲電影」, 《大衆電影》2005年 23期.

8 중국 최초의 라디오 방송은 1922년 미국인 오스본(Osborn)이 상해에 중국무선전공사 (中國無線電公司)를 세운 뒤 그 이듬해 XRO방송국을 개국하고부터 정식으로 시작되었 다. 1927년 중국 기업인 신신공사(新新公司)에 의해 처음으로 중국 최초의 민영방송국 이 설립되면서 발전하기 시작하여 1932년 말 상해에 이미 무선방송국이 40곳 정도 있 었고, 그중 중국자본의 민영방송국은 34곳으로 증가하였다(陳伯海 主編, 『上海文化通史』 上卷, 上海文藝出版社, 2001, 643~644쪽).

9 胡俊修(2007), 「近代上海舞廳的社會功能」, 《甘肅社會科學》2007年 1期.

10 劉吶鷗(1997), 「游戱」, 『劉吶鷗小說全篇』, 學林出版社, 2쪽.

11 安德魯·瓊斯(2004), 『留聲中國: 摩登音樂文化的形成』, 臺灣商務印書館, 169쪽.

중국
근대 광고의
발원지를
가다

* 김수연

몽환적인 국제도시 상해의 광고 거리

사천중로四川中路 북단으로 걸어올라가면 소주하蘇州河와 만나는 지점에서 멀지 않은 곳에 홍콩로香港路가 보인다. 이 일대는 지금 아무런 역사적 발자취를 찾아보기 힘들지만, 일찍이 상해 광고업 발전과 관련된 유서 깊은 곳이다. 1926년 중국의 첫 광고회사 '화상華商'이 바로 여기에서 탄생하였다. 화상은 '연합聯合', '극로克勞'와 '미령등美靈登' 등과 함께 중국 4대 광고회사로 손꼽히며 1930년대 본격적으로 중국 광고계의 번영 시대를 열었다.[1] 바꿔 말하자면 이 시기에 중국 근대 광고의 발원지로서 상해는 굴지의 광고회사의 출현과 함께 새로운 광고 역사의 한 페이지를 휘황하게 장식할 수 있었다.

물론 중국에서 광고의 역사는 19세기 중반으로 거슬러 올라가지만, 아직 광고의 가치나 관념을 보편적으로 인식하지 못했을 뿐 아니라 물질적인 제반 여건이 구비되지 못한 당시 상황에서 광고의 시장이 그리 폭넓게 형성되기 힘들었다. 1920년대 중반 이후 1930년대에 이르러 비약적인 광고의 성장이 이루어지는데, 이는 이 시기 신흥 산업의 발전에 기반한 고도의 경제 성장과 신문잡지, 라디오 방송 등 근대적인 미디어의 혁신이 전반적으로 이룩된 상해의 사회 문화적 맥락과 밀접한 관계가 있다. 왜냐하면 1930년대는 상해 도시의 번영이 최고봉에 달한 시점이자, 현대 소비 문화로 전환되는 기본적 틀이 거의 완성된 시점이기 때문이다.

당시 급속도로 진행되는 광고의 보급과 확대 현상은 이를 제일 먼

::그림1 광고의 산실이었던 홍콩로와 사천중로

저 알리는 신호탄이었다. 무수한 상품들로 포위당한 도시의 삶 속에서 어쩌면 가장 현대적인 문화 현상은 광고일지도 모른다. 광고는 물질적인 소비 생활을 가늠하는 경제지표인 동시에, 현대 도시문명을 가장 빠른 속도로 전달하는 핵심기호이기도 하다. 당시 상해 도심 거리를 화려하게 수놓은 다양한 형태의 광고들은 이전과는 사뭇 달라진 현대적 의미의 일상성 세계를 새롭게 전시해보인다. 거리간판, 대형 옥외광고, 신문광고, 영화광고, 포스터, 쇼윈도, 네온사인 광고 등에 이르기까지 거리에 가득찬 광고의 물결 속에서 이 현대도시는 어느덧 상품 광고의 진열실로 변모하고 자본의 위력과 물질적 유혹을 마음껏 과시한다.[2]

::그림2 1930년대 남경로 야경

현대 문명 세계에 스며든 광고의 효력은 백화점을 통해 더욱 상징적으로 드러난다. 실제 상해 중심가인 남경로지금의 남경동로에 자리 잡았던 선시先施, 영안永安, 신신新新 등의 백화점 첨탑 위에 설치된 네온사인 등은 그림2에서 보는 바와 같이 서로 시샘이나 하듯 앞다투어 휘황한 불야성을 이루었다. 그림3은 지금도 여전히 백화점으로 쓰이고 있는 똑같은 남경동로의 야경 모습이다. 두 사진을 나란히 놓고 비교해보면 흑백과 컬러 사진의 선명도 차이는 있겠지만, 1930년대와 2000년대의 기나긴 세월의 격차를 무색하게 만든다. 여전히 똑같은 자리에서 우뚝 솟은 백화점의 첨탑 광고등이 예나 지금이나 변함없이 불을 밝히며, 명실상부한 상해의 랜드마크로 기능하고 있음을 알 수 있다.

서구식 건물과 초현대적인 실내장식, 넘쳐나는 세계 각국의 수입품과 종합 오락시설을 겸비한 대형 백화점들은 이미 그 당시에 밤에도 지칠 줄 모르고 무수한 거리의 인파를 흡수하였는데, 특히 1930년대 대량소비 계층의 등장과 중산층의 확대에 힘입어 일대 소비의

::그림3 오늘날의 남경동로 야경

혁신을 이끌었다. 1920~30년대《신보申報》를 펼쳐보면 다소 뒤늦게 완공된 대신大新까지 가세하여 이른바 4대 백화점들 간의 열띤 광고 전을 한눈에 볼 수 있다.

그림3의 왼쪽 건물 상단에 '영안永安'이라 쓰여진 두 글자가 지금도 선명히 남아 있는데, 그 영안 백화점의 쇼윈도 시설은 그때 당시로서는 이목을 끌 정도로 색다른 것이었다. 남경로를 따라 세운 3개의 원기둥을 사이로 10개의 큰 통유리를 끼운 상품 진열관은 다른 백화점과 상점들이 서로 모방하기에 이르러 거리 풍경을 일신시키고 또다른 유행 문화를 창조하는 획기적인 장을 열었다. 웅대한 규모와 농후한 이국풍, 종합적이고 고품격적인 소비 모델은 행인들에게 이전의 소상품점에서는 맛볼 수 없었던 짜릿한 소비의 쾌감을 제공한다.[3]

보드리야르Baudrillard가 지적한 바와 같이 화려하게 포장된 백화점 자체는 '풍요의 일차적 풍경'으로, 그곳에는 강렬한 기대감이 존재하고 식료품과 의류 등의 향연이 시시각각 벌어진다. 백화점의 쇼윈도가 안겨주는 무궁무진하며 눈부신 윤택함의 이미지는 '축제'와 다를 바 없다. 쇼윈도 공간은 사적인 장소도, 공공의 장소도 아닌 특수한 공간, 특수한 사회관계의 장이며 그 안에는 늘 계산된 몽환극이 펼쳐진다.[4] 백화점은 이처럼 자본주의의 물질적 풍요를 약속하며 무의식적인 일상적 욕망을 가장 현시적으로 재현해내는 공간이자, 소비의 일차적 풍경에 다가가는 가장 중요한 출입구인 셈이다.

민족기업과 외국 자본 사이의 광고전

유혹적인 초대형 소비 공간에서 수북히 쌓인 상품더미 사이로 무한한 몽환극과 욕망의 세계를 창출하는 상해의 도심, 그곳을 자유자재로 누비는 소비 계층을 겨냥한 광고전의 양상은 갈수록 치열해져 갔다. 특히 당시의 상품 광고를 보면 유난히 담배 광고가 많은데, 이는 상대적으로 그만큼 담배 판매를 놓고 업체 간 경쟁이 아주 치열했음을 입증한다.

당시 영국 자본과 미국 자본이 함께 투자한 세계 최대의 영미담배회사British-American Tobacco Company가 1902년 런던에서 창립함과 동시에, 그해 하반기에 중국의 값싼 생산원료와 노동력을 활용하고 거대한 소비 시장을 개척할 목적으로 상해에도 지사를 설립하였다. 이 외국 자본이 서서히 상해 시장을 잠식시키며 중국 전체 담배 판매량의 2/3 이상을 차지하고 거의 독점하다시피한 판세를 이루자, 열세에 놓여 있던 중국 담배회사들이 생존을 위해 치열한 판촉 경쟁을 벌일 수밖에 없었다. 그중에 선전하던 기업이 중국남양형제담배회사中國南洋兄弟煙草公司로, 일본 화교인 간조남簡照南과 간옥계簡玉階 두 형제가 1916년 상해에 공장을 세우면서 외국의 거대 기업과 힘겨운 경쟁을 펼쳤다.[5] 시장 점유율을 놓고 자연스레 담배의 광고전이 불붙었고, 외국 자본과 민족 자본 사이의 힘의 각축이 그대로 광고전으로 옮겨온 양상이었다.

영미담배회사의 전략은 한마디로 철저한 '본토화'의 공략이었다.

외국기업이 중국 시장의 빗장을 풀기 위한 첫걸음은 광고 제작의 모든 것을 "중국 소비자의 입맛에 맞춘다"는 원칙이었다. 이를 위해 저명한 중국인 화가를 파격적인 조건으로 채용하고 중국의 전통적인 광고화 기법도 일부 수용하면서 서구의 선진적인 광고 기술과 결합시켜 참신함을 잃지 않으면서도 중국 소비자들에게 친숙한 광고 기획에 전념하였다.

반면에 민족기업 이미지를 내세운 중국남양형제담배회사의 광고 전략은 애국심리와 민족정서에 기댄 마케팅 수법이었다. 즉 "중국인은 중국 담배를 피우자"는 광고 카피의 등장과 함께 이들은 무턱대고 서구 상품을 추종하는 중국인 소비자들의 심리를 배격하고 '국산품 애용'을 권장하며 본격적인 시장 탈환에 나섰다. 간씨 형제는 노골적으로 '애국', '구국'과 '장성長城'이란 상표를 잇따라 출시하였다. 다소 식상해보이지만 이렇게 민족 권익의 보호를 앞세움으로써 소기의 목적을 달성하는 데 성공한다. 이는 당시 북양정부北洋政府가 민족기업을 육성하고 국산품을 보호하는 정책과 맞아떨어진 면도 있다. 이를 위해 북경, 천진, 상해 등지의 대도시에서 국산품 전람회를 연이어 개최하였고 중국남양형제담배회사를 비롯한 중국기업들은 이 기회를 이용하여 자사의 브랜드 인지도를 높이는 데 적극적이었다.

신망을 얻는 브랜드의 출시가 광고전의 가장 관건이라고 할 수 있는데, 중국의 상표법이 뒤늦게 1923년 5월에 공포됨에 따라 '상표'를 둘러싼 분쟁이 본격화되었다. 그러나 엄밀히 말하면 상표전쟁은 훨씬 이전부터 시작되었다. 그 일례로 1915년 중국남양형제담배회사에서 출시한 '삼희三喜'란 상표의 담배가 인기를 끌자, 이를 시기한 영미담배회사가 자신들의 '삼포대三炮臺' 상표와 비슷하다는 이유로 소송을 걸어와 '삼희'를 '희작喜鵲'이란 상표로 개명할 수밖에 없었던 사건은 유명하다. 심지어 영미담배회사가 실제로 출시한 담배 브랜드는 수십여 종에 그쳤지만, 미리 800여 종에 이르는 상표 등록을 마쳐놓은 상태에서 중국남양형제담배회사 외에도 다른 중국기업들과 걸핏하면 상표 분쟁을 벌였다.[6] 광대한 중국 소비 시장을 놓고 벌어진 중국과 외국기업 간의 과열된 경쟁은 막대한 자본과 기술력, 치밀한 광고전 등 모든 면에서 불공정한 게임 양상을 띠었다.

대표적인 두 기업, 영미담배회사와 중국남양형제담배회사 사이의 광고전은 현격히 다른 광고 전략을 고수하였지만, 이들이 제작한 광고화는 묘하게 닮음꼴을 이루고 있는 점이 눈에 띈다. 이들은 공통적으로 광고화에 모던 걸의 이미지를 적극 활용하며, 전방위적으로 전면에 내세우고 있다. 최신 유행을 뒤쫓거나 새로운 소비 트랜드를 리드하는 그녀들 자체가 어떤 면에서 '근대의 산물'로 비쳐졌기 때문일 것이다. 광고의 진열실을 활보하는 모던 걸은 강렬한 색조로 메이크업한 형형색색의 도시의 얼굴을 빼닮았다. 그녀들은 그렇게 광고화 속에서 상품과 결합하여, 그 당시 담배의 절대적인 소비층인 남성의 은밀한 욕망을 일깨우는 역할을 담당하였다.

그림4와 그림5는 1930년대 두 회사의 담배 광고로, 똑같은 시기에 서로 비슷한 모던 걸의 이미지를 앞세워 판매 시장을 공략하고

::그림4 중국남양형제담배회사의 담배 광고

::그림5 영미담배회사의 '합덕문(哈德門)' 상표
담배 광고

있다. 여기서 눈여겨볼 것은 중국의 전통적 여성상의 파괴와 이국적이고 섹슈얼한 여성 이미지의 창출이다. 공통적으로 중국적인 동양 여성의 자태를 전혀 찾아보기 힘들 뿐만 아니라, 서구식 콧날 외에도 커다란 눈과 실제 상해 모던 걸 사이에서 크게 유행하던 짧은 단발머리 초상화는 가장 전형적인 엑조티시즘 특징을 나타낸다.

광고화 속의 여성이 심지어 담배 한 개비를 손에 들고 있다는 것만으로도 당시로서는 상당한 충격이었지만, 이미 그 무렵부터 심심찮게 광고나 영화 속에서 담배 피우는 여성을 발견할 수 있었다. 중국 현대작가 흑영黑嬰이 그의 단편소설인 「상해 소나타」에서 말한 대로 "희미한 등불 아래 담배를 피우고 있는 여인의 자태는 매혹적"이었으며, 모던 걸이 술 마시고 담배 피우는 행위 자체가 기존의 모든 것에 대한 '반항'이자 '파격'으로 비춰질 수 있었기 때문이기도 했다. 광고 속의 담배를 피우는 여성의 이미지는 그 자체로 도시의 새로운 시대적 풍조를 은유하는 상징적인 젠더 기호로 탈바꿈하였다.

월분패 광고화

광고의 형식은 신문잡지의 지면에서부터 전단지, 달력광고, 거리광고, 차량광고, 영화와 라디오 광고방송 등에 이르기까지 급격히 다양화되는 추세였다. 그중에서도 중국 광고 역사상 가장 대표적으로 주목할 만한 것으로 월분패月份牌 광고화를 손꼽을 수 있다. 월분패 광고는 당시 발행량이 가장 많은 상업미술 광고 형식의 하나로, 1896년부터 1945년까지 장기간 대중의 각광을 받으며 세간의 이목을 집중시켰다. 그것은 달력, 상품, 미녀 이 세 요소를 결합시켜 실용성과 심미성을 갖춘 일종의 새로운 광고 형식이었다.

그 연원은 상해 개항 이후 외국기업들이 서구 물품의 판촉을 위한 광고를 제작하면서부터다. 서구식 광고화 기법을 그대로 사용한 외국기업들이 냉담한 시장 반응을 경험하고 중국의 민간 풍속과 심미적 요구에 부합한 광고화를 모색하는 단계에서 고안된 것이다. 예컨대 전통 민화인 연화年畫의 도안이나 역사고사 인물 등과 관련된 소재를 발굴하여 점차 서구식 광고화를 개량해나갔는데, 이른바 '중국화' 전략에 따라 농후한 동방적인 색채가 가미된 것이었다. 광고의

::그림6 1910년대 광고화   ::그림7 1920년대 광고화

내용뿐 아니라 기법적인 측면에서도 중국의 전통적인 목탄화 방식
으로 초벌그림을 그린 다음 그 위에 서구의 수채화법으로 색칠을 덧
입히는 식으로, 중국 화법과 서구 화법의 조화로운 결합을 통해 생
동적인 붓의 터치감을 극대화시킨 경우다. 요컨대 월분패 광고화의
탄생은 처음부터 서구식 광고가 중국화 과정을 거친 결정체로서 일
종의 '중서혼합'적인 특징을 지닌다.

　1930년대에 이르면 월분패 광고 또한 최고의 흥성기를 맞게 되는
데, 뚜렷한 변화 양상으로는 대부분의 광고 콘셉트들이 일제히 전통
적인 유형에서 벗어나 '모던화'에 초점을 맞춘다는 점이다. 여기서
세련된 도회풍의 최신 유행 의상으로 포장된 모던 걸의 신체 형상

::그림8 1930년대 광고화 ::그림9 1940년대 광고화

과 상품 정보의 결합은 광고화의 기본 공식이 되다시피 하여, 수입제 향수·커피·담배·양주·고급 가구·자동차 등의 모든 광고화속에 이미 상당히 보편화되었다. 이러한 광고화의 모델로는 여학생과 각계 전문직에 종사하는 인텔리 여성, 그리고 당시 중국 영화계의 황후로 불리던 호접胡蝶과 완영옥阮玲玉을 비롯한 중국 여배우들이외에 외국계 스타들도 이러한 광고화에 자주 등장하였다.

우리는 월분패 광고를 통해 여성의 젠더 역할의 변화와 신체 이미지의 변천 과정을 한눈에 파악할 수 있다. 그림6과 그림9도 그림7과그림8처럼 광고화 하단에 달력이 있는데, 화면상에서 안보일 뿐 똑같은 월분패 광고화 형식이다. 시기별로 광고화에 등장하는 여성의 신체 이미지는 대체적으로 다음과 같은 변화를 겪는다.

먼저 1910년대 광고 속의 여성은 전통적인 만주족 복장과 치맛자락 밑으로 보이는 전족한 발의 뾰족한 형상만으로도 만청 시대의 분위기를 그대로 전달하고, 1920년대 여성 역시 뚜렷하지 않은 이목구비와 밋밋한 몸매, 전통적인 복식 등에서 만청 시대의 흔적을 보인다. 그러나 1930년대에 오면 커다란 눈망울과 오똑한 콧날, 짧은 단발머리와 몸에 착 달라붙고 속살이 훤히 비치는 유선형 치파오 등으로 이전 시기와 사뭇 달라진 모던 걸의 이미지를 창출한다. 1940년대는 완전히 서구화된 의상, 대담해진 포즈와 함께 갈수록 몸매의 굴곡을 강조하고 서구적인 여성미를 부각시키는 경향이 우세하다. 이로부터 서구 자본과 수입 상품의 대거 유입으로 부단히 혁신되는 소비 형식에 따라, 여성의 신체 또한 새로운 시대의 심미적 기준에 적응하는 전환단계에 놓여 있었음을 알 수 있다.

이러한 월분패 광고화는 모던 걸 형상에 새로운 젠더 역할을 부여했다. 한편으로 광고 속의 모던 걸은 그 시대의 대중문화 담론이 만들어낸 하나의 전위적인 모델로서 중산계층 여성들의 모방 대상이 되었다. 그러나 또 한편으로 모던 걸 형상과 사치스런 상품 간의 이상적인 결합은 그녀들을 자신이 선전하는 물품과 마찬가지로 피동적인 위치에 처하게 함으로써 해방적인 젠더의 의미를 퇴색시킬 뿐 아니라, 그들을 사회적·경제적 욕망의 대상으로 전락시켰다.[7]

이중적인 젠더의 성질은 월분패 광고화 속에 명확히 구현되어 나타나는데, 광고 속의 모던 걸은 동시에 상품 소비의 주체이자 소비 대상으로 각인된다. 다시 말해 광고의 기호와 이미지가 만들어내는 세계 즉 '현실보다 더욱 현실적인' 가상 공간에서 모던 걸 형상의 기본 틀은 욕망의 주체와 대상, 소유자와 피소유자, 유일한 것과 일반적인 것과 같은 이중적인 역할 사이의 경계를 깨뜨리고 어지럽히는 것이다.[8] 결국 월분패 광고 속의 미녀 형상은 전위적인 주체/피동적인 대상이란 이중성의 혼합으로써 모던 걸 이미지 이면에 내포된 현대성의 허위적인 수사학을 드러내고 있다.

어찌되었든 모던 걸의 에로틱한 신체는 국제 대도시 이민자의 도시로서 상해가 안고 있는 농후한 엑조티시즘, 상업 문화와 결합하여 더 이상 본래적 의미에서의 육체가 아니라 새로운 시대의 소비 윤리를 이끄는 신화가 되었다.

도시 한복판에 높다랗게 치솟은 서구식 빌딩, 할리우드 스타들의 광고 사진이 나붙는 대형 영화관, 즐비하게 들어선 세계 각국의 레스토랑과 카페의 휘황한 네온사인 간판, 재즈 바에서 흘러나오는 감각적 선율과 날쌘 제비처럼 미끈하게 빠진 수입산 외국 차들 사이로, 마치 광고화에서 방금 튀어나온 듯한 화려한 치장의 모던 걸들이 번쩍이는 쇼윈도를 기웃거리고 이내 거리의 쏟아져나온 수많은 인파 속에 스쳐 사라진다.

마치 그 모습을 실제 눈앞에 생생하게 떠올리기라도 하듯, 이국풍이 물씬 풍기는 번화한 도심 거리의 한 켠에서 그녀들이 주인공이되어 쓰여진 상해의 조계지 역사는 이렇듯 우리의 빛바랜 기억을 비집고 나와 오래된 과거의 이야기를 들려준다. 지금은 너무나 평범하고 일상적인 도시의 이야기지만, 그 당시로서는 아주 특별했던 역사의 편린들을 더듬어가는 것도 제법 운치 있는 일이 아니겠는가? 그것이 또한 역사적 현장을 찾는 답사의 묘미일 것이리라.

주

1 袁念琪(2004), 『十字街頭』, 學林出版社, 231쪽.

2 졸고(2003), 「해파소설중의 젠더와 도시서술」, 《중국소설논총》 제18집.

3 졸고(2003), 「해파소설중의 젠더와 도시서술」, 《중국소설논총》 제18집.

4 장 보드리야르 저, 이상률 역(1992), 『소비의 사회』, 서울: 문예출판사, 14·254쪽.

5 史全生(1998), 「英美煙公司與南洋兄弟煙草公司之爭」, 《南京大學學報》 1998年 第3期.

6 王海虹(2004), 「近代中外卷煙商家廣告競爭述論」, 《株洲師範高等專科學校學報》 第9
   卷 第1期, 2004年 2月.

7 졸고(2003), 「해파소설중의 젠더와 도시서술」, 《중국소설논총》 제18집.

8 Francesca Dal Lago(2000), "Crossed Legs in 1930s Shanghai : How 'Modern' the
   Modern Women", *East Asian History* Number 19.

조계와의
경계 지역 화계,
출판사를
찾다

* 김수연

조계의 주변 공간 '화계'의 종속적 위치

상해의 도시 공간 배치를 보면 도시 개발의 특성과 도심의 발전 형국이 그대로 반영되어 있음을 알 수 있다. 우선 영국 조계지 당국이 서구의 근대적인 도시 구획을 모방하여 가로 세로 대칭의 격자형 모양으로 도로망을 건설하면서 황포강변을 따라 바둑판 모양의 도로들이 순차적으로 들어섰다. 외탄과 수직을 이루는 남경로南京路는 대마로大馬路로 불렸고, 그리고 그 남쪽의 한구로漢口路, 구강로九江路에 이어 복주로福州路가 차례로 이마로二馬路, 삼마로三馬路, 사마로四馬路라고 불렸다. 오마로五馬路로도 불리는 보선가寶善街는 광동로廣東路의 또 다른 이름이다.

상해 조계지의 발전은 사실상 이러한 거리들을 중심으로 점차 북상하는 개발 과정이었다. 19세기 1880~90년대부터 흥성하기 시작한 복주로는 보선가를 대체하면서 '조계지 안의 화계華界'로 자리 잡았다. 상해 조계지가 원래 '중국 안의 서구'라면, 복주로는 '중국 속 작은 서구 안의 차이나타운'인 셈이다. 남경로와 같은 고층 빌딩 숲과 번화함, 강서로江西路와 같은 금융가의 분주함과 또 달리, 복주로는 출판 문화의 거리란 별명에 걸맞게 서점·신문사·출판사·인쇄소들이 몰려 있어 지식인들이 즐겨 찾는 곳이자, 극장과 찻집·양식집·술집·유곽들이 밀집되어 있는 도심의 소비 휴식 공간으로 자리 잡았다.[1]

여기서 흥미로운 것은 흔히 상해가 크게 조계/화계 지역으로 나뉘

::그림1 조계지를 구획하는 협상 테이블 모습이다.

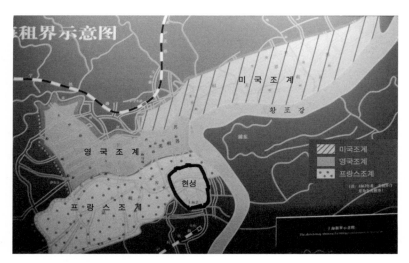

::그림2 상해조계시의도. 가장 위쪽이 미국 조계, 가운데 영역이 영국 조계(이후 두 조계는 공공조계로 통합), 아래가 프랑스 조계, 바로 그 옆 동그란 원형이 중국 관할 중심인 현성(縣城)이고 동서남북으로 조계 주변을 에워싼 검은색 부분이 모두 화계 지역. 지도만 보아도 이원 구조가 아니라 중층적 경계로 분절된 공간 구조임을 한눈에 알 수 있다.

는 이원적 공간 구조를 지닌다고 하지만, 조계 지역을 다시 들여다 보면 상술한 바와 같이 중국 안의 서구, 중국 속 서구 안의 차이나 운……으로 겹겹이 분절된다는 점이다. 아래에서 서술하겠지만, 화 계 또한 예외가 아니다. 도대체 상해란 몇 겹의 공간 격절과 몇 층위 의 공간 경계들이 어지러이 교차하며 중국과 서구 문명의 기이한 병 존을 이루는 것일까? 도심 속에 높이 치솟은 서구식 빌딩, 거리마다 즐비한 레스토랑과 카페의 휘황한 간판들이 강남풍의 가옥 구조, 낡 아빠진 건물, 허름한 전통 찻집들과 나란히 병존하는 그곳. 상해는 세계 그 어디에서도 유례를 찾기 힘든 뚜렷한 도시 공간의 분절과 함께 복잡한 문화적 코드들이 뒤엉킨 다원적인 문화 침투 내지 문화 혼합의 장이기도 하다.

서로 다른 문화적 경계가 교차하는 복잡한 상해의 도심 한복판에 서 배회하던 해파海派 작가들, 그 일원인 1920년대 후반 유납구劉吶鷗 의 단편소설 「예의와 위생禮儀與衛生」의 첫 장면은 이렇다. '러시아워' 무렵에 사무실을 나온, 남자 주인공의 눈에 즐비한 고층 빌딩 사이 로 도로를 빼곡히 점거한 자동차 행렬과 쇼핑 나온 서양 여인들, 인 도 순경의 모습이 들어온다. 이곳은 바로 눈앞에 '중국 안의 작은 서 양 세계'가 펼쳐지고 있다. 그러나 보도블록 몇 개를 지나면 어지러 운 간판들과 '햇빛의 은총이라곤 받아본 적도 없는 점포 안에서 나 오는 음산한 기운', 매음녀 입안에 머금은 '농당弄堂의 암모니아 악 취', '비지땀과 먼지의 혼합액' 등이 뒤섞인 '위험지대'가 나온다.

소설에서 주인공의 시선에 위험지대로 각인된 곳은 다름 아닌 중국인들이 모여 사는 화계 지역이다. 그는 '작은 서양' 세계의 슬라브 여인이 개장한 약국에서 수입제 콘돔을 사고 곧장 중국인 점포가 몰려 있는 화계 지역의 길목으로 들어서 창녀집을 찾아간다. 그는 서로 판이하게 다른 중·서 양극의 공간 세계를 너무나 익숙하게 넘나든다.[2] 이 소설의 주인공처럼 상해 사람들은 아무렇지도 않게 극과 극의 두 세계를 가로지르며 도시의 자극과 유혹을 경험한다.

소설 속에서 부정적인 시선으로 다루어진 화계 지역은 일찍부터 아편굴과 도박장, 유곽들이 모여 있던 곳으로 음산한 위험지대로 묘사되고 있지만, 또 한편으로는 대다수 상해의 서민들이 거주하고 삶을 영위하는 곳으로 조계지에서 맛볼 수 없는 상해 특유의 일상적인 생활 정서가 묻어난다. 그 거리에는 오래된 상점과 낡은 간판들이 즐비하고 석고문과 리농, 즉 상해 사람들의 전통적인 주거양식과 생활방식이 고스란히 남아 있다. 도처에서 중국 문화 색채를 선명하게 느낄 수 있다.

이러한 화계 지역은 다시 남시南市, 포동浦東, 갑북閘北, 소사도小沙渡 네 지역으로 나뉘어 각각 동서남북으로 조계를 포위하는 형태로 발전하였다. 화계가 이처럼 공간적으로 분절되었던 데는 상해의 지리적 환경이 작용하였다.

개항 이전 옛 상해의 중심은 원래 현성縣城을 포함한 조계 남쪽 지역인 남시에 있었으나, 이 지역의 공간적 확장이 북시 조계와 황포강에 가로막혀 제약을 받았고, 1912년 성곽의 해체와 함께 현성의 전통적 권위도 사라졌다. 이에 대신하여 갑북 등의 북쪽 지역으로 공간적 확장이 진행될 수밖에 없었고, 그에 따라 상해 중국인 사회의 공간적 분리는 피할 수 없었다. 이 과정에서 도시 개발과 운영의 주도권도 조계에 빼앗기게 됨으로써 종속적 지위에 놓이게 되었다.

화계 지역의 도로망 발전의 특징 역시 횡적 도로 건설보다는 사실상 조계를 향한 남북으로 건설되어 조계의 도로와 연결시키는 데 치중하였다. 상술한 공간 배치와 도로 건설의 향방으로 미루어볼 때 화계 지역은 결국 조계 공간의 보완적 성격을 가지고 발전하였고, 이 지역의 경제적 번영 또한 상당히 조계에 의존할 수밖에 없었음을 알 수 있다.

갑북의 어제와 오늘

여기서 특히 주목하는 곳은 갑북 지역이다. 청대에 수운이 필요해서 소주하에 갑문이 설치되었는데, 그 갑문의 북쪽이 갑북이다. 이곳은 조계의 발전에 따라 상해 도시 중심이 북쪽으로 이동하자, 이에 점차 인구가 집중되고 상업이 발전하기 시작하였다. 내륙 수로의 연결뿐 아니라 상해의 가장 주요한 기차역인 북참北站역의 설치 이후 갑북은 상해의 육상 북문으로서의 지위가 강화되었고, 수로와 육로의 연결 지점으로서 지역의 경제적 번영을 가져왔다. 상해의 공업 발전에 발맞추어 갑북은 신속하게 중요한 공업지구의 하나로 성장하였다.

::그림3 갑북 지역의 리농주택가

　1920년대 말에 이르면 이곳에 세워진 비교적 큰 공장들이 256개로, 상해 전체의 45퍼센트 정도를 차지한다.[3] 주로 실크·화공·제약·인쇄·기기 제조업 등의 공업지대가 형성되었으며, 공장이 속속 들어서면서 노동자들도 대거 몰렸다. 화물 운송을 담당하는 쿨리苦力들과 공장 노동자들, 날품팔이꾼, 인력거꾼이 바로 그들이다. 또한 수많은 실업자 난민들과 빈민들로 들끓었다. 개항 이전 3만 명도 안 되던 갑북 인구는 이 시기에 30만 명에 달해 10배 넘게 증가하였다. 물론 조계로의 인구 집중이 빠르게 진행된 것과 비교도 안 되지만, 화계 지역 또한 급격한 도시화 과정을 밟고 있었음을 보여준다.

　상해는 본래 이민 도시로서 근대화 과정 속에서 외지인의 끊임없

::그림4 갑북 지역의 리농주택가

는 유입이 이루어졌다. 상대적으로 남시 지역은 토착민의 비중이 높은 편이었지만, 조계와 갑북은 이민자들이 주체가 된 지역이다. 태평천국 시기 이래 빈번해진 강남 지역의 인구 유동으로 갑북은 특히 소주하를 따라 배를 타고 들어온 난민들이 먼저 안착한 곳이 되었고, 개항 이후 상공업의 발달로 생계를 찾아 몰려든 외지인 노동층을 대량 흡수하였다.

　대부분 상해 주변 농촌으로부터 대거 이주해온 이들은 이곳 화계 지역에서 도시의 빈민층을 형성하여 상해가 제공하는 모든 현대적 편의시설에 접근할 기회를 박탈당한 채 가장 기본적인 최저 생계의 상태로 근근이 살아갔다. 이곳의 거주자들은 전기와 수도시설 없이

::그림5 한 공간 안에 여러 세대가 모여사는 리농

근처 개천이나 주민들이 직접 판 우물에서 들통으로 물을 긷고 등유
램프를 사용하였다. 포장도로는 이 지역에서 드물었고, 하수구와 정
기적인 쓰레기 수거는 말할 필요조차 없었다. 리농주택가들이 종종
개천이나 강둑을 따라 형성된 이유 중의 하나는 이곳들이 수원지이
자 쓰레기 처리장으로 쉽게 쓰일 수 있었기 때문이다.[4]

  사진들은 현재 갑북 지역의 모습을 카메라에 담은 것이다. 100년
가까운 세월의 흐름을 느끼지 못할 만큼 갑북 지역의 골목 어귀에는
여전히 곳곳에 쓰레기 오물더미가 나뒹굴고 퀘퀘한 악취가 진동하
였다. 코를 막고 카메라 셔터를 눌러야 할 만큼이라면 믿어질까? 화
려한 상해 대로변을 벗어나 들여다본 뒷골목의 풍경은 마치 시간이

라도 정체된 듯 오래전 상해의 낙후한 발자취를 고스란히 안고 있었다. 낡고 비좁은 리농주택들은 벌집처럼 줄지어 붙어 있고, 허름한 옷과 이불빨래들이 여기저기 산발적으로 널려 있어 지나는 행인의 시선을 붙든다.

예나 지금이나 빈민들이 더욱 많이 몰려 살던 갑북의 모습은 다른 지역에 비해 달라진 게 없는 것 같다. 상해의 야심찬 경제 프로젝트의 하나로 개발된 포동이 천지개벽한 모습으로 탈바꿈하여 상해의 현재, 아니 미래의 심장부가 된 것과는 천양지차이다. 같은 화계 지역이었던 두 공간의 세월의 격차가 이리도 클 줄이야!

나는 이 날 프랑스 조계 지역이었던 형산로衡山路의 양옥집과 깔끔한 리농주택가를 둘러보고 공공조계 지역이었던 남경동로南京東路를 거쳐 소주하 다리를 건너고 줄곧 북상하여 갑북 지역에 다다랐기 때문에, 사진에 비춰지는 갑북의 현 모습이 더욱 충격적으로 다가왔다. 상해의 다른 곳은 여러 번씩 가보았어도 이 지역에 처음 발을 들여놓은 나로서는, 오히려 아직까지 올드 상해의 역사적 흔적을 찾아볼 수 있고 중하층 서민들의 삶의 단면을 엿볼 수 있다는 점에서 내심 반갑기도 했다.

나는 정신없이 농당 골목골목을 휘젓고 다니며 카메라를 들이댔다. 최근 엑스포 때문에 도시환경 정화 차원에서 상해 도심 곳곳에 잔존하던 리농을 갈아엎은 탓으로, 이제 상해에서 그나마 갑북을 비롯한 일부 지역에 남아 있는 옛 주택가 풍경들도 얼마나 오래 버틸 수 있을런지 장담할 수 없는 노릇이다.

굴지의 민영출판사 상무인서관

1928년 상해 주요 공업지구 일람표를 보면 갑북은 기타 화계 지역이나 조계에 비해 실크 방직·피혁·화학 인쇄 업종의 비중이 높은데, 실크(69퍼센트)를 제외하면 인쇄업이 42.5퍼센트로 조계의 23퍼센트, 남시의 3.4퍼센트보다 압도적인 비중을 차지하고 있다. 통계에 따르면 당시 2,229개의 크고 작은 인쇄공장과 출판사가 갑북에 몰려 있었고, 그중 굴지의 민영출판사 상무인서관商務印書館이 단연 독보적인 존재였다.[5]

내가 굳이 다리품을 팔아가며 이곳을 찾은 이유도 여기에 있다. '갑북구 천통로天通路 190호'이 옛 주소지 하나만 들고 무턱대고 이 지역을 찾았다. 지도를 들여다보며 천통로는 아마 천통암로天通庵路로 개명되었을지 모른다고 짐작하고 찾아왔더니 그 옛 주소지에 상무인서관이 그대로 버티고 있지 않은가!

1932년 1·28 사변이 터지면서 일본군의 폭격으로 갑북 지역에 있던 사옥들이 잿더미로 변하였고, 1937년 중일전쟁이 본격적으로 점화된 후 대부분의 기계와 공장들은 상대적으로 안전한 조계 지역으로 옮겨가 피해액을 줄일 수 있었다는 기록만 알고 있을 뿐이었다. 따라서 사진 속의 건물들이 언제 다시 옛 자리에 들어섰는지는 모를 일이다. 물론 현재 상무인서관의 본사와 판매처들은 이전의 조계 지역이었던 시내 중심가와 주변 일대에 흩어져 있고 인쇄공장만 이곳에 남겨졌다. 1897년 인쇄공 네 명이서 자본을 공동으로 출자해 만든 소규모 인쇄소에서 시작하여 1903년 출판에 뛰어든 상무인서관, 그 뒤로 어느덧 100여 년이 흘렀다.

그동안 중화서국中華書局과 쌍벽을 겨루며 거대한 출판사로 성장하여 중국의 출판 역사를 당당히 써나갈 줄 애당초 누가 상상이나 했었을까? 이 두 출판사는

::그림6 갑북에 자리 잡은 상무인서관 인쇄공장 정문

출범과 동시에 똑같이 교과서 편찬사업에 치중하여 자본을 쉽게 축적해나갈 수 있었다. 그 와중에 상해에 몰려든 일군의 인재들을 다방면으로 흡수하여 교과서 외에도 각종 잡지를 발간하고, 학술서와 교양서들을 총서 시리즈 형태로 기획하는 등 제법 굵직한 출판물들을 대량으로 쏟아내었다. 신해혁명 이후 중국 사회 각 방면에서 추진해나간 새로운 정치, 문화세대가 바로 근대적인 출판 문화 형성과 새로운 시대의 교과서 이념의 훈도를 통해 양성되었던 것을 감안하면, 현대사에서 이들 출판사의 역할은 자못 비중이 컸음을 간과할 수 없다.

::그림7 상무인서관 인쇄공장 내부의 전경

근대 출판 문화의 교두보가 된 역사적 배경

그렇다면 여기서 왜 그리 크고 작은 출판사들이 유독 상해 지역에 집중되었고, 당시 근현대 문화의 중심지로 상해가 부상할 수 있었던 요인은 무엇인지 의문이 든다. 상해가 중국 근대 문화, 특히 출판 문화의 교두보가 될 수 있었던 것은 우선 그 지리적 위치와도 관계있다. 상해는 지리적으로 물산이 가장 풍부한 장강 삼각주의 주요 상품 집산지로, 철도나 도로와 같은 근대적 교통수단이 건립되기도 전에 사통발달한 수로가 있었다. 광활한 해상 수로뿐 아니라 장강 수

로가 있었고, 강남의 여러 지역을 이어주는 크고 작은 내륙 하천이
발달하여 외국 문화의 수용은 물론 내지와의 이동과 교류가 원활한
천연적 조건을 구비하였다.

또 한편으로는 중국에서 전통적으로 문화가 발달한 강소江蘇, 절
강浙江 두 성의 교차점에 위치해 있다는 점이 중요하다. 명청 시기 이
두 지역은 이미 중국에서 경제가 가장 발달한 지역의 하나였으며,
학술과 사상이 활발히 꽃피던 곳이었다. 이곳은 전국적으로 유명한
사상가, 학자, 작가 등의 걸출한 인물군을 배출하여 중국의 사상, 학
술, 문화를 이끌었던 지역이었다.[6]

훗날 상해가 경제뿐 아니라 문화적 중심지로 급부상할 수 있었던

::그림8 강이 흘러들어 바다로 나가는 곳에 위치한 상해의 오늘날 모습을 담은 모형

까닭은 배후에 있는 강소, 절강 두 성의 경제적·문화적 자양분과 인재의 유입을 전폭적으로 받아들였기 때문이다. 한마디로 이 두 지역은 강남 학술 전통이 탄탄히 자리 잡고 있었기 때문에 상해의 문화 발전을 촉진하는 역할을 했을 뿐 아니라 역으로 상해의 지식 문화를 소비하는 거대한 시장으로 변모하기도 하였다. 상해와 인접한 강소, 절강의 각 지역을 연결하는 편리한 수륙 교통을 통해 이 일대는 빠른 시간 안에 지식 정보를 전달하고 유통시키는 네트워크가 일찌감치 형성될 수 있었던 것이다.

한편 또 다른 원인을 보면, 근대 들어 북양 정부의 탄압으로 당시 북경에서 활동하던 진보적 지식인들과 상당한 문화 수준을 갖고 있던 언론·출판인들이 대거 남하하여 상해에 안착하게 되었다. 이들은 전통적인 강남 지식인층과는 또 다른 신식 엘리트층을 이루었다. 또한 새로운 근대 작가의 주체이자 광범위한 독서 시장의 독자층을 형성하며, 자유롭고 개방적인 언론·출판 문화의 발판을 구축하는 데 일조하였다.

이는 다시 말해 조계지라는 특수 공간이 제공한 상대적으로 자유로운 환경의 영향이기도 하였다. 상해 조계 지역의 치외법권은 중국의 치욕적인 역사를 의미하는 것이기도 하지만, 동시에 자유와 권익을 보장받을 수 있는 상대적으로 숨쉴 수 있는 여지의 공간을 상징하기도 하였다. 치외법권이 있기 때문에 외국 자본의 권익을 보호하여 다른 도시들보다 우월한 투자 환경이 마련되었고, 아울러 서구식 가치와 사상의 자유를 싹 틔울 수 있는 무형의 공간을 제공해줄 수 있었다.

1919년 이전 상해 조계에는 신문출판법이 없었으며, 청 제국이나 민국의 신문법도 인정하지 않았다.[7] 이 때문에 중국 정부를 비판하고도 탄압을 면할 수 있는 이곳에서 활발한 언론 활동이 이루어졌고, 크고 작은 출판사들이 밀집하여 조계지를 중심으로 경쟁을 펼쳤다. 다년간의 개항으로 상해 사람들은 정보의 중요성을 인식하였고, 대량의 신문 발간과 서양 서적의 유입으로 지식 구조가 근대적으로 변화하기 시작하였다. 이전부터 문화가 발달하였던 강소, 절강 지역이 차츰 문화적으로 상해에 밀리게 된 것은 개항 후 10여 년간의 짧은 순간이었다. 개항 이전 오랫동안 이들 주변 지역으로부터 영향을 받은 상해의 문화가 개항 이후에는 반대로 강소, 절강 지역을 넘어 전국적으로 서학西學을 전파하고 보급시키는 중추적 역할을 담당하게 되었다.

이는 어찌 보면 비극적인 현대사의 동전의 양면에서 비롯된 것으로, 오늘날 그 역사의 이면을 곱씹어볼 필요가 있다. 비서구 지역의 근대성이 지닌 본래적 식민성을 간과할 수 없다면, 식민성에서 자유로운 근대를 역사적으로 가정하는 것이 과연 어떻게 가능할까? 미완의 기획은 근대성이 아니라 탈식민성이란 말이 있는 것처럼, 현재에도 이들 지역에서 근대성 논리가 숨기고 있는 식민성이 견고하게 지속되고 있는 것은 아닌가?

주

1 졸고(2005), 「青樓를 통해 본 근대성 증후」, 《중국소설논총》 제22집.

2 졸고(2003), 「해파소설중의 젠더와 도시서술」, 《중국소설논총》 제18집.

3 張笑川(2009), 『近代上海閘北居民社會生活』, 上海辭書出版社, 88쪽.

4 Hanchao Lu, *Beyond the Neon Lights: Everyday Shanghai in the Early Twentieth Century*, Berkeley: University of California Press, 1999, p.16.

5 張笑川(2009), 위의 책, 89쪽.

6 인하대 한국학연구소 편(2010), 『동아시아, 개항을 보는 제3의 눈』, 인천: 인하대학교 출판부, 198·203쪽.

7 인하대 한국학연구소 편(2010), 위의 책, 207쪽.

유대인, 상해를 접수하다

* 김주관

상해의 거리를 걷다보면 굳이 상해 역사를 공부해본 경험이 전혀 없다 하더라도 눈에 보이는 도시의 형태만으로 알 수 있는 사실이 하나 있다. 마치 유럽의 어느 도시에 들어선 듯한 착각에 빠지게 만드는 서구식 건물과 격자형 가로망은 상해가 근대 이후에 발달한 도시임을 말해준다. 역사가 오래된 중국 도시들에서 보이는 고색창연한 전통 양식의 건물들을 상해에서는 거의 찾아보기 힘들다. 외탄과 옛 조계지를 중심으로 한 근대적인 도시와 외탄에서 바라다보이는 황포강 건너편 포동浦東에 높이 솟은 현대적인 건물들은 상해라는 도시의 역사적 배경을 시각적으로 묘사한다.

　이렇게 근대와 현대만이 병치하는 상해라는 공간이 도시의 면모를 갖추게 되는 출발점은 당연히 근대에서 찾아져야 할 것이다. 보다 구체적으로는 개항 이후 상해 개발의 시발점이 되었던 조계지를 중심으로 상해라는 도시의 역사적인 탐색이 시작되어야 한다는 것이다. 근대 개항기의 혼돈 속에서 여러 가지 이유로 국내외로부터 유입된 수많은 인구가 상해 조계지를 중심으로, 오늘날 상해의 근간이 된 근대 도시를 만들었던 것이다. 이 수많은 잡다한 인구 중에서 근대 상해의 모습에 큰 영향을 끼쳤던 집단을 찾는다면 그중에는 반드시 유대인이 포함되어야 할 것이다. 그 이유는 조계지에 남아 있는 많은 건축물들이 유대인들의 소유였거나 유대인들에 의해 지어진 건물들로, 개항 당시 이들의 지위를 간접적으로나마 증언하고 있기 때문이다.

상해 상권을 접수한 유대인

흔히 지구상에 존재했거나 존재하는 많은 민족들 중에서 상술이나 부의 축적과 관련하여 가장 빈번하게, 그리고 하나의 전형으로 거론되는 집단은 유대인과 화교로 불리는 중국인일 것이다. 그렇다면 이 두 집단이 동일한 공간에서 경쟁한다면 그 결과는 어떤 양상을 보일까를 상상해보는 것도 흥미로운 일일 것이다. 이러한 상상의 단초는 개항기 상해에서 활동한 유대인을 통해 단편적으로나마 추론해볼 수 있을 것이다.

아쉽게도 이 두 집단 간에 직접적인 경쟁이 있었다는 사실을 상해에서 찾을 수는 없었지만, 이 시기 동남아의 다른 지역에서 활동하였던 화교들의 모습과 상해에서 활동한 유대인의 모습을 중첩시켜 본다면 아주 흥미로운 결과를 보여줄 것이다.

상해의 번화가인 남경동로의 보행가를 따라 동쪽으로 걷다가 외탄이 있는 중산동이로를 만나는 거리에 이르면 길 양쪽으로 화평반점Peace Hotel이라는 두 개의 건물이 보인다. 이중 북쪽의 건물은 영

::그림1 중국에서 활동한 대표적인 유대인, 빅터 사순 경

국 출신의 부호였던 빅터 사순 경Sir Victor Sassoon이 지은 것으로 '사순 저택'이라 불리던 건물이다. 1926년에 시작하여 1929년에 완공된 이 건물은 전체 10층으로 이루어져 있다. 1929년 9월 '캐세이 호텔Cathay Hotel'로 개장할 당시엔 1층에서 3층까지는 사무실로 임대되었고, 4층에는 사순이 소유하고 있는 회사와 그 자회사들의 사무실이 자리를 잡았다. 또한 5층에서 7층까지는 객실로, 8층과 9층은 바나 식당과 같은 호텔의 부속 시설로 사용되었다. 그리고 가장 상층인 10층은 사순의 주거지로 사용되었다.

개장 당시 캐세이 호텔은 그 화려함으로 유명하여 극동 지역에서 최고의 건물이라는 찬사를 받을 정도였다. 미국의 장군 조지 마셜

::그림2 왼편의 두 건물이 화평반점이다. 그중에서도 왼쪽이 바로 사순 저택이다.

과 영국의 극작가 버나드 쇼, 그리고 배우 찰리 채플린 등 유명 인사들이 호텔에 묵었다고 한다. 영국의 극작가이자 배우였던 노엘 카워드Noel Peirce Coward는 이 호텔에 머물면서 희곡「사생활Private Lives」을 탈고한 것으로 알려졌다.

이 건물을 장황하게 설명하는 이유는 이 건물 자체가 갖는 의미보다는 이 건물의 주인, 즉 상해에서 부를 축적한 대표적인 유대인의 한 사람이며 바로 이 건물의 주인인 사순 때문이다. 사순 가문에 대한 이야기는 상해에서 유대인의 경제적인 성공을 보여주는 대표적인 사례라 할 것이다.

사순가는 아시아에서 사업으로 상당히 성공한 집안이어서 '동양의 로스차일드 가문'이라 불릴 정도였다. 빅터 사순의 조상은 원래 바그다드 출신이며, 그의 증조부는 19세기 초 인도에 정착하여 중국과 교류하면서 부를 축적한 사람이었다. 19세기 중엽 뭄바이를 중심으로 중국을 오가며 사업을 하던 사순의 증조부는 자신의 아들을 상해로 보냈다. 그 아들은 상해와 홍콩에 회사를 설립하여 경영하면서 점차 그 규모를 확장하여 상해와 광주, 홍콩을 중심으로 사업에 크게 성공하였다. 이 사람이 사순의 할아버지인 데이비드 사순이다. 사순 가문은 바그다드와 뭄바이에서 젊은 유대인들을 많이 고용하여 일자리를 마련해주었고, 또 경제적인 훈련을 시켰다. 사순 가문이 경영하던 회사는 당시 무역과 관련된 사업에서 큰돈을 벌었으며, 특히 아편의 경우 사순 회사에서 취급한 것이 전체 유통 물량의 20퍼센트에 달하였다.

데이비드 사순이 죽은 후 회사는 큰아들인 압둘라 사순이 물려받았는데, 사업이 기울어지자 동생 엘리아스 사순에게 다시 맡겨졌다. 엘리아스 사순은 둘째 아들인 에드워드 사순에게 회사를 물려주었으며, 그 아들이 바로 빅터 사순이다.

빅터 사순은 사업을 물려받아 거의 재벌 수준으로 크게 키웠다. 빅터 사순도 초기에는 아편무역으로 큰돈을 벌었으며, 후에는 부동산사업으로 부를 축적하였다. 빅터 사순이 지은 주요 건물로는 복주로福州路에 있는 해밀턴 하우스Hamilton House, 그 맞은편의 메트로폴 호텔Metropole Hotel, 회해중로淮海中路에 있는 케세이 극장Cathay Cinema, 인민광장에 있는 오리엔탈 호텔Oriental Hotel, 임뱅크먼트 아파트Embankment Apartments, 현재 금강호텔錦江酒店로 쓰이는 케세이 아파

::그림3 빅터 사순이 지은 메트로폴 호텔

트^{Cathay Apartments} 등이 있다. 빅터 사순은 1950년 중국에서의 사업을 접고 바하마제도로 회사를 이전하였다.

사순 가문의 회사에서 일하다가 성공한 젊은이들 중 하나가 하돈^{Silas Hardoon}이다. 하돈 역시 바그다드 출신이지만, 집안이 그리 넉넉한 편이 못되었다. 하돈은 청소년기에 뭄바이에서 사순 가문이 지은 학교에 다녔다. 그리고 1868년 상해로 건너가 데이비드 사순이 경영하던 회사에 들어가서 일했고, 홍콩에서 잠깐 큰돈을 벌었었지만 무슨 이유에서인지 파산하고 다시 상해로 돌아왔다. 이때 그는 사순의 회사에서 집세를 걷는 일과 경비를 서는 일 등을 했다.

하돈은 사순 회사에서 일하는 동안 부동산 분야에서 두각을 나타내었고, 결국 독립하여 자신의

::그림4 사순이 지은 케세이 극장

::그림5 현재 금강호텔

::**그림6** 아일리 화원이 있었던 현재 상해전람중심의 모습

회사를 차렸다. 부동산, 특히 현재의 남경로에 있는 부동산에 투자하여 큰돈을 벌었으며, 그리하여 '남경로 부동산의 왕'이라 알려질 정도였다. 현재 상해전람중심 Shanghai Exhibition Center이 서 있는 자리가 하돈의 개인 정원이었던 아일리 화원 Aili Garden이 있었던 곳이다. 당시 이 화원은 상해에서 가장 큰 화원이었다. 하돈 부부가 죽고 난 다음 이 부지는 태평양전쟁 동안 일본군에 의해 점령되었다가 그 후 방치되었다. 현재의 건물은 상해 시정부가 1954년에 짓기 시작해 완성한 것이다. 건물이 완공되고 난 후 '중소우정궁 Palace of Sino-Soviet Friendship'으로 이름 붙여졌으며, 이후 중국과 구 소련의 관계에 따라 몇 번 명칭이 바뀌었다가 현재의 이름은 1984년부터 사용되기 시작하였다.

사순 가문의 회사에서 일하다가 독립하여 사업에 성공했던 또 다른 젊은이는 카두리 형제 Elly Kadoorie와 Ellias Kadoorie이다. 이들도 역시 바그다드에서 태어나 뭄바이를 거쳐 상해와 홍콩으로 온 유대인들이다. 이들이 사순 가문의 회사에서 독립하여 시작한 일은 은행, 고무농장, 전력 사업, 부동산 등이었다. 이들이 남긴 건물은 연안서로에 있는 '카두리 저택' 또는 '마블 홀Marble Hall'이라고도 불리는 건물로, 1953년 손문의 부인인 송경령에 의해 '소년궁Children's Palace'으로 사용되기 시작하여 현재까지 계속되고 있다.

초기 상해로 이주하여 큰돈을 벌었던 이들 유대인들은 한 가지 공통점을 가지고 있다. 이들 모두는 바그다드 태생이거나 적어도 바그다드 출신의 조상들을 가지고 있으며, 뭄바이를 거쳐 중국으로 들어왔다는 점이다. 이러한 이유로 해서 이들을 '세파르디 유대인Sephardic Jews'이라 한다. 이들 중 많은 이들이 앞서 말한 바와 같이 19세기 중반 사순 가문의 회사를 발판으로 상해와 홍콩으로 이주하기 시작하여 사업을 확장하였고, 동아시아 무역에 있어 지대한 영향력을 미쳤다. 이들의 경제적 영향력은 현재에도 여전히 홍콩을 중심으로 남아 있다.

1920년경까지 이들 세파르디 유대인의 수는 약 700여 명에 불과했지만, 이들의 경제력은 앞의 세 사람을 위시해서 실로 대단한 것이었다. 게다가 이들은 단순히 부의 축적에만 골몰한 것이 아니라 사회 사업에도 공헌하였으며, 특히 제2차 세계대전 동안 상해로 이주해온 유대인들의 정착에 큰 도움을 주기도 하였다.

유대인들의 상해 이주

　이들 초기 이주한 유대인들의 뒤를 이어 또 다른 일군의 유대인들이 상해로 이주하였으니, 소위 '러시아 유대인Russian Jews'으로 불리는 집단이다. 이들은 러시아에 거주하던 유대인들로, 20세기 초 러시아에서 전국적으로 자행되었던 유대인에 대한 조직적인 약탈과 학살, 즉 포그롬pogrom을 피해 시베리아를 통해 만주를 거쳐 상해로 이주한 사람들과 러시아혁명 후 하얼빈哈爾濱을 거쳐 상해로 이주한 사람들이다. 1920년부터 이주한 이들은 1939년에 이르러 약 5,000여 명에 달하였지만, 이들은 세파르디 유대인과는 달리 사업에 크게 성공하지 못했다. 이들은 주로 소규모의 상업 활동이나 기술자, 법률가 같은 전문직에 종사하였다.

　상해로 이주해온 세 번째 유대인 집단은 1938년 이후 나치 치하의 유대인 대량 학살을 피해 유럽에서 이주해온 사람들로, 이들은 '아시케나지 유대인Ashkenazi Jews'이라 불린다. 1933년경부터 인민공화국이 세워지기까지 10여 년 동안 약 2만여 명의 유대인들이 상해로 몰려들었다. 하지만

::그림7 상해로 이주하는 러시아 유대인

이들이 한꺼번에 이주한 것은 아니었고 이주 시기에 따라 내부적으로 약간의 편차를 보인다. 1933년에서 1934년 사이에 이주한 유대인들은 나치의 박해가 시작되기 전 자발적으로 유럽을 떠난 사람들로 대부분이 고등 교육을 받았으며, 유럽에서 이주하면서 재산을 챙겨올 여유가 있었기 때문에 경제적으로도 풍족한 편이었다. 이들 중에는 의사나 교수, 예술가들이 다수 포함되어 있었으며 주로 프랑스 조계지였던 회해로 주변에 정착하였다.

아시케나지 유대인의 두 번째 대량 이주는 1938년에서 1939년 사이에 있었다. 약 1만여 명의 유대인들이 소위 '크리스털 나이트Crystal Night' 대학살로 시작된 유대인 탄압을 피해 상해로 이주하였다. 이들은 상황이 너무나 급박하였기에 유럽에서 재산을 챙겨올 만한 여유도 없었다.

마지막으로 상해로 이주한 아시케나지 유대인 집단은 1939년 독일이 폴란드를 침공하자 이를 피해서 이주해온 사람들이었다. 이들 역시 급박한 상황에 거의 빈손으로 폴란드를 떠났다. 나중에 이주한 이 두 집단은 경제적으로 열악한 상황이었기 때문에 상대적으로 빈민가에 해당하는 홍구 지역에 정착하였다. 여러 시기에 여러 경로를 통해 이주한 상해의 유대인들은 제2차 세계대전 동안 가장 많은 수에 달하여 약 3만 1,000여 명에 이르렀다.

아시케나지 유대인들이 상해로 이주한 것은 당시 세계적으로 무비자 입국이 가능한 유일한 항구가 상해였기 때문이다. 상해에 정착한 유대인들은 경제적인 상태에 따라 주거지를 달리하여, 경제적인

THE JEWS IN MODERN CHINA
猶太人在近代中國

::그림8 19세기 근대 중국에 머물던 유대인

여유가 있었던 계층은 회해로·복주로·남경로 주변에 정착하였고, 경제적 여유가 없었던 계층은 주로 홍구 지역에 정착하였다. 하지만 이 두 집단 간에 교류가 전혀 없었던 것은 아니고 경제적 여유가 있었던 유대인들은 나중에 이주한 가난한 유대인들을 지원하였다. 사순 등 일찍이 사업에 성공한 세파르디 유대인들이 나중에 이주한 유대인들을 경제적으로 지원한 것도 이들의 정착에 큰 보탬이 되었지만, 이들은 타고난 사업가로서의 수완을 발휘해 홍구 지역에 크고 작은 사업들을 운영하며 자리를 잡았다.

유대인들은 경제적으로뿐만 아니라 문화적으로도 상해에 큰 영향을 끼쳤다. 유럽에서 이주한 유대인들 중에는 학력이 높은 이들이 있어서 이들을 주축으로 학교를 세우거나 도서관을 운영하는 등의 활동을 하였다. 이들의 활동에서 가장 주목할 만한 것은 신문과 잡지를 출간하였다는 사실일 것이다. 이들은 1939년에서 1946년 사이에 50여 개 이상의 신문과 잡지를 독일어, 폴란드어, 이디시어 등으로 출간하였다.

상해에서 유대인 공동체가 와해된 것은 중국 정부에 의해서가 아니라 일본을 매개로 한 독일의 압력 때문이었다. 독일의 압력을 받은 일본은 1943년 상해에 살고 있는 무국적 유대인들을 수용소에 몰아넣었고, 그 결과 약 1,000여 가구가 집과 재산을 잃고 수용소로 이주하였다. 수용소 생활은 제2차 세계대전이 종식될 때까지 561일 동안 지속되었다.

제2차 세계대전 이후 많은 유대인들이 상해를 떠나, 1948년경에는 약 1만여 명의 유대인들이 상해에 남아 있었다. 이마저도 1949년부터 중국 정부가 유대인들을 돌려보내기 시작하면서 수가 줄어, 1957년에는 약 100여 명의 유대인만이 상해에 남아 있었다.

상해에서 활동한 유대인들의 공과

중국과 유대인의 관계는 약 200년부터 투르크스탄과 페르시아를 통한 교류를 시작으로 지속되어왔지만, 근대에 이르러 유대인들은 특히 개항장을 중심으로 경제적인 패권을 장악함으로써 막대한 부를 축적하게 된다. 19세기 중엽 개항기 상해의 인구 약 30만 명 중에서 유대인들의 수는 1,000명을 넘지 않는 수였으나, 앞서 본 바와 같이 이들은 상해에서 경제적으로 중요한 위치를 점하였음을 알 수 있다.

이들이 부를 축적한 과정을 보면 뛰어난 상술뿐만 아니라 돈이 될 만한 사업을 찾아내는 데 천부적인 감각을 가졌었다는 것을 알 수 있다. 예컨대 사순이나 초기 유대인 사업가들이 아편무역에서 부동산사업으로 전환한 것은 이들의 경제적 감각의 한 단면을 보여준다 할 것이다. 이들은 부의 축적에만 관심이 있었던 것이 아니라 자선사업에 기부하기도 하였다. 또한 이들은 상해의 도시 발달에도 지대한 영향을 미쳤다. 앞서 예를 든 몇 가지 뛰어난 건축물 외에, 이들이 벌였던 사업 중에 중요한 것이 부동산사업이었으므로 상해 개항장을 중심으로 한 도시의 발달은 거의 전적으로 이들 사업의 결과였다고 할 수 있다.

또 한 가지 주목할 만한 사실은 상해로 이주한 세파르디 유대인들의 생활방식의 변화였다. 바그다드에서 태어나 성장기를 보낸 이들은 상해와 홍콩으로 이주하면서 서서히 영국식 생활방식을 받아들이기 시작했다. 이들은 영국식으로 옷을 입기 시작하였고, 여전히 아랍어의 억양이 남아 있기는 했지만 영어를 사용하기 시작하였으며, 위스키를 마시고, 영국식 정원에 심취하였다. 어찌 보면 이들이 상해를 중심으로 한 개항장에서 서구식 일상 문화를 받아들이는 첨병 역할을 했었던 것이다.

제2차 세계대전의 종전과 중화인민공화국의 수립은 중국에 거주하던 유대인들의 해외 망명을 가속화시켰다. 그리하여 중국혁명에 개인 자격으로 참가했던 소수의 유대인들이나 중국계 유대인들을 제외하고는 개항장을 중심으로 근대 중국의 경제적인 패권을 장악했던 유대인들의 공동체는 와해되었다. 하지만 홍콩에서는 오늘날에도 여전히 이들의 후손들이 경제적인 영향력을 행사하고 있다.

근대 중국에 있어 상해의 발전에 기여한 유대인들의 공도 있지만, 이들이 사업을 통해 중국 국부의 착취와 유출에 결정적인 역할을 하였음도 부인할 수 없을 것이다.

찾아보기